人气决定财气

会做人才能赚大钱

多一个朋友多条路，多一个敌人多堵墙

好本事难敌好人缘，高智商不如高情商

谢国计◎著

RENQI
JUEDING
CAIQI

成都时代出版社
CHENGDU TIMES PRESS

图书在版编目（C I P）数据

人气决定财气 / 谢国计著. -- 成都 : 成都时代出版社, 2014.12
ISBN 978-7-5464-1294-8

Ⅰ. ①人… Ⅱ. ①谢… Ⅲ. ①人生哲学－通俗读物 Ⅳ. ①B821-49

中国版本图书馆 CIP 数据核字(2014)第 246211 号

人气决定财气
RENQI JUEDING CAIQI
谢国计 著

出 品 人　石碧川
责任编辑　周　慧
责任校对　李卫平
装帧设计　林自伟
责任印制　干燕飞

出版发行　成都时代出版社
电　　话　（028）86621237（编辑部）
　　　　　（028）86615250（发行部）
网　　址　www.chengdusd.com
印　　刷　北京建泰印刷有限公司
规　　格　710mm×1000mm　1/16
印　　张　16.5
字　　数　250 千
版　　次　2014 年 12 月第 1 版
印　　次　2014 年 12 月第 1 次印刷
书　　号　ISBN 978-7-5464-1294-8
定　　价　35.00 元

前　言

人的一生无非在用自己的实际行动回答两个问题：一是如何做事；二是如何做人。有句话说得好：得人心者得天下，得人气者得财气。聚拢了人心，别人才愿意齐心协力帮助你；聚拢了人气，别人才能为你带来财气，让你财源广进。

同样是做生意，为什么有的人赚得盆满钵满，有的人却赔得叮当响？道理很简单，赚钱者懂得攒人气，赔钱者处处得罪人。其实，商道与人道是共通的，会做人才能赚大钱。很多生意人只想着捞票子，却不知如何做人，到头来往往一无所获。一个人能取得多大成功，关键要看他身边有什么样的人，他在和哪些人交往。没有人气，没有人脉，就没有财脉。只有把维护和拓展人际关系当成日常功课，才能够无往不利，左右逢源，最终敲响财富之门。

电视剧《潜伏》里有这样一句台词：“你断了别人的财路，别人就会断了你的生路。”这句话用在生意场上同样合适，如果你总想着独占利益，谁还愿意与你合作？失去了合作者，也就等于失去了立足的根本。为人处世，一定要把眼光放长远，一切自私的行为都无异于自掘坟墓。要知道，你给别人机会的同时，也是给自己一个机会。两败俱伤，不是生意人希望看到的结果，只有创造双赢的局面，才能生意兴隆、财路畅通。

古人云：居安思危，未雨绸缪。人气的积攒还得因势导利、因地制宜。我们的文化，是一种低调与内敛的文化，处处专横跋扈、一家独大，不仅不利于聚集人气，反而适得其反。不论是名人还是普通人，纵然你生活再精彩，也不应该目空一切，有意地将自己的傲气、得意表现出来。平坦的路并不能一直到终点，也许不远处，就有一个陷阱等着你。

一个人要想拥有什么样的人生，就决定了你要进行怎样的博弈。不懂为人处世的方法和技巧，你可能会四处碰壁、孤立无援，陷入失败的深渊。要知道，会做人、会做事，才是一个人在生存竞争中获胜的必备本领。当你真正掌握了做人的方式、办事的尺度，你就拥有了成功人生的资本，就能够在人际交往中左右逢源，做任何事情都事半功倍。

让我们抛开陈旧的观念，凭着过人的胆识和超凡的人气，改变命运、走向成功。相信《人气决定财气》这本书，一定会告诉你：如何把握生命中的每一次机遇，赢下人生的每一局。

目　录

第一章　人气决定财气，会做人才能赚大钱

1. 吃亏是福，想做生意就要大方一点 / 3
2. 与人为善，不要诡计 / 5
3. 不要太在乎金钱与利益的得失 / 8
4. 小商做事，中商做市，大商做人 / 10
5. 无德必无财，尔虞我诈难长久 / 13
6. 善举带来人气，助人就是助己 / 15
7. 得人心者得天下，得人气者得财气 / 18

第二章　和气才能生财，买卖不成人情在

1. 万事以和为贵，不要轻易与人翻脸 / 23
2. 心平气和，做生意要有好心态 / 25
3. 跟别人置气，其实是在变相惩罚自己 / 28
4. 得饶人处且饶人，得理也要让三分 / 31
5. 给对方留足面子 / 34
6. 留条生路给别人，就是留条财路给自己 / 38

7. 竞争不是恶斗，双赢才是王道 / 41

第三章 一诺千金——宁可破产，不失信用

1. 信誉是立人之本，诚信是“金字招牌” / 47
2. 高明的商人依靠“诚”字驰骋商场 / 49
3. 宁可破产，不失信用 / 53
4. 一诺千金，说得出就要做得到 / 56
5. 别拿别人对你的信任开玩笑 / 59
6. 过河绝不拆桥，害人者终将被害 / 61
7. 把诚信作为你的人生资本，厚道一些不吃亏 / 65

第四章 有钱一起赚，善于合作才能做大生意

1. 众人划桨才能开动大船 / 71
2. 善与人合作才能取得更大利益 / 73
3. 做人要大气，合作不忘互利 / 76
4. 有钱大家同赚，千万不要独吞 / 79
5. 选择合作伙伴，首先看的就是人品 / 82
6. 在合作中，学会发掘对方的闪光点 / 84
7. 真诚永远是最好的合作态度 / 86
8. 大胸怀、大气魄，成就大商人 / 90

第五章 人脉即财脉，做生意离不开朋友圈

1. 聚财先聚人，人脉即财脉 / 95
2. 贵人相助，麻雀也能变凤凰 / 96

3. 人脉枝繁叶茂，生意才兴隆畅达 / 98
4. 取长补短，多结交一些优势互补的朋友 / 101
5. 将有影响力的大人物变成自己的“圈里人” / 102
6. “拜冷庙烧冷灶”，善结交落难英雄 / 105
7. 有钱一起赚，自己发财也让别人发财 / 108
8. 交友就像做生意，投本钱才有回报 / 111

第六章 低调做人，该“方”则“方”，该“圆”则“圆”

1. 生意场上，锋芒太露容易没饭吃 / 117
2. 真正的高手，往往都深藏不露 / 120
3. 目空一切的人，爬不上成功的阶梯 / 122
4. “夹起尾巴做人”的学问 / 125
5. 外愚内智的技巧 / 127
6. 揣摩人的秉性，灵活地与人相处 / 130
7. 能屈能伸，能刚能柔 / 133
8. 见好就收，凡事留有回旋余地 / 136

第七章 做人要灵活，生意场上死搬硬套没出路

1. 经商不是靠蛮力，而是靠智力 / 141
2. 人弃我取是做生意的大智慧 / 143
3. 有钱赚就是好买卖 / 146
4. 从不同寻常的事件中嗅到大商机 / 148
5. 剑走偏锋易成功 / 151
6. 有些生意，利润再高也不做 / 154
7. 居安思危，不要总沉迷于眼前的辉煌 / 157

第八章 学会说话，好口才帮你打出一片天

1. 做生意要能说会道，一句话笼络人心 / 161
2. 做不到的事，不要轻易说 / 164
3. 不要在背后论人是非，要说就说好话 / 167
4. 说话注意场合，心直口快容易得罪人 / 170
5. 伤什么别伤人面子 / 173
6. 即使你手握真理，也不应咄咄逼人 / 176
7. 不能有求必应，对不情愿的事要大声说“不” / 179

第九章 饭局，中国生意人交往的最佳阐释

1. 饭局之妙不在“饭”，而在“局” / 185
2. 醉翁之意不在酒，没人会平白无故地请客 / 188
3. 吃饭事小，出局事大 / 191
4. 点菜其实没有那么简单 / 193
5. 把酒言欢，注意酒杯间的心理博弈 / 195
6. 别出心裁的宴请，方可事半功倍 / 198
7. 酒桌上交朋友，酒桌下成生意 / 201

第十章 商海沉浮，人性之恶不可不防

1. 不是教你“诈”，人性之恶不得不防 / 207
2. 认清自私的本质，才能免受伤害 / 209
3. 免费的午餐不是陷阱，就是一种重负 / 211
4. 如果“交浅”，就不必“言深” / 214

5. “率直”会让你一败涂地 / 216
6. 当心“人前捧你、人后踹你”的人 / 219
7. 学做猫头鹰，睁一眼闭一眼 / 222

第十一章 提高修养，自我修炼

1. 人品修炼：做事可以失败，做人不能失败 / 227
2. 意志修炼：嚼得了菜根才做得成大事 / 230
3. 毅力修炼：事业成功的秘诀无非“坚持”二字 / 233
4. 性格修炼：面对竞争，要敢于亮剑争锋 / 236
5. 能力修炼：做人要有眼光，眼光决定成败 / 238
6. 心态修炼：凡事要淡定，别跟自己过不去 / 241
7. 才智修炼：有勇无谋为莽夫，做生意还需大智慧 / 244
8. 体能修炼：健康是一切事业成功的前提 / 247

第一章 RENQI JUEDING CAIQI

人气决定财气，会做人才能赚大钱

韩剧《商道》里，有句经典台词："做生意不是赚取金钱，而是赚取人心！"从古到今，得人心者得天下，得人气者得财气。没有谁能脱离社会而独自存活，也没有哪一项事业只靠孤军奋战就能获得成功。想要达成交易、做成买卖，就必须积累人气，广结人缘！

❶ 吃亏是福，想做生意就要大方一点

中国有句古话："吃得亏中亏，方得福外福；贪看无边月，失落手中珠"。做生意就是要有这种心境，要敢于吃亏。如果只想着挣别人的钱，而没有为客户服务的意识，那么这笔生意永远都不会成功。

有位大老板，文化程度不高，也没靠山，但在生意场上一直顺风顺水。有人问他：为什么会成功？他说："秘诀只有一个，那就是在与每个合作人分利的时候，我总是把大头让给对方，自己只拿小头。"正因如此，客户都愿意与他长期合作，而且还会介绍一些朋友给他，扩大他的客户圈子。可见，自己吃点小亏，让别人得利，往往能最大限度地调动别人的积极性，反过来促进自己事业的发展。

上面的案例，充分印证了郑板桥的一句话："吃亏是福。"吃亏，看似意味着舍弃与牺牲，其实背后包含着无穷的智慧和卓然的风度。很多人就因为不愿吃小亏，结果错失了很多大的机会。

有一对好兄弟，一起做生意。在分配利益时，为了 50 元钱互不相让，谁都不肯吃亏，最终二人拳脚相加，都伤得不轻。现实生活中，我们总认为自己应该得到更多，吃亏是绝对不行的，殊不知，正是这种不肯吃亏的鬼祟心理，成为我们成功路上的绊脚石。

这年头，谁都想占便宜，谁都不愿吃亏，可试问：做生意不就是图财吗？不管是老板，还是生意场上的合作伙伴，只要愿意牺牲小的利益，吃些小亏，就能留住人才，抓住机会，在竞争中占得先机。正所谓："将欲取之，必先予之。"做人做事做生意，就是需要这种吃亏的精神，只有舍小利才能得大益，会吃亏的商家，往往有经商之福。

35 岁的休斯顿在闹市区租了一间小房子，准备从事水果批发生意。在此之前，休斯顿只是一个小公司的仓库管理员，没有任何从商的经验。

但出人意料的是，不到三个月，休斯顿的水果批发生意就已经异常火暴。最主要的原因是：他店里的水果始终处于全市最低价。薄利多销本是很多商家采用的经营手段，但令业内人士吃惊的是，休斯顿的水果批发价格之所以低，是因为所有水果都是以零利润出售的。也就是说，休斯顿不仅赚不到钱，而且每个月还要赔上房租和水电费。

大家都笑休斯顿无知，竟然会做这么赔本的生意。但休斯顿从未把这些质疑放在心上，始终坚持以“零利润”的理念经营生意。后来，休斯顿又将自己所有的积蓄拿出来，做起了首饰加工业和服装干洗业。令人诧异的是，无论是水果批发、首饰加工，还是服装干洗商店，休斯顿的顾客都是最多的。

一年后，休斯顿关了所有的店面，开了全市唯一一家“中国什锦店”。美丽的中国什锦，顿时吸引了大批消费者的眼球，加之品种多、质量好，不到半年，休斯顿就开了5家分店，生意照样十分火暴。

有人对此眼红，也开了几家类似的店面，但客户就是不买账。其实休斯顿从创业之初，就想做什锦生意，但想要让当地居民认可中国什锦，除了产品的质量和价格外，还必须得到他们的信任，打造属于自己的品牌。于是，休斯顿先以零利润的经营方式赚取民众的信任。虽然自己吃了点亏，但时间一久，消费者的潜意识里自然会形成这样的自我暗示，那就是：休斯顿出售的东西，价格肯定是最优惠的。在业内人士看来，休斯顿就是个任人宰割的“二愣子”，可在消费者心里，“休斯顿”三个字早已成为最实惠的品牌代言。

有人说，休斯顿的生意做得好是因为幸运。其实他的成功，完全是由于自己的经营智慧和对人性的掌握。休斯顿的“零利润”经营看似愚笨，但却是他通过对市场运作和对消费者心理的精确分析，得出一种智慧的经营策略，那就是眼前的亏损只是暂时的，个人的品牌和长期的回报才是真理。

做生意不是赚就是赔，谁都想多捞一点。而吃亏这种傻事，谁也不愿意干。有这种想法的人，只看到了事物狭窄的一面，他们眼中只有金钱，而没有看到长远的利益，因此觉得自己吃亏了。其实，眼前的吃亏只是暂时的，凡用心纯良之人，日后必会得到回报。

日本富士现代办公用品公司在拓展某国业务的时候，派原田先生与一家公司签订合同。但一到那家公司，原田发现对方态度十分冷淡，还告诉他："公司已另有打算，不准备签这份合同了。"但这是打开国际打印机市场大门的一个好机会，原田不能错过。

经过调查，原田发现另一家生产厂家以比他们低的价格向这家公司提供打印机。于是原田再次找到公司的老板，说："我们愿以比原价低三成的价格提供给贵公司产品。"老板听后非常高兴，当场就签了合同。

生意虽然成了，却是赔本的买卖。但是，日本富士现代办公用品公司就是靠这批赔本的打印机，打开了该国打印机市场的大门。随后，因其优质的质量，销路逐渐拓宽，公司不但收回了之前的损失，还大赚了一笔。

当很多人感叹生意不好做时，原田先生却给我们上了很好的一课。一个成功的商人看重的不是眼前的蝇头小利，而是长远的利益和回报。就因为他们比别人看得更远，没有局限在"不亏"的狭隘思维中，所以他们能成功。

❷ 与人为善，不要诡计

君子爱财，取之有道。这句话包含了两层含义：一是说天下的君子都爱财；二是提醒人们用正当的方式赚钱，而不能为了获得金钱不择手段。尽管这句话是在两千年前说出来的，但至今仍然脍炙人口，具有警醒意义。

有些人为了金钱不惜违背良心，背弃道义，不顾社会道德标准的约束，可谓无所不用其极。尤其是一些奸商更是一切"向钱看"，不顾他人如何评判。面对层出不穷的食品安全问题，我们不禁要问：经商真的有必要不择手段、丧尽天良吗？

在现实生活中，一些人聪明机灵，可是事业却始终没起色。什么原因呢？不是因为别人故意疏远，和他们过不去，而是因为他们在与别人相处时，总是爱耍计谋，只为自己着想。无论是和谁相处，只要能一团和气，充满善意，那么肯定能够和他人相处融洽。反之，一个人如果爱耍阴谋诡计，那么还有谁会愿意和他交往，一起做生意？在很多时候，你怎么对待别人，别人就会怎么对待你。这就告诉我们要学会待人如待己，只有处处与人为善，宽以待人，才能建立与人和睦相处的基础。

与人为善是中华民族的传统美德，是社会和谐的润滑剂，也是我们处理好人际关系的必备素质。只有做到与人为善，才能造就和谐的人际关系。双爱集团的创始人陆宗琴就是这样的商人。

2000 年，陆宗琴为了筹建帕源化工厂，倾其所有征地 250 亩。当时有人主动提出与她合作一个年收益超过千万的大项目，但是这个项目会对周边的环境造成污染。在巨大的利益诱惑面前，陆宗琴守住了经商的底线，最终选择了放弃。她说："做人应该有良知，做企业应该有道德底线。"后来她把投资方向锁定在没有污染、高附加值的自主创新项目上。然而，经过整整两年的技术攻关，依然没有取得成功，最终损失了 400 多万元。

对于这次失败，有人说陆宗琴是傻子，放弃千万元的收益不要，硬要损失 400 多万元，两者相比，差额巨大，而陆宗琴却要走弯路，冒风险，最后还失败了。对此，陆宗琴的解释是："如果污染了环境，影响当代还要害了后代，我将终身悔恨。"

尽管帕源化工给企业造成了重大损失，让双爱集团陷入了严重的困境，但是陆宗琴依然咬牙坚持下来了。她说，即使不为赚钱，也要为追随自己多年的员工想一想。幸运的是，上天是公平的，勤奋的陆宗琴找到了北京一家科研院，又花了两年时间，开发了世界上只有三家企业能够生产的化妆品中间体，产品问世之后，就受到了美国、德国知名用户的青睐。

人活着不能只为了赚钱，作为商人，即便你是以赚钱为目的，即便你要养活手下的员工，即便你有千百万个理由，都不足以支撑你不择手段的赚钱心理。相信任何一个人，都不希望被人戳着鼻梁骨怒骂“无德”，任何一个人也都不希望在赚钱之后，被合作伙伴诉诸法庭，对簿公堂，闹得不欢而散。

张磊下岗后，在市场上租了一个摊位，做起了水产品生意。由于是第一次做生意，不善经营，他的摊前总是冷冷清清，顾客稀少。

这天，张磊照常摆好摊，可是眼巴巴盼了一上午，也没见人来买。而在他旁边摆摊的李龙却忙得热火朝天，摊前顾客云集。只见李龙一边忙着卖自己的鲫鱼，一边又“帮”邻摊卖鱿鱼。张磊看了又是羡慕又是妒忌，他不明白的是，李龙的生意怎会突然变得这么好。

中午休息时，张磊问李龙：“我看你自己的生意还忙不过来，怎么还有心情去照料隔壁摊位的鱿鱼?”

李龙笑了笑：“这都是我自己的生意。”

“都是你的生意？那尤二呢?”

原来，曾有一个外省人尤二想在张磊的摊位上卖鱿鱼，张磊怕影响生意，便不顾对方的哀求，把他赶走了。李龙见状，便好心地让尤二把鱿鱼摆放在自己的摊位上销售。谁知，尤二的鱿鱼泡发得非常好，而且价格也不贵，所以销量非常好，顾客日渐增多，连李龙的生意也帮带着好了。

李龙说：“尤二的年岁高了，思乡心切，便想回乡下不再做生意了。他临走之前，把如何泡发鱿鱼的技巧教给了我。”看到张磊失落的样子，李龙补充道：“其实这事还要感谢你呢！要不是你当初把他赶走，让他无处落脚，我今天的生意也不会做得这么兴隆呀!”

可见，善待他人是每个成功者都应遵守的一条法则。在如今这个社会中，人与人之间更需要建立一种互动、互助的关系。只有我们善待别人、帮助别人，才能赢得别人的尊重和帮助。

与人为善不单单是行动上做出来的，更要从心底流出来。在工作和生活中，我们不仅要与人为善，更要用心去和他人交往。如果想把生意做大，想获得事业上的成功，就应该想方设法获得周围人的支持和帮助。而这一切的前提是融洽的人际关系。只有与人为善，搞好人际关系，站在互惠互利的基础之上，你的事业才有可能进步。

❸ 不要太在乎金钱与利益的得失

生活中，每个人都有需求和欲望。一个人什么都想拥有，那么最后可能什么都得不到。一个人如果总是斤斤计较，必将失去生活的乐趣。而一个没有过多欲望、知足常乐的人，反而活得悠闲坦然。

电影《卧虎藏龙》里，有这样一句经典台词："当你紧握双手时，里面什么也没有；当你打开双手时，世界就在你手中。"金钱和利益也一样，你若抓得越紧，可能你得到的就越少。所以就让我们坦然地面对生活中的拥有与失去，把金钱利益看得淡一点，当你完全放开了双手，你会发现，自己反而拥有了更多。

总之，以舍为得，妙用无穷。当我们为自己的失去而难过、抱怨的时候，应当想到此时的牺牲务必换来某方面的成功。我们根本就无需为自己的失去而伤心，因为得失在我们的生命中总会得到平衡。因此，适当的"舍"是必不可少的。偶尔的失去有助于我们更好地获得，一味盲目地追求，到头来只会得不偿失。看淡金钱与利益的得失，把握好"舍"与"得"的平衡点，便是一种大智慧。

在20世纪90年代，北方的一个小镇上开了一家澡堂。澡堂不大，却是镇上的唯一一家，所以生意特别好。在澡堂开业当天，澡堂的老板就定了一个规矩：镇上凡是年满65岁以上的老人，洗澡都可以免费。

这样一来，每天都会有老人前来洗免费澡，最多的时候，每天能来二三十个65岁以上的老人。因为澡堂不大，接待的人有限，所以每天都会白白损失几十块钱。澡堂一开就是十几年，到了2003年，镇上已经相应有了十几家澡堂，但命名洗浴中心、洗浴城，只有这一家还叫澡堂，也依旧坚持着“65 岁以上老人免费”的原则。

一天，老板城里的朋友回镇省亲，建议他把澡堂更换一下设施，也提提价钱。老板坚定地说：“池子不能变，上了年纪的人都恋着泡大池呢!”老板叹了一口气，接着说：“我知道现在生意不好做，你看镇上那些洗浴城，总是开了没多久就关门。为什么我这老澡堂子却坚持了这么多年？就是因为谁家都有老人，人家就是冲着这点来的，这世上还有比金钱和利益更重要的东西呢！有些钱，是要用良心去赚的。”

3 年后，老板的儿子投资在城里开了一家“良心澡堂”。他沿袭了父亲多年来的做法，所有65 岁以上的老人均可以免费洗澡，澡堂每个月的收入还会拿出一部分捐给养老院。这个“良心澡堂”在城里已经开了3 家连锁店，用良心赚钱不仅成了老板儿子的座右铭，同时更成了澡堂里每一位员工的必修课。

世间万物，凡有所舍，就能有所得。“良心澡堂”刚开始看似亏损了一部分金钱，但到最后，却赢得了人们的尊重和更大的利益。

弘一法师曾说：“无论做什么事情，都不要想着占便宜。便宜，天下人都争相拥有。如果我一个人占便宜，则他人皆与我结怨；我不占便宜，则别人对我的怨气便消除了。”如果我们只顾眼前的利益，贪图小便宜，那么得到的只是短暂的欢愉，而并非我们想要的收获。为什么有的人总在劳碌却没有作为，有的人虽年纪轻轻却有所成就呢？原因就在于有些人并未把金钱和利益放在第一位，他们懂得取舍之道。当你看似舍弃一些利益时，其实获得的是别人的尊重，而这些，将是日后无尽的财富。

一个会生活的人，最懂得的就是“舍得”二字。“舍”和“得”几乎囊括了人生所有的真知妙理，假如我们学到了舍得的智慧，便拿到了人生成功的金钥匙。

有一家专门卖早餐的店，一天，小张到店里点了两根油条、一杯豆浆。在离开的时候，小张不小心把装油条的盘子给摔碎了。店老板顿时冲出来大发雷霆，非得要小张掏出20 元赔偿。按当时的物价，一个碟子最多3 元，可老板就是得理不饶人，最后小张只得掏了20 元了事。两天后，听说这个店老板又为了同样的事与另一个人争执，谁知那人是个地痞流氓，在把这个黑心老板打伤之后就跑了。

对面也有个早餐店，是个中年妇女开的。一个抱着孩子的女人走进店里，要了一碗面条，还没等她拿起筷子，孩子一阵哭闹，不小心把碗推倒在地上，摔碎了。孩子的母亲马上道歉，拿出钱包准备赔偿。店主却和蔼地笑道："没关系，孩子不是有意的，您不必赔偿了，我马上给您换一碗。"孩子的母亲感到非常过意不去，连声道谢。此后便把这家店介绍给了亲朋好友，这家原本并不出名的店，因为口口相传，生意日益红火起来。

同样是做生意，为什么两家的差别那么大呢？关键就在于第二家店老板的做人方式，她没有过多在意一些小的利益得失，而是更看重人情。懂得在金钱与利益上面取舍的人，其实是有远见的人。他们不会过分在乎眼前，而关注于未来的愿景。很多时候，失去并不就意味着不幸，有时候它会让你幸免于难，有时候也会让你收获意想不到的财富。关键还在于，你是否懂得"取舍"。

所以，我们首先应当端正心态，在面对金钱、利益的时候，能作出明智的选择，能够把握人生的得与失，看透人生的得与失。在商场上，这也是一种经营之道。

❹ 小商做事，中商做市，大商做人

美国一位经济学家曾经说过："无论你从事何种职业，你不但要在自己的职业中做出成绩来，还要在自己的做事过程中，建立自己高尚的品格。在你做一名律师、一名医生、一个商人、一位职员、一个农夫、一个议员，或者一位政治家时，你都不要忘记：你要做一个具有正直品格的人。这样，你的职业生涯和生活才能有意义。"

作为一个驰骋商场50多年的大人物，李嘉诚就是一个人情练达的行家。他做生意的信条是：诚信中有灵活，多变中不失本分。在他看来，商道实质是人道，经商就是做人，交易就是交心，要成为一个成功的商人，首先要做一个受人敬重的好人。这是他和小商、中商最大的区别。

有句话说得好："小商做事，中商做市，大商做人。"意思是，小商小贩只知道勤勤恳恳地工作，埋头苦干，把事情做好，也许他们可以成为商人，但永远很难把生意做大；中商懂得把生意做大一些，还懂得研究市场，但仅仅停留在这一阶段；大商重视人道，懂得如何做人，就像李嘉诚那样，深知经商就是做人，交易就是交心。

事实上，小商做事，中商做市，大商做人，还可以解释为：小老板靠手腕做事，中老板靠谋划经商，大老板靠修为立业。所以，如果你想成为一个成功的商人，想把生意做大做长久，仅靠勤勤恳恳地工作是不够的，还要学会堂堂正正做人，做诚实与精明兼具的商人，深谙为人处世之道，这样才能成为大商。

凡事锱铢必较、只想着自己利益的人，是做不成大商家的。大商之所以与小商不同，就是因为他们多了一份宽广的胸怀。他们懂得做生意最重要的不是手中的利益，而是人与人之间的情分。当你做到了这一点后，你的生意路子就多了，利益自然也就随之而来。

其次，做人要有诚信，不能只图利益而毫无底线。

古代洛阳有个商人，在过河时船忽然沉了，于是他抓住一根大麻杆大声呼救。有个渔夫听见便摇船过来了，商人见有人来，急忙喊道："我是洛阳的一个大富翁，你要是救了我，我就给你100两银子。"渔夫把商人救上岸后，商人却翻脸不认账了，最后他只给了渔夫10两银子。渔夫骂他不讲诚信，出尔反尔。商人不屑地说："你一个打渔的，一年能挣多少钱，我给你10两银子你还嫌不够？"渔夫没有办法，只得长长叹口气，回到渔船。

一年后，商人碰巧又在河中与渔夫相遇，商人还未开口，一个浪打过来，商人的船就触礁欲沉。商人对着渔夫大喊："快来救我，这次我给你

300两银子，保证不失信。”

渔夫摇着橹从商人旁边划过，回头不紧不慢地说：“喊信得过你的人来救命吧，我不要你的银子，也不会救你这种无信无义之人的命。”

一个人若不讲诚信，便会失去别人对他的信任。一旦你处于困境，便没有人再愿意出手相救。可见，言而无信是商场上的大忌。当一个人总是戴着面具生活，习惯了欺骗世人，最终也会丧失自己的尊严和本心。所以，无论有多大的利益和诱惑，千万不可唯利是图，出卖自己的人格。

李嘉诚做生意，最看重的就是一个“信”字。从他对子女的教育上就能看出，他对诚信是多么的看重。他总是跟自己的孩子反复强调：“要令别人对你信任，不只是商人，一个国家亦是无信不立。”因此对于商人来说，最重要的素质莫过于“信”。

事业上的“信”，其实就是做人的“诚”。世界上每一个人都很精明，要让人家信服你并喜欢和你交往，诚信是最重要的。对于经商者来说，如果从小没有养成诚实守信的习惯，那么就不可能得到别人的信任。中国有句话叫“无商不奸”，李嘉诚就是因为有信而无奸，才成就了一番大事业。

成功者之所以能够成功，关键在于他们在做人方面比别人高明。他们不会居功自傲，不会盛气凌人，不会任意摆架子，不会过分地突出自我，蔑视他人。李嘉诚赢得合作者的第一步，往往是获取合作者的信任，而不是凭借自己的财力迫使别人屈服。

相比之下，某些商人就没有这么高的境界。在他们眼里，财富是最重要的，为了眼前的利益，大可以不顾声誉和形象。为了赚更多的钱，甚至可以置员工的利益于不顾。有些商人虽然给了员工不错的待遇，却并不尊重员工，对员工呼来喝去。他们认为，只要有钱，人才就可呼之即来，挥之即去。然而他们并不知道，薪水并不是生意成败的决定性因素。

为什么很多人喜欢去李嘉诚旗下的公司上班呢？因为他们看中的不仅仅是高薪，还有李嘉诚的个人魅力，以及卓越的领导才华。李嘉诚认为，如果把员工当成流水线上的机器人，是一种失败的领导方式。对企业而言，只有让员工心情舒畅地工作，他们才愿意为公司尽心尽力。因此，企业家要努力给员工营造快乐的环境，要用自己的真诚和人格魅力，彻底激发出团队的战斗力。

❺ 无德必无财，尔虞我诈难长久

自古成大事者，都主张人与人之间应当“正其义不计其利，谋其道而不计其功”。一个人不管是才高八斗，还是学富五车，都不应该自恃才高而忽视德行，否则只会让人敬而远之。但在现实中，很多人未必能做到不怒、不争、不抢。有些人恰恰就是忘了这些，失了德行而遭人唾弃。

有句话叫“无德必无财，尔虞我诈难长久”。人不能重利忘义，为得财而丧失自己的德行，损害他人的利益。只有那些有德行的人，才能在生意的道路上走得长久。

小董和小谢在城东和城西各开了一家修车店，他们的价格都很公道，服务态度也非常好，于是两家店的生意都很红火。不久，小董发现人们来修车时，常常要花很长时间等待。他便在修车店旁边开了一家餐馆，专卖快餐和小吃，不久就声名鹊起。即使不修车，也经常有人光顾他们的餐馆。

城西的小谢见了，便也学着小董开了一家餐馆，为了招揽顾客，小谢按照对面餐厅的价目表打了9折。有了这样的竞争，两家店的关系有些紧张，但大家的日子都还过得去。过了一阵，小董见城东的人越来越多，便召集几个朋友，一起开起了超市。渐渐地，旁边建起了住宅、学校，城东慢慢形成了一个繁荣的商业住宅街，房地产也开始增值不少。

而在城西的小谢见状很是妒忌，便偷偷在修车的客人面前诋毁小董等其他同行。为了控制成本，小谢还不惜克扣修车师傅的工资，甚至在修车时以次充好，偷工减料。最后，店里的技师都流失到了城东的修车店，小谢店里的生意越来越冷清。最后，小董的生意越做越大，赚得盆满钵满。而小谢虽然辛勤工作，却只混了个温饱。

小谢对此百思不得其解，论聪明和点子，他并没有输给小董。论勤奋，他活儿干得比小董还多。小谢之所以会落到这样的下场，主要在于他做人的德行。

一个有德行的商人，我们称之为“儒商”。儒商，是“儒”与“商”的结合体，既有儒者的道德和才智，又有商人的财富与成功，是儒者的楷模，商界的精英。那怎样才能做个儒商呢?

首先，严于律已，宽以待人。人非圣贤，孰能无过?平常在与朋友的交往过程中，我们不可避免地会出现一些失误，这时不要横加指责，而是要做到宽以待人，多看看别人好的一面。

大千世界，要想成功就需要人与人之间互协互助。平常要多责己，发现自己有错误就加以修正；要多恕人，多站在别人的角度上看问题，多考虑别人的想法，多给别人一个机会。

其次，要有容人之量。生意场上鱼龙混杂，每个人的文化水平和兴趣爱好不同，彼此之间发生一些磕磕碰碰在所难免。只要一方宽容大度些，问题就会迎刃而解。然而现实生活中，总有那么一些心胸狭隘、小肚鸡肠之人，为人做事总是持着“宁可我负人，不可人负我”的态度，对事斤斤计较，哪怕是一丁点儿矛盾都会闹得不可开交，最终酿成祸患。

在物质文明发达的今天，人与人之间越来越难表现出推心置腹的真诚态度。在人际交往中，如果缺乏真诚，就等于是缺少了纽带，便难到达成功的彼岸。因此人与人之间都应该架起真诚的桥梁，多一点真诚，从而才能做到互助互利。

东汉时期，有两个人，一个叫严阔，一个叫常威。二人来往密切，交情深厚。

有一天，严阔来到常威家中，说：“常兄，小弟奉命调京城供职，因路途遥远且行程匆促，携带钱物很不方便，我想把这100万贯钱先寄放在兄长这里，以后再来取。”常威道：“你放心，我一定代你妥善保管。”临别时，严阔还道说：“如果常兄急需用钱，那钱尽管用就是了。”

不久，京城瘟疫四起，严阔一家不幸染病去世，只留下一个小孙子。

严阔在临终前对他的孙子说："我有10万贯钱，寄放在家乡你常威爷爷家中，你日后可取来维持生计。"

严阔的孙子心想，这么多年过去了，常威爷爷还会记得吗？但是他决定前去一试，结果当面一提，常威便说："你爷爷有100万贯钱寄放在我这里，你随时可以拿去用。"

严阔的孙子着实吃了一惊，认为常威弄错了。常威回答："没有错，兴许是你爷爷在重病之际，头脑不清醒，说错了而已。"严阔孙子拿着钱，挥泪而去。

人与人之间正是因为有了真诚，才有了互相信任的沃土，也才有了关系的和谐。我们不仅要对朋友真诚，对待异己更需要加倍地付出真诚，这样才能化敌为友。

正直是一种高贵的品质，是一个人的精神脊梁，也是一个人为人处事的根本。正直者心地坦然，可以轻易化解事业上的挫折。对于一个商人来说，正直则是一种崇高的境界，也是做人的准则。正直就像一块纯净的玻璃，你不管放在哪里，它都无比洁净、无比透明。

❻ 善举带来人气，助人就是助己

俗话说："朋友多了路好走。"这句话中包含了浅显的经济学知识，因为朋友就是资源，就是无形的资产。一个人的朋友越多，他所拥有的资源、无形资产也就越多，当他在资源配置时，就能做到游刃有余，获得最大的收益。

在有些人看来，要帮助别人，自己就一定会有所牺牲，别人得到了，自己则会失去。其实很多时候，帮助别人并不意味着自己吃亏，正如爱默生所说："人生最美丽的补偿之一，就是人们真诚地帮助别人之后，同时也帮助了自己。"当我们把别人脚下的绊脚石搬开时，或许正好也给自己铺平了道路。这是一句很朴实的话，却道出了人与人之间因果循环关系的真谛。在这个重利轻义的物质世界，大多数人都是以自我为中心，对物质的追求早已让人忘记了付出，忘记了怎样去帮助别人。

如果我们在平时能多行善举，热心对待身边的每一个人、每一件事，或许有一天，当你遇到困难，举步维艰的时候，昔日那些被你帮助过的人将会伸出援助之手，这就叫“善有善报”。

在影片《天行者》里，男主角叶秋在寺庙还愿的时候，老和尚说了这样一句台词：“助人如助己，还人心愿如还自己心愿。”这是一句很有哲理的话，既道出了一个王者为人处事的风格，也说明了作为一个商人所必须具备的世界观和精神境界。其实这句话的道理也简单，就是人要多付出，而不只是索取。因为只有人人都善待别人，伸出援助之手，整个社会的关系才能和谐。如果把这句话正确运用到生意合作之中，将可能收获到另一种利益：人气。

提到景泰蓝，就不能不提香港“景泰蓝大王”陈玉书先生。在一次访谈中，陈玉书先生谈到他在创业初期的一件事。

有一天，他正在公园里散步，累了就坐在座椅上休息。旁边是一位女士和她的孩子，孩子想荡秋千，但女士身单力薄，荡起秋千来很是吃力，玩得气喘吁吁。陈玉书见此便主动上前帮忙，帮他们推秋千，女士和她的孩子玩得很开心。临走时，女士给陈玉书留了一张名片，说以后若需要帮忙就可以来找她。原来，眼前这位女士竟是香港某公司总裁的夫人。

没过多久，陈玉书在拓展销售市场上遇到了困难，他便试着给那位女士打了一个电话，没想到总裁夫人二话没说，立刻就帮他弄到了一张货运签证。这笔生意不仅让陈玉书赚了一大笔钱，而且成了他开创事业的一个起点。

人们常说：机遇总是偏爱有准备的人。所谓的“准备”，不仅是实力上的积累，还包含一个人真诚助人、不计得失的心性和行为。因为成功的机遇，有时恰恰就掌握在需要你帮助的人手里。如果上述例子中的陈玉书先生，在面对陌生母子荡秋千吃力的情形时，并没有伸出援手，而是袖手旁观，恐怕他就会失去一次大好的成功机遇。

俗话说：人心换人心。没人愿意与自私自利的人为伍，那些能够与人为善，真诚去帮助别人的人，“人气指数”一定是节节攀升的。虽然有时候帮了别人，别人不一定能马上反过来帮你，但是总有一天，你积累的这些人气会在某个时刻助你一臂之力。助人和助己，就像力学中的作用力与反作用力一样，你帮了人家多少，其实就等于帮了自己多少。

桑迪·格林伯格是美国哥伦比亚大学的一名学生，桑迪从小就成绩优异，但家里很穷，不过哥伦比亚大学有很高的助学金。桑迪的室友家境贫寒，也为得助学金而来，二人可以说是对手。

在大二那年，桑迪突然患上眼疾，看东西越来越模糊，由于忙于学业，没及早治疗，桑迪的一只眼睛彻底失明。桑迪陷入绝境，因为他现阶段基本不能再看书，而这所学校竞争激烈，成绩若不好就会毕不了业。桑迪的室友决定帮他，于是每天晚上给桑迪读课本。最后，桑迪不仅以优异的成绩毕业，获得了福布赖特奖学金，还进入牛津大学深造。有了500多美元的奖学金，桑迪得以继续着他的学业。与此同时，桑迪的室友也考入了研究生学院。

一天，桑迪接到室友来电，他说：“桑迪，我真的不喜欢念研究生，我感觉压抑极了！”

桑迪问：“那你打算怎么办呢？”

“唱歌才是我真正热爱的，我有个高中同学会弹吉他，我们想合作出张专辑，但需要500美元。”

桑迪二话没说，把所有的积蓄都给了这位室友。

在桑迪的经济帮助下，他的室友在1966年发表了一张叫《寂静之声》的歌曲专辑，同名单曲在美国音乐排行榜上连续获得冠军。他叫亚特·加芬克尔，和他合作的音乐家名叫保罗·西蒙。

这个故事让我们记住了“成就别人也就是成就自己”的道理。所以不要吝惜我们的善心，因为我们最终也会成为“善心”的受益人。现实生活中，人们总是抱怨人际关系复杂、知音难寻，殊不知，造成这种局面的原因之一，就在于我们平日考虑自己过多，帮助别人太少。人气是需要积累的，一个人如果平时不注重人际关系维护，那么很难拥有好人缘。

常言道：与人方便，与己方便。有时我们帮助别人只是举手之劳，却能因此得到意外的机会和收获。如果我们能对别人施以援手，难保不会遇到生命中的“贵人”。所以我们要舍弃一些自私自利的念头，多帮助别人做一些力所能及的事情。

7 得人心者得天下，得人气者得财气

韩剧《商道》中，有这样一段经典的台词：“做生意不是赚取金钱，而是赚取人心！”

商业的本质，坦白了说，就是赚钱。做生意的人很多，而真正赚到钱的又太少。那些赚不到钱的，恰恰是因为其不懂做生意的缘故。有句话说：得人心者得天下，得人气者得财气。要做好生意，首先靠的就是人脉。没有丰富的人脉，无论做什么都将举步维艰。曾任美国总统的西奥多·罗斯福说：“成功的第一要素是懂得如何搞好人际关系。”人脉是一种潜在的无形资产，是一笔财富。它不像随处可用的金钱，但没有它，确实很难聚积到财富。

曾有人向美国的2000多位雇主做过一个问卷调查：“请问贵公司最近解雇3名员工的理由是什么。”其中，有三分之二的回答是：“因为他们不会与别人相处。”人都是群居动物，一个人的成功只能来自于他所处的人群及所在的社会，只有在这个社会中有良好的交际能力，才可能为事业开拓一条宽广的道路，如果不能游刃有余地与别人相处，则难免会到处碰壁。这就说明了一个定律：得人气者得财气！

成功学大师卡耐基经过长期研究得出结论说：“专业知识在一个人成功中的作用只占15%，而其余的85%则取决于人际关系。”美国石油大王

约翰·D. 洛克菲勒说：“我愿意付出比天底下得到其他本领更大的代价来获取与人相处的本领。”可见很多的成功人士，都深深意识到了人脉对事业成功的重要性。

所以说，无论从事什么职业，都要处理好人际关系。你的人脉越广，赚钱的路子也就越多。当一件事你办不了的时候，可能朋友一个电话就轻轻松松解决了。归根到底，创建一个丰富有效的人脉圈就是通往成功的捷径之一。

相信下面的对话我们都不陌生，A 说：“我最近想买一台电脑，可我对电子产品不太了解，市场上种类又多，真不知买什么好。”B 说：“我有一个朋友专门从事电子产品销售这一块，要不要我介绍给你认识？也许他可以给你一些建议。”

在我们生活中，经常会发现周围的朋友或是同学，有些可以直接通过朋友的介绍而变成朋友，而这个朋友，指不定会在什么时候助你一臂之力。当我们认识的人越来越多时，我们的人脉网也就越来越密了。

那么建立好的人脉圈，究竟该怎么做呢？以下两点，可供参考：

（1）懂得互惠互助

有些人脉是建立在纯友谊的基础上的，有些则是与利益挂钩的。因为想要让事业走得更远，光靠和自己喜欢的人做生意是不行的，所以在和一部分人打交道的时候，就要使用互惠互助的原则。

人脉投资是投入本钱最少，回报率最高的一种投资。每个想成大事的人，都应该为自己准备一个人脉“存折”，通过“零存整取”的策略，不断获得高回报。表面上看，人脉是一种无形的资产，不能直接转化为财富，但实际上，它却能帮你获得财富。很简单的一个道理，如果你办事缺少某道关系，而你的一个朋友恰好能帮你打通这道关系，那么你就会因此获得一个成功的机会，这就是你所获得的有形回报。

（2）懂得抓住别人的心

当我们办事不顺或四处碰壁时，往往会发现，如果能和某件事的关键人物扯上关系，做起事来便会顺畅许多。可是这个关键人物一般都很难把握，因此不管站在面前的是什么人，我们都要学会抓住别人的心。没有人会心甘情愿、不计代价替别人做事，所以只有打破了别人的心理防线，他才可能助你一臂之力。

查尔斯·华特尔在纽约一家银行工作，有次要写一篇关于某公司的机密报告。在经过调查之后，查尔斯发现这个公司的经理拥有他需要的资料。当查尔斯走进经理办公室的时候，他正在打电话："亲爱的，我这几天实在没有什么邮票可给你。"见查尔斯来，经理解释道，"我在为我那12岁的儿子搜集邮票。"

当查尔斯说明来意后，经理说得很含糊，查尔斯完全没有收获。接着，他想起邮票的事，便来到银行的国外部门，帮经理搜集了来自世界各地的邮票。

第二天，查尔斯早早地来到经理办公室，当他把邮票递给经理的时候，经理满脸笑意："我的孩子会喜欢这些邮票的。"他一边看着邮票，一边不停地说："瞧这张，这可是最难收集的呀！"

他们谈论了一小时的邮票，查尔斯丝毫没有提昨天的问题。经理又谈论了一小时自己的儿子，之后便毫无保留地把查尔斯想要的资料全都告诉了他，查尔斯甚至都没提这件事。

这种懂得抓住别人心的交往方式，是"人脉网"赖以生存的基础。每个人都希望能得到一些有背景的大人物的帮助，使他们在事业的发展上能少些阻碍，这就是人脉的力量，人脉越宽广，做起事来也就越顺畅。由此可见，巧妙地搭建一座通往别人心里的桥，是丰富人脉关系的法门之一。

没人能脱离社会而独自生存，也没有任何一种事业只靠孤军奋战就能获得成功。能否获得更多的人气，往往是人们能否成功的决定性因素。比尔·盖茨曾说："在我的事业中，最好的经营决策是挑选好人才，拥有一个完全信任的人，一个可以委以重任的人，一个为你分担忧愁的人。"

可见，人气对个人的事业帮助有多大。想获得事业的成功，就应该尽早建立自己的人脉圈。只要善于开发，身边的每一个人都会成为你的金矿。

第二章 RENQI JUEDING CAIQI

和气才能生财，买卖不成人情在

从商之道，和为上；为人之道，和为贵。在强大的对手面前硬碰硬，不顾一切地往前冲，只会弄得两败俱伤。一个人要想成功，就必须有大气量，不如意的事情总会发生，跟别人置气，其实是在变相地惩罚自己。以退为进、以柔克刚，才是征服人心的秘诀。

❶ 万事以和为贵，不要轻易与人翻脸

《论语·学而》中说："礼之用，和为贵。"意思是礼的应用，和最为可贵。"和"，于世、于人、于商，都有着重大的意义。俗话说：从商之道，和为上；为人之道，和为贵。为争一时之气，在强大的对手面前硬碰硬，不顾一切地拼命冲向前，往往会弄得两败俱伤，各无一利。所以，学会以和为贵、和气待人才是明智之举。

"和"的理论出自古代儒家，但也适用于现代社会。在生意场上，要想达成交易，做成买卖，双方也必须本着和气生财的精神，去追求一致的利益。如果为了独占利益，哪怕与人翻脸，到最后，恐怕只能沦为孤家寡人。总之，在日常生活中，谦和、宽容才是立世之道。

在日本，职员被解雇或主动辞职的现象都很少见，原因是他们本着"利益均沾，风险共担"的态度。即使是有了困难或冲突，他们也很少翻脸，以裁员来缓解，而是靠大家共同努力渡过难关。索尼的前总裁盛田昭夫曾说："企业成功的关键不是什么计划或是政府的改革，而是与职工建立起的一种健康的关系，在公司内部创造出一种家庭式的和谐感情，而这种感情会使管理层与职工有一种命运相连、同舟共济的精神。"

这都充分说明了"以和为贵"、"和气生财"的道理。一个团队，只有团队成员之间相互协作，全身心地投入工作，才能为事业发展提供强劲的原动力。

清朝时期，有个富商在城里经营了一家当铺。有一年年末，富商正在当铺里屋喝茶，忽听得屋外有吵闹声，便出去查看。原来自己的一位伙计正和一个穷汉在纠缠不清。富商向来以和为贵，于是他先将伙计训斥一通，然后再好言向穷汉赔不是。

挨了骂的伙计不服气地说："老爷，这个穷汉蛮不讲理。他前些日子

将衣物抵押了钱，现在却想空手赎回去，我不给他他就骂人。”富商听后，把伙计带到里屋说：“他可能只是有难处，万事以和为贵，不要轻易与人翻脸，你给他找几件衣服，这件事就这么算了。”

于是伙计从穷汉典当的衣物中找出几件冬衣来，穷汉拿到了衣服，不好意思再闹下去，只得离开。

让人始料不及的是，这个穷汉在当天夜里就死在了街坊家。原来穷汉因负债过多，不想活了。但怕死后妻儿无依无靠，便故意闹事，想敲诈一笔钱。在富商这里敲诈未得逞后，他便转移到了街坊家，在他家服毒身亡。最后，街坊不仅要给安葬费用，还赔了一笔“道义赔偿金”。

事后伙计问富商，你怎么知道这事有蹊跷？富商回答：“我并不能确定他是故意找茬，但万事以和为贵，何况这只是件小事，忍一忍就过去了，又何必闹翻脸。如果在小事上都没有一点肚量，就很有可能造成大的灾祸。”

由此而知，和气相处可以带来吉祥。“和”是成大事者的胸襟，俗语说：“量小失众友，度大集群朋。”为人要有宽阔的胸襟才能赢得友谊，促进团结。纵览古今，凡在事业上有所建树的人，无不胸怀坦荡，宽宏大量，抱着“以和为贵”的处事态度。上至帝王将相，下至黎民百姓，均应消除猜忌，多点宽容和关爱。也只有胸怀宽广的人，才能够解人之难，使人乐于信任和亲近。一个人想要取得大的成就，就必须有大气量，以和为贵。

我们常说：和气生财，怨气生灾。凡事若能以和为贵、化敌为友，就能变竞争对手为事业或生活上的合作伙伴。如此一来，便能团结一切可以团结的力量，从而达到广开财路、广辟财源的目的。

在北京奥运会开幕式上，还特地以“和”为主题设计了一系列的活动，为的就是让所有人都了解中国，领悟中华“和”字的智慧。

战国时期，梁国与楚国的交界处建了个界亭，两国的百姓便在各自的地界里种了西瓜。由于梁国人每天锄草浇水，辛勤地劳动，西瓜长得又大又圆。而楚国的百姓疏于打理，结果西瓜长得又小又蔫，与对面瓜田相比简直是天壤之别。

楚国的百姓觉得失了面子，于是趁天黑，偷偷跑到梁国地界，把他们的瓜秧全给扯断了。次日，梁国的人发现后气愤不已，于是报告给了边县的县令宋就，百姓们生气地说："我们冲过去，把他们的瓜秧也全部扯断！"

宋就安抚百姓说："他们扯断我们的瓜秧是不对，我们再跟着学，那不就太狭隘了？万事以和为贵，你们就这样做，从今天起，每天晚上都去给他们的瓜秧浇水，让他们的西瓜也长得好，但是你们这样做，一定不可以让他们知道。"

听完宋就的话，梁国的百姓回去就照办了。之后，楚国的人发现自己的西瓜长势一天比一天好，仔细观察，便发现是梁国的人夜里悄悄为他们浇水。楚国的边县县令听到这件事后，便把这件事报告给了楚王。楚王听完也感于梁国人和睦的诚心，于是备重礼送梁王，既表示自责，也以此酬谢。从此，这两国由敌国变成友好邻邦。

这种方法既符合"和气"原则，又和平地解决了问题，实为最有效也最简单的方法。我们每个人都会有缺点，也都会犯错误，即便是作为受害人，也不要轻易与人翻脸，而要以博大的胸怀去宽容对方。

有时候，以和为贵不仅是人与人之间关系的润滑剂，更是人生事业成功的法宝。若大家都秉着"以和为贵"的处事原则，善于解开一切矛盾，很快便能与对方化敌为友。以"和"为人生观，也能让你在收获人脉的同时，收获财富和成功的人生。

2 心平气和，做生意要有好心态

一位资深的石油商人在给自己的员工讲生意经时，说了这样一番话："当一个人刚开始创业的时候，有点像突然沉溺在湖中央的人。如果这时你能保持冷静，你就可以游到岸边，至少在漂浮时有人来救起你。假如你失去冷静，那你就完蛋了！”

所有做生意的人，都应该把这段话牢记心中。不管什么场合，都应该保持心平气和、从容不迫的态度。那么即使有突发的情况，也能够应付自如。为什么一些大人物在面对突发变故的时候，仍能镇定自若？那是因为他们懂得，越慌便越无法思考。此时只有心平气和，沉下心来，才能想到应对的策略，从容地解决问题。

心理学研究表明，一个人在心情舒畅的状态下，中枢神经系统往往处于最佳状态。但是随着生活节奏的加快，我们越来越计较自己的得失，也越来越急功近利。在这样的氛围中，我们更需要平复我们的内心，使我们的大脑不要失去正常的思考能力。

一个高明的商人，就像一个优秀的橄榄球员。哪怕当球意外落到他手中的时候，他也并不手忙脚乱，惊慌失措，而是能够持平静的心态，想办法掌握或对付新情况。战国时期的子文是楚国的令尹，他三次做官任令尹之职，却从来不喜形于色，即使是三次被免职，也照样心平气和。在许多场合，若抑制不住怒气，会失去解决问题的最好机会，到最后可能还要付出高昂的代价——可能是失去一个好朋友，失去一批客户，乃至失去长期合作的机会。

每个人的际遇都不同，机遇好的可施展抱负，成就一番事业，没有机遇的虽才华横溢，却终究一事无成。好的机遇，和人的心态息息相关。假如你心浮气躁，无法静下心来，又如何要求别人安心地与你合作呢？心态乐观积极，也许是商场中最好的一门修养经。

一记者曾问美国石油大王洛克菲勒，是什么促成了他今天的成功，他回答了很多，其中有一点就是心态。做生意如果心浮气躁，没有心平气和的态度，那么做什么都将难以成功。说到这，洛克菲勒还讲了这样一个故事——

在法庭上，他曾漂亮地击退了一位有名望的律师。当时，律师拿出一封信，以严肃的口气问道："洛克菲勒先生，你收到我寄给你的信了吗？"

洛克菲勒平静地回答："收到了！"

"你回信了吗？"

洛克菲勒面带微笑，心平气和地回答："没有！"

随后，律师接连拿出20多封信，一一询问洛克菲勒。而洛克菲勒始终都是嘴角泛着笑意，用幽默的语气一一给予了回应。法官耐不住了，问洛克菲勒："你确定收到了吗？"

"是的！先生，我十分确定。"洛克菲勒镇静地答道。

只见律师面红耳赤地怒斥道："那你为什么不回信？难道你不认识我吗？"

洛克菲勒依然面带微笑地回答他："我当然认识你呀！先生。"

这时，律师已控制不住自己的情绪，在庭上不断咒骂，而此时洛克菲勒依然不动声色，好像对方所讲的事情跟自己一点关系都没有。

最后，该律师因情绪突然失控而乱了章法，法官不得不宣布洛克菲勒胜诉。

这则故事说明情绪的变化可以影响到事情的结果，一个有好心态、善于控制自己情绪的人，获得胜利的概率远远大于那些无法控制自己情绪的人。一个人若心浮气躁，静不下心来做事，在生意场上也一定一团糟，难成大事。

人若没有一个好的心态，就容易被困难所击败。做生意有盈就有亏，失去或得到并不是最重要的，重要的是你如何面对已经发生的一切。只有坦然面对了，才能固守一份超脱，才能更好地向前发展。因此对待生活，要学会坦然处之，这是做生意的哲理，也是做人的学问。

有两个刚毕业的大学生，小陈和小金。小陈是名牌大学毕业，而小金是普通大学毕业。两人同年毕业，一起到北方某经济特区打工。后来因不想为别人打工，两人均摆起了地摊，卖起了首饰。他们刚开始都抱以很大的热情，每天热情地叫卖。

久了之后，小陈就静不下心了。他觉得自己每天赚的钱只够自己的生活费，根本没有剩余，而且自己所学的知识根本派不上用场，于是找了一家公司做起了小职员。而小金则不管每天是赢利还是亏本，他始终以平和的心态做自己的事。他天天和顾客打交道，渐渐地，便懂得了各种人的需求和爱好。于是，他自己借钱开了一家首饰店，由于东西新颖，生意好得不得了。而此时的小陈，仍是一家公司的小职员，还在纠结自己是否该坚持下去，为自己不断换岗而懊恼。

有一些人总希望自己能做成大生意，成为大富翁，但在开创一番事业的同时，在他们身上总有那么一种情绪让他们心神不宁，这种情绪就叫浮躁。故事中的小陈就是这样，由于急功近利，便开始见异思迁，产生急躁的情绪。而这样只会使人失去清醒的头脑，从而不能正确地制定策略以稳步前进。由此可见，只有能够操纵自己身心的人，才有掌握事物规律的能力，才能收放自如地应对任何事情。

浮躁和不安只会给我们的工作和事业带来损失。做人做事，一定得戒急戒躁，这就要求我们遇事要沉着冷静，多分析思考，然后再施以行动。而不是头脑发热，闭着眼睛往前冲，那样必定一无所获。所以，保持平和的好心态非常重要，只要常秉持一颗平常心，就不会被外界各种各样的烦恼和诱惑所困扰，从而看清表象背后的真正价值。

❸ 跟别人置气，其实是在变相惩罚自己

医学中有这样一段关于生气的描写：人生气的时候，生理反应十分剧烈，如肝脏毒素增加，眼睛充血出现绿光，心跳加快，血压升高，手脚冰凉。身体素质不好的人还会出现食欲不振、头痛、失眠等症状，长此以往就会诱发疾病，如胃病、高血压、糖尿病等。由此看来，生气对人是有百

害而无一利的。

从这段话可以看出，跟别人置气，其实是在变相惩罚自己。一个人若常生气，心情就容易变坏，看什么都会不顺眼，做什么也都不如意。因此，生气不仅是一种肉体上的疼痛，更是一种精神上的惩罚。怒气就犹如人体中的一枚不定时炸弹，随时都可能酿成大祸。古人常说的“怒从心头起，恶向胆边生”就是这个道理。

德国学者康德说：“生气，是拿别人的错误惩罚自己。”人非圣贤，孰能无过，我们每个人都会犯错误，不如意的事情也总会发生，但是每个人遇事的态度则与这个人的修养、性格和德行等密切相关，不是每个人都有大度的胸怀去容忍，也不是人人都明白“生气其实是在变相惩罚自己”这个道理。所以很多时候，我们不必太较真，一旦你较真了，就容易动怒，心理也就容易失衡。

在非洲草原上有一种野马，长鬃飘飘，骏逸而健壮。那里同时生活着一种非常不起眼的吸血蝙蝠，它的身体极小，被称作野马的天敌。

这种蝙蝠专靠吸动物的血生存，它在攻击野马时，常附在马腿上，如沥青沾身。然后用锋利的牙齿极敏捷地刺破野马的腿，再用尖尖的嘴吸血，直到吸饱吸足后，才心满意足地离去。这种小吸血蝙蝠非常难缠，无论野马怎么狂奔乱跳，都无法驱赶掉它。于是野马变得暴怒异常，愈加跑跳不停，最后在狂奔、流血中无可奈何地死去。

其实据动物学家们分析，这种蝙蝠所吸的血对马来说是微不足道的，远不至于让野马死去，野马的死是由于它本身暴怒的习性和狂奔所致。

因为遇到一点点的不顺便怒火中烧，这也正是很多年轻人的弱点。有时候，你的愤怒情绪将会成为你做好事情的最大障碍。我们生活中的每一天，都会时不时地被一些繁杂的琐事困扰，但最终击垮我们的并不是那些困难和磨难，而往往是一些微不足道的小事情。因为生气的时候，激动的情绪就会左右你的思想，改变你原来的意志，最终让你一事无成。生活本就是磕磕碰碰，所以要求人们忽略那些无需劳神去忙的琐事，然后果断地将那些让你生气并无益的小事抛弃，不去理会。

假如你不相信这一点，认为就该以牙还牙，那么你就永远不可能成为一名真正的成功者。宽容不仅对个人的生活具有很大的价值，对事业也有很重要的推动意义。做大事之人需要有容人的雅量，中国古代就不乏这样的例子，如齐桓公用管仲，李世民用魏征等，这些优秀的领导者都大胆地起用了“仇人”，结果正是这些“仇人”帮他们缔造了盛世江山。可见，宽容和大度是人生的一种大智慧，是建立人与人之间良好关系的法宝。

在乡下，有个叫阿柴的人，每次他和别人起争执生气不已的时候，就以很快的速度跑回家去，然后绕着自己的房子和土地跑3圈，最后坐在田边喘气休息。所有认识阿柴的人都很疑惑，但是不管怎么问他，阿柴就是不说自己为什么每次生气就绕着房子和土地跑3圈。

由于阿柴工作勤劳努力，他的房子越来越大，土地也越来越广，也有了老婆和孩子。但不管房子有多大，只要一跟别人生气，他还是会绕着房子和土地跑3圈。直到有一天，阿柴年纪大了，他的房子土地也已经又大又广，可是，当他跟人生气时，还会拄着拐杖艰难地绕着土地跟房子走完3圈，最后已经累得不行了，他才坐在地上大口大口地喘着粗气。这时，他的孙子跑过来，坐在阿柴边上，疑惑地问他：“爷爷，你年纪这么大了，为什么一生气还是要绕着土地走3圈啊?”

阿柴摸了摸小孙子的头，说：“年轻的时候，我一和人吵架、生气，就绕着房子周围的土地跑3圈，那时我心想，我的房子和土地这么小，我哪有时间和资格跟人家生气。一想到这里，我的气也就消了，于是就把所有时间都用来努力工作。到现在，年纪大了，每逢和人置气时我就想，我的房子和土地这么多了，我又何必跟人计较呢？于是，气也就消了。”

事实证明，事业越成功的人，也就越有宽容之心。俗话说：宰相肚里能撑船。宽容可助你赢得朋友的真诚，可使你不受一时情绪的影响，保持对事情的正确判断。一个有作为的成功人士，都有着能够容忍谅解别人不同见解和错误的肚量。

宽容不仅是做人的美德，也是一种明智的处世原则，是人与人交往的润滑剂。有人总觉得自己时运不佳，那只是因为他对别人的狭隘和刻薄所造成的，于是这些不愉快便成了自己前进道路上的一块绊脚石；而一些所谓的幸运者，也并非老天特别眷顾，只是因为他们对他人的宽容和恩惠，从而使自己拓宽了未来的道路。

但是在生活中，人们经常会为一些小事而生气，也许他们并不想这样做，但就是控制不了自己的情绪。那应该怎么做呢？

(1)不要总是盯着别人的缺点，而要多看人家好的一面

如果你发现有些人实在令你难以忍受，比如你的同事、你的朋友，那你可以努力找出他令你欣赏的一些优点，然后当再次见到他时，多想想他的这些好处。并且要记住宽容的前提：每个人都会犯错误，每个人都不完美。当遇到类似情况时，就默念一遍，时间一长，你就能慢慢学会用宽容之心去理解、对待别人了。

(2)要合理地宣泄，而不要把怨气淤积在心里

有一位商人说："当我生气并没法控制时，我便赶忙离开这个不开心的地方，跑到健身房去健身，猛力击打沙包，直到发泄完我的怒火为止。"其实宣泄的方法有很多，可以跑步、可以逛街、可以一个人静静地听歌，也可以大吃一顿。总之，不要把怨气积累在心里，这只会让你更加难受。

❹ 得饶人处且饶人，得理也要让三分

有句话是这样说的："一个人不讲理，是一个缺点；一个人硬讲理、认死理，是一个盲点。很多时候，理直气'和'远比理直气'壮'更能说

服人、打动人、感染人、影响人。就像《圣经》上说的那样——性情温良的，有大智慧。”一个人如果认死理、硬讲理，不留一点余地给别人，不但无法消除眼前的“敌人”，还会导致身边的人疏远自己。

俗话说，兔子急了会咬人，落水狗不能打。为什么兔子急了会咬人呢？要知道，兔子原本是温顺的动物，不到万不得已是不会攻击别人的。但是如果它被逼上绝路，本能地会孤注一掷，反咬一口。落水狗为什么不能打呢？因为狗落水之后，原本就面临死亡危机，如果这个时候你打它，它一定会反击，会对你造成一定的伤害。

有一家杂志曾访问25位杰出的财经界人士，让他们各说一句对自己一生影响最大的话。这些成功人士说出的话当然字字珠玑，其中最吸引人的一句话是出自时代华纳公司的董事长柏森斯之口，他说：“不要赶尽杀绝，要留一点退路给别人。”英雄所见略同，蒙牛集团前总裁牛根生也说过：“不要把你的竞争对手逼到绝路，也不要轻易激怒他……损人一千，自耗八百的蠢事不要干！”

如果你想处理好自己的人际关系，如果你想成为一个受人欢迎的人，那么，当你得理的时候，要做的不是理直气壮，而是礼让三分。比如，放别人一马，原谅别人一次，别人会对你心存感激，日后可能会报答你；就算他不感激你，不报答你，也不至于和你为敌。这是人的本性。况且世界本来就小，职场的圈子就更小，人与人之间的变化却很快，说不定哪天被你礼让的人飞黄腾达了，到时候他会不会帮你一把呢？所以，千万不要认死理，要学会得理饶人，给别人留后路，这也是给自己留后路。

生活中，我们每个人的价值观和生活背景都不相同，因此人与人之间难免发生不愉快的事情。其实只要有一个人让一步，这件事也就圆满结束了。如果非得不依不饶，只会把事情推向另一个极端。古人云：“让三分心平气和，退一步天高地阔。”一个宽广的胸怀对于为人处事来说非常重要，在豁达和宽容中舒缓矛盾，便可使对方自省，加深彼此的理解，增进友谊。让别人三分并不等于窝囊，宽厚待人是一种美德，更是人格高尚的体现。

中国传统美德讲恕道，处世让人一步的态度才算是高明，宽厚真诚的态度方为福气，因为给人家留一丝情面，也等于给自己在日后留了一些方便。所以说，“会争”还要“会让”。在与家人、朋友、同事间相处是这样，即使是敌人，也必须在“路径窄处，留一步与人行”，给对方一个台阶下，不仅保全了双方的面子，最重要的是避免了两败俱伤。

宽容和忍让是制止对方报复的良方，也是收服别人为自己做事的高妙手法。若凡事以自己为中心，总是对别人不依不饶、吹毛求疵，最后只会落个失败的下场，下面的例子就说明了这一点。

小玉大学毕业后，在一家外企的市场部做助理工作。小玉本想好好工作，在工作上做出一番成绩来，但是她的一位上司，一个叫刘倩的女主管击碎了她的梦想。

刘倩平常待人苛刻，一点小事便不依不饶。她还三天两头地向小玉的经理抱怨小玉的打字速度慢，或者总把东西放错地方。哪怕是中午吃饭的时候，刘倩都会坐在小玉身边监督。只要小玉一不小心把饭粒掉到了桌上，刘倩便大发雷霆，指责小玉不该把饭粒掉在桌子上面，并让她立即把没吃完的饭扔进垃圾筒。

市场部的许多员工，就因受不了主管刘倩的怪脾气而离职。其他部门主管便对刘倩说：“你也别太在意这些小事情了，犯点小错改正就好了，何必这么较真!”但是刘倩依然我行我素，大声嚷道：“走几个人怕什么，只要去人才市场转一圈，要招多少就有多少。”最后连小玉也忍无可忍了，她从椅子上站起来愤怒地对刘倩说：“我十分尊重公司及各位领导，但是你作为我们的领导，不配。”

小玉坚决地离开了公司。刘倩的苛责以及心胸狭窄，严重伤害了下属的尊严，也让上级反感，最终导致她众叛亲离的下场。

聪明人不会“得理不饶人”，而且还懂得知让、知退，因为给别人面子其实也就是给自己面子。我们要能站到高处去看、去想，便能理解别人、宽恕别人了。《菜根谭》中说："处世让一步为高，待人宽一分是福。"这无非就是在告诉人们得理要让人，要学会礼让、谦让、退让和忍让。

自古以来，如何维系良好的人际关系就是做人做事的重要话题。人与人之间为什么会结下难解的仇怨呢？其实很多情况，都是由于与人产生摩擦时把话说绝、把事做绝的缘故。其实，人际关系实则就是利益关系。只要懂得谦让，凡事多为他人设想一些，不着眼于眼前的私利，便能更大限度地储备力量，等待进一步的时机。

中国有句古训：言不说尽，人不做绝。说的就是留一丝余地，礼让三分的道理。说到底，宽容是一个人的素质和修养程度的外在表现。那些斤斤计较、得理不饶人的人最后会吃大亏；而那些宽容大度、懂得原谅的人才能笑到最后。正所谓：退一步，海阔天空；忍一时，风平浪静。人生短暂，我们又何必把时间浪费在无谓的纠缠之中呢？对于别人的过错，适当的指责无可厚非，但最终我们要能以博大的胸怀去宽容别人，以宽容之心度他人之过，和和气气地做个大方人。

但是忍让和宽容都是要付出代价的，没人愿意自己吃亏而去成全别人。为了培养良好的心理素质，哪怕在感情无法控制时，也要紧闭自己的嘴巴，禁止粗暴和鲁莽的话语。我们还要学会适时地放下自己的自尊，要知道容忍、谦和并不是弱者的行为，而是一种很高的人格修养。若是做好了，便能收获整个世界。

⑤ 给对方留足面子

世人都爱面子，每个人都有自尊心，每个人也都有好胜心，如果想和对方把关系处好，就必须重视对方的自尊心，特别是不要在小事上让人丢了面子。

面子代表着一个人的尊严，它和地位息息相关。你当面羞辱别人，他很可能因为丢面子与你拼命。给对方留足面子，堪称机智做人的一大技巧，一旦处理失当，会对你的人际关系和事业造成麻烦。

在一次年终总结会上，部门经理正高兴地说着："经过大家的努力工作，今年本部门共创造了680万的利润……""不对，不对！"小田冷不防地打断经理的报告，插嘴道："这只是上半年的数据，实际上我们的全年利润总额已经达到了820万。"经理顿时尴尬万分，勉勉强强把报告做完，整个会议最后草草收场。

在现实生活中，像小田这样心直口快，不习惯给人留面子的人不在少数。只要看到别人有什么过错，或看不惯的地方，便迫不及待地提出来，根本没考虑到别人的面子。尽管完全是出于一片好心，所提的意见也很正确，但由于不注意场合、不考虑方法，让别人觉得丢面子，结果不但没收到应有的效果，可能还会使对方怀恨在心。

换个角度，我们站在别人的立场上看待这个问题。一旦有人直截了当地指出我们的不足之处，并勒令我们立即改正时，虽然我们明知道他说的很正确，但是心里总是不痛快，总是想反驳一番。所以在人际交往时，千万要注意不能伤害别人的自尊。

伤过别人的面子，也许你早已忘了，可那个被你伤害的人，可能永远都不会忘记，这事就像一块无法结疤的伤口，一直刺痛着他。就如《圣经·马太福音》里所写："你希望别人怎样对待你，你就应该怎样对待别人。"尊敬别人，给别人留面子，也是给自己留了余地。在待人处世中，我们不妨把面子给他人留足，这样，既为自己赢得了尊重，又让大家皆大欢喜，何乐而不为呢？

老谢每年都会被邀请参加某社的杂志评审工作，这个工作报酬多，更是一项荣誉。但是很多人想参加都找不到门路，有的人挤破了脑袋也只参加过一两次。而既没关系也没后台的老谢却年年都有此"殊荣"，这着实让大家羡慕不已。

就在他年届退休时，有人便问他其中的秘诀，老谢微笑着说：“其实有没有专业的眼光并不是最关键的，我的职位也不是重点，我之所以能被年年邀请参加评审，只是因为我很给别人‘面子’。”

他接着说：“在公开的评审会议上，我定会把握一个原则：多称赞，多鼓励，而少批评，给别人留足面子。但是会议结束后，我会找来杂志的编辑人员，私底下告诉他们编辑上的一些缺点，然后加以修改。因此，虽然杂志有先后名次，但是每个人都保住了面子，也没什么损失。”

正是因为如此，承办该项业务的人员和各杂志的编辑人员，都很尊敬老谢，所以每年都会找他当评审。

这个故事告诉我们，在为人处世中，总要多给别人留一些面子，这当然不是为了博得对方的欢心，或是作为自己获得利益的阶梯，而在于能得到别人的好感，使别人免受一些不必要的损害，同时也给自己留一个好名声。

俗话说：人要脸树要皮。面子这东西虽说看起来不值钱，但是却代表着尊严。谁不希望自己被别人看得起，谁不想证明自己的优越感。所以在交往过程中，要想与别人建立和谐的关系，就必须懂得给别人留足面子。损人面子的事不能做，有损别人面子的话不要说，一旦伤害了别人，两人之间的关系便会更糟。

聂霜是南京一家木材公司的销售部经理，她以前总是很直接地指出那些对木材不是很了解的检验员的错误。虽然最终她都是胜利的一方，可争论毕竟对谁都没有好处，反而使公司损失了很大的利益。于是，聂霜决定尊重一下别人的意见，不再那样不给检验员留面子了。

有一天早上，聂霜办公室的电话响了。一位男客户在电话那头焦躁愤怒地抱怨运去的一车木材完全不符合他们的规格。他的公司已经下令车子停止卸货，并要求聂霜立刻安排把木材搬回去，他们拒绝接受这样的木材。

聂霜对客户进行了简单的安抚之后，放下电话就赶紧动身到对方的工厂去一探究竟。到了之后发现，购料主任和检验员都闷闷不乐，一副等着自己和他们吵架的姿态。于是聂霜先走到卸货的卡车前，请搬运工们继续卸货，但是让工人们把合格的木材和不合格的木材分开摆放，自己则站在一旁观望。

聂霜看了一会儿，终于明白了，原来不是质检员检查得太严格，而是他把检验规则弄错了。那批木料是黑檀木，而质检员虽然对红木的知识很丰富，但对黑檀木却不够了解。这时，虽然聂霜对黑檀木很内行，却并没有指责质检员，而是谦虚地问质检员那些木料为什么不合标准，而且强调说自己是向他请教，只是希望在以后的交易中，能提供让对方公司满意的木材。聂霜的做法和态度，让对方很满意，于是他们之间的对峙气氛消散了。

在这种友好的氛围下，质检员认识到问题出在自己的经验不足，并且也没有向聂霜的公司详细地说明他们想要的木材等级。最后的结果是，聂霜走了之后，对方重新把卸下的木料又检验一遍，这次他们全部都接受了，聂霜则收到了一张全额支票。

就这样，聂霜通过给对方留面子的方法，避免了正面冲突，同时让他自己意识到问题所在，从而顺利地把事办成。聪明人懂得给他人留面子的重要性，说话办事的时候就方便了许多。要是你也能放下自己的面子，给别人留足面子，相信会在说话办事时获益匪浅。

为别人保存一份颜面，你会获得一份友谊。很多时候，别人其实已经知道自己犯了错误，可能正在想办法补救，如果你非要耍聪明当面指出，结果只能让对方恼羞成怒，不给你好脸色看。也许还有人认为这是为朋友好，但是要知道，无论采取什么方式指出朋友的错误，哪怕是一个蔑视的眼神，一声表示不满的冷哼，一个不耐烦的手势，都有可能带来难堪的后果。你以为他会同意你所指出的错误吗？绝对不会。因为你否定了他的想法和认知，让他的自尊心和虚荣心都受到了打击，同时还伤害了他的感情。对方非但不会改变自己的看法，还会对你进行反击。

所以，不管面对的是什么人，有损人面子的话最好只字不提。当然如果你想显摆自己的才能、得到更多敌人的话，完全可以按照自己的心思行事。不过，假如你想得到更多朋友的青睐，最好三缄其口，为朋友保留面子，这样做一定会得到更多人的喜爱。

❻ 留条生路给别人，就是留条财路给自己

“留条生路给别人，就是留条财路给自己”，这是一种智慧的处世哲学。为人处事，尺度要把握好，凡事不可做绝，要给彼此都留一丝余地。不管做什么，都要适可而止，不可太过。若苦苦相逼，把一个人逼到了悬崖边上，对双方都不是什么好事。给别人留条生路，自己在未知的道路上才会走得更加安稳。

人生不是独角戏，需要和各种各样的人打交道。见好就收，给对方喘息的余地，这也是一种宽容。而且给别人一个机会，有利于我们为自己的人生价值观设置一个标尺，这对于处在残酷社会中的我们来说尤其重要。因此无论是做人还是做事，都要宽容处世，学会给对方留条出路。

人与人相处，给别人一条生路，自己也就多了一条财路。若一味把人逼到死角里，就算赢得了胜利也不一定是好事。你怎么对待别人，别人也会用同样的方式对待你，因此给别人留条生路，既是宽容大度的表现，也是维护人际关系的必要手段。

俗话说：冤家宜解不宜结。一个懂得宽容别人过错的人，最终会让对方良心发现，反过来以诚相报。这样，就能团结一些能够团结的力量，路上也会少一些羁绊、多一些幸运。若一味把对方逼到死胡同，当别人走投无路时，自己也就少了一条出路。为人处事让一步为高，待人宽一

分是福，这才是利人又利己的根本。由此可见，让一步的态度，给对方留条出路的原则，不仅可以求得自我的精神慰藉，也足以赢得世人的敬重。

胡雪岩与庞二联手经营丝绸洋庄，本来一切顺利，不想庞二在上海丝行的档手朱福年拿着东家的钱自己做生意，赚钱归自己，蚀本归东家。庞二发现后，便对胡雪岩说："一定要狠狠整治他一下，然后让他滚蛋，连生意也做不成。"胡雪岩说："先观察看看吧！这个人也算聪明，能把他收过来最好，留条生路给他，说不定就是留条财路给自己。"

于是胡雪岩先通过关系，摸清了朱福年"做小货"的底细，然后到丝行看账，在账上找出朱福年的漏洞。但他又不点破朱福年的计谋，只是点到为止，同时还给出时间让朱福年自己清点账目，弥补过失，等于有意放他一条生路。

朱福年心惊不已，不知道胡雪岩耍的什么诡计。在几次这样的事件后，朱福年坐不住了，索性找到胡雪岩问个明白。胡雪岩拍着朱福年的肩膀，笑着说："福年兄，做生意其实就跟打仗一样，要大家齐心协力，一起拼搏才能成功。我看你是个聪明人，你若看得起我，将来愿意跟我一起打天下，过去的事我们就一笔勾销，当做没发生过，你觉得怎么样？"

这番话后，朱福年感慨万千，他握着胡雪岩的手说："胡先生，你能说出这样的话来，我朱某人要是再不尽心尽力，就不是人了。"从此，他对胡雪岩毕恭毕敬，尽心为他工作。而胡雪岩因为宽容大度，收服了朱福年，多了一个得力干将。

仔细想想，胡雪岩给朱福年留一条生路的智慧，在做人做事上也可以很好地体现。也就是说，为人处世，要给自己和他人多留一条路，事不可做绝。这既是一种心胸、智慧，也是一份情怀。

在全球最权威的商学院——哈佛大学商学院的必修课程中，有一部分专门研究非智力因素对一个人成功的影响。在这些非智力因素中，其中一项就是宽容，课程中强调了宽容是成功者的必备素质之一。

老柴是一家家具厂的老板。有一次，生产线上的工人阿华喝醉了酒，在上班时吐得到处都是，令大家没法工作。于是厂里的其他工人便跑过去拿走了他的酒瓶，紧接着把他送到了门口。

老柴刚进门，就见阿华昏昏沉沉地靠在门口的墙边，大醉不醒。于是老柴便将他扶进自己的车里，想直接送他回家，就算是直接解雇了。他们到了阿华家门口，阿华的妻子一见此场景吓坏了，说："他的老板最讨厌工人在工作时喝醉酒了，完了，阿华要失业了，我又没有工作，我们一家四口以后怎么办呀？"说完便开始抹眼泪。

老柴看了看这个穷苦的家，决定再给阿华一次机会，于是对他的妻子说："放心吧，阿华不会失业的，我就是他的老板。"回到工厂后，老柴就对工人说："今天在这里发生的不愉快，我们要统统忘掉。阿华长期以来都是个好员工，我们再给他一次机会。"

第二天，阿华照常上班，大家对他的态度和以前一样友好，从此他酗酒的坏习惯也改过来了。

一年后，家具行业突然变得萧条起来，很多厂子都相应关门。老柴的厂里发不出工资，大家都想辞职。于是阿华就领头号召大家，并对所有的工人说："领导对我们一直都很好，待遇也比其他地方高，这次遇到危机，我们应该更努力地工作，一起帮他渡过这个难关。"最后大家一起想办法应对市场的变化和需求，厂子最终渡过了难关，效益也越来越好。老柴用宽容赢得了工人的拥戴，同时也取得了事业的成功。

一个善良之人往往能替别人考虑，因此也时常为他人留一条后路。我们应当灵活地处理事务，不论在什么样的情况下，都不要把人往绝路上推。如果能够做到这一点，那么对自己来说，结果一定是好的。

故事中的老柴本可直接把阿华开除，也给其他工人一个警醒，但是他没有这么做。他看到了阿华家里的困难，于是给阿华留了条后路，而这最终也算帮助了自己。相反，如果老柴没有这么做，而是把阿华直接开除了，那么一年后，他的厂也许就和其他厂一样倒闭了。所以做事不能太绝，否则遭灾的，也许就是我们自己。

冤冤相报何时了，假如我们没有宽容的心态，有仇必报，那我们便给自己树起了众多的敌人。当朋友越来越少，而敌人越来越多的时候，路也就变窄了。如果我们能把眼光放远一点，也许就能想到，今天那些让我们痛恨的对手，也许就是那些将来给我们带来机会、财富的人。重要的是，当你拆除了一堵对手的墙，就等于为自己开辟了一条新的道路。

⑦ 竞争不是恶斗，双赢才是王道

成功者都深谙一个道理：成功从来不是靠个人，而是靠集体、靠组织。一旦遇到困难，我们首先想的肯定是集思广益，找朋友一起商量。利益大家均分。如此一来，大家都得到了实际的利益，想要成功也会变得比较容易。这就是做生意的最高境界——双赢。

双赢是什么？双赢就是如果你手上有两个橙子，你自己留下一个，然后分给别人一个。有甜头大家一起尝，有钱大家一起赚。但不可否认的是，社会中是存在竞争关系的，而且大多数人将竞争的概念定义为“你死”或是“我活”。想要成功就必须阻止别人胜利，可是这样得来的“成功”往往经不住风吹雨打，也经不起时间的考验。

现在商场上竞争激烈，所有生意人都想赚钱，为了打败竞争对手，大家都做足了准备。既然一个人不可能拥有所有的竞争优势，那么为什么不换个方式，创造一个双赢的局面呢？与其大家拼得头破血流，不如互相帮助，各取所长，共同发展，制造一种双赢的局面。

一位著名的企业家说过，当别人遇到困难时，我不会坐视不管，我会尽力帮助他，这样做不但不会让我损失什么，反而会给我带来荣誉，让我的事业更加顺利。

这便是一种双赢的智慧，当我们在帮助别人的时候，无形之中便体现了自己的价值，让自己赢得竞争的优势。很多人都有创业梦想，但苦于没有资金、没有人脉、没有机会，于是创业计划一直搁浅着。其实，即使你没钱、没人脉、没机会，只要你有“借鸡生蛋”的头脑，哪怕是利用别人的资金、人脉，也能实现自己创业的目标，达到赚钱的目的。

也许你会说：“世界上哪有这样的好事？这不是异想天开、白日做梦吗？”其实不然，因为人各有不同的优势，有的人有销售渠道，有的人有人脉关系，有的人消息灵通，有的人资金雄厚，有的人技术精湛，有的人充满创意。在这种情况下，借鸡生蛋既是一种“借力”，也是某种程度上的合作，最终可以实现双赢。

美国有一家著名的大公司 A，在与另一家公司 B 合作时发生了不愉快的纠纷。A 公司因为实力雄厚，最后将 B 公司逼得无路可走。于是，A 公司提出与 B 公司合并的要求。B 公司觉得不合理，便请求 A 公司给他们让出一条生路，各自发展。

可 A 公司为了早日吞掉 B 公司，派出商业间谍，盗取了 B 公司的最新技术。如此一来，A 公司就有两个结局：一是用 B 公司的最新技术和它竞争，最后将 B 公司挤出市场，B 公司没有办法只得归并于 A 公司。但是这个举动冒着极大的风险，因为一旦 B 公司发现是 A 公司盗取了他们的最新技术，就可能将他们告上法庭。另外一个结局就是，放 B 公司一马，两家公司井水不犯河水，这样 A 公司虽然在以后的发展上少些利益，但是 B 公司却有了生存之路。

A 公司在利益驱使下，决定拖垮 B 公司，然后吞并它。果然，B 公司很快就陷入了绝境。但就在 B 公司面临倒闭，被迫接受 A 公司收购的最后关头，他们找到了 A 公司盗取他们最新技术的证据。为此，两家公司打了一场长达数年的官司。最后，由于长时间的消耗，两家公司同时破产了。

其实，在我们的生活中，有很多鱼死网破的事情都是可以避免的。竞争不是恶斗，只要给双方一个合理的合作空间，相信最后会是双赢的结果。如果不顾一切，非要和对方拼个鱼死网破，那么最后的结果就只能是两败俱伤。

如何做到双赢绝对是一门学问，有竞争就会有合作，既然是互助的关系，就不能想着把利益吞进自己肚子里，不然就会渐渐地失去很多合作者。做生意要把眼光放长远。双赢的智慧，依靠的是顾全大局的能力，它是我们真正需要学习的。

要实现“双赢”的美好愿望，让人际关系更加和谐，就需要合作双方拿出诚意。所谓“有钱大家赚，有利大伙分”，多站在别人的立场上想一想，那么有些看似不可调和的矛盾，实际上却能轻易解决。

有一家专门生产玩具的工厂，厂长是一个犹太人。犹太人非常会做生意，而且乐于助人，不管是对零售商还是代理商，挣钱多还是少，他都非常热情，所以大家都喜欢去他的厂子批发玩具。

有一次，一位零售商从他那里进了50只毛绒玩具，但是由于这个毛绒玩具已经没有了市场，根本没有人买，所以销路一直很差。零售商没有办法，于是找到犹太人商议，谁知，犹太人一听，便马上决定调货。零售商觉得很过意不去，自己没有远见，还害犹太人承担这样的损失。但是犹太人却一直安慰零售商，说自己会将这件事情处理好的。就这样，他在玩具制造这个行业的名声越来越大，大家都喜欢和他共事。

后来，由于战事原因，厂里的经济也一直不稳定，最后犹太人的玩具厂破产了。但就在他走投无路的时候，曾经接受过他帮助的人通通来到他的家里，大家决定一起出资，帮他重新将厂建立起来。就这样，犹太人的厂子又重新开了张。在战事过去后，厂子效益非常好，大家都得到了一定的收益。

故事中犹太人的经历告诉我们：一个人要把眼光放长远，做生意太自私不利于自己的发展，在你给别人机会的同时，也是给了自己一个机会。

两败俱伤，不是生意人希望看到的结果，只有创造双赢的局面，大家共同获利，才能实现共赢。这个世界上没有绝对的双赢，总有一方相对会吃一些亏，但还是得从整体着手，合作互补，互利互惠，这样才能达到利益的最大化。

电视剧《潜伏》里有这样一句台词：你断了别人的财路，别人就会断了你的生路。这句话用在生意场上同样合适，如果你总想着独占利益，谁还愿意与你合作？而失去了合作者，也就等于失去了在生意场上立足的资本。这句话就是告诉我们，假如我们不乐于施助于人，不善于采取双赢的智慧，那么自身的发展就会缓慢，因为我们没有体现出自己的价值，便不会获得别人的信任。由此可见，在突显自己优势的同时，这种双赢的智慧也可以促进我们自身的发展。

第三章 RENQI JUEDING CAIQI

一诺千金——宁可破产，不失信用

李嘉诚说过：“失去诚信，就等于放纵敌人来伤害自己。”诚信就像一面道德的镜子，以诚待人、以诚做事，才是我们生存的根本。有了诚信，就有了口碑，这样一传十，十传百，生意自会找上门来，又何愁没有钱赚？所以任何时候，都不要为了蝇头小利而放弃诚信。

❶ 信誉是立人之本，诚信是“金字招牌”

守信与成功有什么关系呢？李嘉诚对此曾做过这样的精辟论述：“一个企业的开始意味着一个良好信誉的开始，有了信誉，自然就会有财路，这是经商中必须具备的商业道德。就像做人一样，要忠诚、有义气。对自己说出的每一句话、作出的每一个承诺，一定要牢牢记在心里，并且一定要做到。当你建立了良好的信誉后，成功便会随之而来。”

莎士比亚曾说过：“失去了诚信，就等于敌人毁灭了自己。”在激烈的市场竞争中，缺乏诚信的人不但会失去生意伙伴以及朋友们的信任，在无形中更是将机会让给了对手，从而失去发展的机会。因此，要想把生意做大，取得长久的成功，就要学会把诚信作为自己的立业之本，用诚信的手去抓住商机。

一个讲诚信的生意人，必定会把身上所具有的优秀品格渗透到他的经营理念中，那么他在所从事的行业中就会有良好的口碑。良好的诚信口碑会一传十，十传百，最后不用自己去找生意，生意就会自动找上门来，何愁没有钱赚？诚信就像是一面道德的镜子，以诚待人、以诚做事，才是生存的根本。虽然有时候诚信会让你吃一些小亏，但是最后这种可贵的品质总会给你带来益处。所以，一个成功或是有智慧的商人会始终坚持诚信的原则。

诚信对于一个人来说是至关重要的，无论是在生活上还是在事业上都是如此。诚信可以说是一个人难能可贵的品质，缺乏诚信、没有信誉的人往往不懂得人生的真谛。一旦他的生命里没有“诚信”二字，自己自然也感受不到别人的真诚。这样的人心中只会被虚假和谎言所充斥，缺乏安全感，活得非常疲惫。

无论从事哪种职业，都要求从业者能够诚实守信。一个不讲诚信的人很难在社会上立足，更别说成就一番事业了。一旦被贴上“不诚信”的标签，那么大家都会对你敬而远之，也没有人愿意与你推心置腹地交往，人际交往都成问题，立业更无从谈起。就像日本山一证券公司的创始人小池所说：“做生意成功第一要诀就是诚信，诚信像是树木的根，如果没有根，树木就别想有生命了。”

张浩是一家小电器商行的推销员，在刚开始工作的时候，他的业绩就非常糟糕，在很长一段时间内，甚至创造了零业绩的纪录。但是张浩并没有因此放弃，而是选择了相信自己，他坚信自己是世界上最好的销售员。

有一次，在一番口舌之后，他终于把自己公司的商品推销了出去，并且和客户建立了友谊。可是在和客户交流后，他发现自己公司的商品不仅比别家的要贵，而且在质量上也比其他商家的要差。对此，他感到极度不安，他觉得自己欺骗了客户。在思考了很久之后，张浩鼓起勇气，决定挨个去拜访自己所有的客户，并把实情告诉他们，以求获得他们的谅解。

但令他没想到的是，就是因为他这种诚信的行为，客户不但没有断绝和他的交易，还向他预约了很多新产品。最后，张浩本着诚信做人的态度，自己开了公司，成了成功的大企业家。

张浩的成功，无疑是讲诚信的结果。在现代社会，诚信可以说是经商之本，是打开通往财富大门的金钥匙。通过这个故事我们可以学到，诚实，就是一种最可靠的担保。一个人的信誉虽不能用金钱来估量，但却是生存和发展的法宝。

任何时候，都不要为了个人的利益而放弃诚信。不管在什么时候，诚信都是自己一个可靠的护身符。但是在生活中、生意场上做一个诚信的人并不容易，诚信来不得半点儿掺假和虚荣，它需要我们不计回报地付出和奉献。而对一个诚信的人来说，诚信就是他的金字招牌，无论走到哪里，这块招牌都能为他铺平前方的道路，令大家愿意与其交往。

年轻的时候，李嘉诚为了实现自己的梦想，辞去了在塑胶公司的工作，独自走上了创业之路，开始做起了塑料花的生意。

有一天，李嘉诚接到一单生意。因为李嘉诚的公司是刚成立的，批发商信不过，所以为了保险起见，批发商要求李嘉诚找一个担保人，并且还要担保人的亲笔签字担保书，不然这笔生意就做不了。李嘉诚到处找担保人，但费了九牛二虎之力也没找到，他不想欺骗批发商，于是把情况如实跟对方说了，并对自己没有完成对方的要求而表示歉意，说希望下次还有机会合作。

然而李嘉诚的诚实却打动了对方，他说："李先生，你不是已经有一个担保人了吗?"李嘉诚愣在那里半天没说话，不知道批发商什么意思，批发商笑了笑，说道："我这次来香港，就是要寻找诚实可靠的长期合作伙伴。很显然，这个担保人就是你自己啊！没有比诚实和信用更好的担保人了。"于是，两人很快签订了合同，并且批发商一次性付清了货款。

如此可见，信誉是一个人的立人之本。而李嘉诚之所以能成功，就是因为他有诚信这块金字招牌。

从这个故事中，我们不难看出生意场上诚信的重要性。李嘉诚有这样一个观点："守信誉者，必有天下。"一个讲诚信的人更容易获得其他人的信任，以诚经商，是事业经营发展的基石。因此，诚信不仅是个人立身、立业之本，更是经商之本，做大生意的必要条件。

诚信是社会对个人的道德要求，也是个人对前途与命运的承诺与抵押。我们要做的就是，对上不欺天，对下不欺人，对内不欺心，对外不欺世。只有这样，才能赢得良好的声誉，别人才愿意与我们建立长期稳定的关系。

❷ 高明的商人依靠"诚"字驰骋商场

诚信之于商人，就如同水之于鱼。但凡流传百年的老字号店铺，无一不是靠诚信立足的。作为一个高明的商人，应该懂得以"诚"安身立命，为企业攻城拔寨。因为诚信是成就大事的基础，是打开财富之门的钥匙。

李嘉诚曾经说过："无论是在香港还是在其他地方做生意，毕竟信用最重要。一时的损失将来还是可以赚回来的，但损失了信誉就什么事情都不能做了。"很多成功的商人往往是盛名之下，名不副实，而李嘉诚却是个例外，他的一生都是用"诚"字经营，这种"诚"主要表现在为人处世上，表现在对待客户上。

1946年年初，李嘉诚从中南公司跳槽到一家名不见经传的小五金厂做街头推销员。两年后，他把推销的目标转移到香港的几家大酒店。然而，一般情况下，大酒店不会轻易接待一家没有名气、没有影响力的小五金厂的推销员，甚至就连见到老板的机会都没有。

一天，李嘉诚来到君悦酒店，这是一家五星级高档酒店，有门卫守候在门前，他们见了汽车才笑脸相迎，而见到泛泛草民，却冷眼相向，甚至不允许进入。不过，李嘉诚并非草民，因此，门卫对他"高抬贵手"，让他进去了。

然而，当李嘉诚来到三楼老板办公室的接待处时，却被女秘书拦住了。李嘉诚十分恭敬地递给她一张名片，女秘书看了之后，马上说："对不起，你还是走吧，老板是不会见你的，我也不敢进去通报。"

李嘉诚很无奈，只好退出接待厅。可是，他心想：好不容易来了，不见老板一面，得多遗憾！于是，他就蹲在厅外的走廊里等。大概过了一个小时，那位女秘书发现李嘉诚还没走，有些不忍，于是向老板报告了这件事，但老板拒绝接见李嘉诚。

当秘书把这一信息告诉李嘉诚时，李嘉诚不免有些惆怅，他走到楼下，左思右想，仍然觉得不甘心。于是，他坐在大厅的沙发上等待时机。但是那天，老板居然到了中午还没下楼，下午1点多，女秘书再次发现李嘉诚还在，于是，再次向老板报告这一情况。

这一次，李嘉诚终于见到了老板，但是当他提到自己所推销的小铁桶时，老板马上打断了他，说："年轻人，你不必费口舌了，我们是大酒店，不会订购你们五金厂的任何产品。"李嘉诚意识到纠缠下去没有意义，于是他礼貌致歉，然后转身离开。

走到楼下，他又突然回来，老板见状，一脸惊愕。李嘉诚上前一步，恭敬地说：“是这样的，刚才我匆忙离开，其实不礼貌，因为我还没有征求你对我推销方式的意见。因为我还年轻，可能有些不谙此道，希望先生从长辈的角度，对我的推销方式提一点宝贵的意见。”

老板听了李嘉诚的话，开始对他刮目相看，他说：“年轻人，你并没有什么不礼貌，你是个很会做事的人，你的推销也很称职。只不过，由于你们的五金厂太小，产品难登大雅之堂。我们酒店一般都是从有名气的厂家进购铁桶，所以，我只能拒绝你，请你原谅。”

李嘉诚表现得非常通情达理，他说如果他在老板这个位置，也会像他那样做。这时，他突然又问老板：“如果我没猜错，贵店是从名气很大的凯腾五金厂进购的小铁桶?”老板感到意外，说：“年轻人，你怎么知道这些?”

李嘉诚笑着说：“都是做五金生意的，我们当然会有耳闻。”

老板说：“坦率地说，我们和凯腾公司合作已经好几年了，他们生产的镀锌小铁桶用起来特别顺手，所以，我们不需要从别的地方进货。”

李嘉诚微笑着说：“先生可能有所不知，据我们所了解，凯腾公司的名气虽然大，但是他们的产品质量却值得怀疑，因为他们所用的原材料并不是进口镀锌板材，而是我们五金厂不用的边角废料，然后他们再以进口镀锌板的名义销售出去，很多买主都被蒙在鼓里。”

老板大吃一惊，他没想到竟然有这样的事情。但同时，他也表示：“你为了推销自家的产品，随便诋毁同行的声誉，这种行为难以让人认同。”

李嘉诚温和地说：“先生，也许我不该把同行的秘密告诉你，只是由于刚才我与您的一番谈话，让我感到你是人格高尚的人，这才让我觉得有必要把这一情况告诉你。对不起，我要告辞了，请相信我的话，最好不要上当。”

后来君悦酒店的老板派人对从凯腾五金厂购买的小铁通进行查验，果真发现小铁桶有很多接口，确实是用边角废料加工而成的，而李嘉诚的小五金厂的产品却是用上好镀银的锌板制成的，价格也比较优惠。于是，这位老板马上派人找到李嘉诚，订购了500只小铁桶。从此，李嘉诚所推销的产品顺利进入了高档酒店行列。

在这个案例中，李嘉诚的“诚”与凯腾五金厂的“骗”形成了鲜明对比。面对受到欺骗的君悦酒店的老板，李嘉诚以诚相待、开诚布公地指出了凯腾五金厂产品的问题，显示出了足够的诚意，而凯腾五金厂却赤裸裸地欺骗客户。两者对比，让君悦酒店的老板对李嘉诚刮目相看，从此对他信任有加。由此可见，如果一个商人不诚实、不诚信，想靠坑蒙拐骗获得利润，最终打碎的是自己的饭碗，只有诚信待人，才能赢得别人的信任，才能为自己打开商业之门。

李嘉诚的“诚”不仅体现在对待客户上，还表现在对待同行上。当同行面临经营困境时，他会慷慨出手，与其共渡难关。通过这种行为，他很好地赢得了同行的认同，达到了自我宣传、名扬天下的目的。

1973年，世界经济危机波及香港，李嘉诚做了一件至今被香港商界传为佳话的事。由于香港的经济对外界的依赖性很强，塑料原料全部都要从外地进口，因此，价格受到了很大的影响。危机爆发后，原来每磅塑料的价格为0.65港元，瞬间涨到每磅4~5港元。

由于李嘉诚在塑料行业有很强大的实力，加之在经商中有良好的声誉，当时他已经是香港潮联塑料制造业商会的主席，不过，那时候他的经营重点已经转移到地产上了。因此，这次塑料危机对他的打击并不是很大，再者，长江公司有很多原材料储备。也就是说，这次危机与李嘉诚关系不大。但是李嘉诚却没有幸灾乐祸，而是亲自上阵，拯救整个行业。

李嘉诚组织数百家塑料厂入股，建立了联合塑料原料公司。这样一来，由联合公司出面进口塑料，所购买的塑料全部按市价分给各个股东厂家。在这种情况下，进口商的垄断性就失去了作用。不仅如此，李嘉诚还将自己公司储备的12.43万磅原料以低于市场价格一半的价格出售给会员厂家，这一举动很好地反击了经济危机造成的价格灾难。

在此次危难中，李嘉诚的行动得到了数百家塑料厂的认可，他被称为香港塑料业的“救世主”，李嘉诚的“诚”也在这次事件中得到了完美的展现，他的声望、商业形象、名气，一下子得到了巨大的提升，这为他日后获得滚滚财源打下了坚实的基础，也为他日后驰骋商场做足了准备。

世界之大，什么样的人都有，不同的人有不同的做人之道。官员有官员的处世之道，商人有商人的处世之道。在商人中，又有奸商、投机者、骄傲者，这种人是无法成就大事的。真正的成功者是诚实做人、诚信做事的，只有把承诺看得和命一样重要，才能赢得别人的信任。李嘉诚就是这么认为的，他说：“以诚为本，才能永远有饭吃，才能做大生意。”回顾李嘉诚的成功历程，在许多重要的关头，他都秉着诚信的原则来做生意。

可见，做人要诚实，经商要诚信，一定要相信，“诚”会为你带来人气，更会为你带来财气。

❸ 宁可破产，不失信用

一位哲人说过：“世界上最聪明的商人是最诚实的人，因为只有诚实的人才经受得起历史和事实的考验。”要想成为成功的生意人，就应该把诚信当做自己的座右铭，把不失信用作为自己的口头禅。不仅要把诚信牢记心中，还要落实到实际的行动中去。

在这个商业社会，很多生意人都抱着一切向“钱”看的观念做事，在他们的眼中，除了利益就什么也看不到。这种观念将他们本来应具备的诚信品格一点点侵蚀，他们的心灵逐渐被谎言、欺骗所注满。但我们要记住的是，任何谎言和骗局都不会长久，能够使一个人事业长盛不衰、获得更多利益的核心价值应该是信用。“宁愿破产，不失信用”，做生意要是有这种精神，那么在生意场上一定能走得更顺、更远。

对于刚入商场的年轻人来说，要想实现自己的财富梦，必不可少的成本就是诚信。只有意识到诚信的重要性，并付诸实践，成就大业才能指日可待。

如果我们能把自己的信用放在第一位，它必将成为我们事业成功的助推器。虽然现实生活中，很多诚实的人会被欺负、被欺诈，甚至被人扣上“老实无用”的帽子，但生活归根结底不会辜负真诚的人，他们终会获得丰厚的回报。我们也应该坚信，诚实守信是最受欢迎的品德，是一个人赢得尊重的根本。

清末大商人孟洛川是个讲诚信的人，他的经营宗旨只有一个，那就是“宁可破产，不失信用”！孟洛川把这个优良的品质贯穿到了瑞蚨祥的经营当中，所以老字号“瑞蚨祥”才能够百年长盛不衰，这与孟洛川的诚信经营有着莫大的关系。“童叟无欺，货真价实”就是这个百年老字号的立市之本。

有一次，一位外国商人从瑞蚨祥订了一批双青布布料，按照工期，应该5天之后就可以出染坊了，但是因为出了一点小差错，这批布料离完工还差最后一道工序。外商总是催着要货，掌柜的实在没有办法，于是就提前几天把这批还没有完全完工的货发给了外商。虽然差了几天时间，但是布的色彩看上去都差不多，所以外商也看不出来。不久，这件事就传到了孟洛川的耳朵里，他非常生气，不仅斥责了掌柜，还命令他把发出去的布料全部收回，重新给外商换了一批。

诚信是做人的一项基本准则，但要做一个诚信之人很不容易。就像故事中的孟洛川，有时候会吃大亏，但是最终这种品德能得到别人的认可，更能收获别人的尊敬和赞扬。人们总是希望与诚实的人打交道，而不愿意与喜欢说谎话的人合作，因为不诚实的行为就等于是欺骗，而欺骗最终将导致信用的破产。所以，要发扬诚信的品质，宁可自己吃亏，也不丢失信用，这才是成功的重要保证。就像日本著名企业家吉田忠雄说的那样："为人处世首先要讲求诚实，以诚待人才会赢得别人的信任，没有这一点，一切都是无稽之谈。"

我们或许听说过在美国的"腌菜之王"海因茨，他在1875年全美经济大萧条的情况下，为守信仍坚持赔本收购，到最后破产了都在四处借债履行承诺。海因茨一直奉行自己的信仰——一个诚实的人不会在商场上倒下。所以最后，海因茨成了商场巨人，它的腌黄瓜、番茄酱在全世界有名。

海因茨的成功是经营理念的成功，在市场经济的大环境下，诚信已经不仅只是一项重要的道德规范，也成为我国现行法律的一个基本原则。诚信可以说是一个国家的立国之本，一个人的立身、立业之本。商人更应该讲求诚信，但在大千世界中，每个人都有不同的做人之道，商人也分诚信者和奸诈者。前者做人重于经商，以诚待人，最后会赢得人心；后者以欺诈为处事之道，最后终会受到教训。人与人之间，本就是一个心灵交换的过程。在这个过程中，只要有欺骗的状况出现，换来的就是心灵的彻底崩溃。

1835年，在美国有一家叫伊特纳的小型火灾保险公司成立，因为不用马上拿出现金，只需在股东名册上签上名字就可以成为该公司的股东，所以摩根先生便成了伊特纳火灾保险公司的股东之一。

但是公司成立没多久，便有一家在伊特纳火灾保险公司投保的客户发生了火灾。按照赔偿规定，如果完全付清赔偿金的话，那么这个保险公司就面临着破产。股东们纷纷惊惶失措，都要求退股。但是摩根先生想了想，认为自己的信誉比金钱更重要，于是他四处借钱筹款，卖掉了自己的房子，并低价收购了那些要求退股的股东们的股份，然后他将赔偿金如数付给了投保的客户。

摩根先生虽成为了保险公司的所有者，但是他已经身无分文，所以保险公司也濒临着破产。摩根先生于无奈之中打出广告，凡是到伊特纳火灾保险公司投保的客户，保险金一律是以前的两倍。但他不知道的是，就因为这件事伊特纳火灾保险公司声名鹊起，所以很快顾客就蜂拥而至。

原来在很多人的心目中，伊特纳公司就是最讲信用的保险公司，这一点使它比许多有名的大保险公司更让人信赖。许多年后，摩根主宰了美国华尔街金融帝国。而当年的摩根先生，正是他的祖父，美国亿万富翁摩根家族的创始人。

成就摩根家族的并不仅仅是一场火灾，而是比金钱更有价值的信誉。人与人之间的信任和依靠，无法用金钱来衡量。只有坚持诚信原则的人，才能赢得良好的声誉和威望，别人也才愿意与其建立长期稳定的交往。因此，我们每一个人在人际交往中都应该坦诚相见，将诚信作为自己生命中的瑰宝。

所有成功者几乎都有相同的感受，那就是为人处世首先要讲求诚信，以诚待人才会赢得别人的信任。事实也确实如此，离开了诚信，我们所做的一切都成了无根之花，无本之木。

❹ 一诺千金，说得出就要做得到

孔子曰："民无信不立。"要想获得别人的好感，首先得看重诺言的价值。俗话说：君子一言，驷马难追。说出去的话，泼出去的水，既然说得出，就该做得到。一旦失信，丢得就不仅仅是人品，还有巨大的财富和商机。

华人首富李嘉诚曾说："要想取得别人的信任，你就必须作出承诺，而且在作出每一个承诺之前，都必须经过慎重的考虑和审查。一经承诺，便要贯彻到底，即使中间有困难，也要坚守诺言。”每一个成功人士，在待人处世方面都会有许多相同点，其中最突出的一点就是他们无论在任何时候都会遵守自己的诺言，做到一诺千金。

一诺千金，说的就是要守信用，说得出还要做得到。一个人若经常违背自己的诺言，就容易失去很多朋友。但是在很多时候，我们会为了面子、为了给别人留一个好印象而轻易许诺。而这种不懂得拒绝的后果就是，无法履行自己的承诺，最后把关系搞得更僵。

小陈和小唐是好朋友，小唐存了一笔钱等到结婚时用，但是小陈最近有笔小生意需要资金，于是找小唐借钱，并承诺在他结婚之前一定归还。由于两人平时关系不错，小唐便痛快地把钱借给了小陈。眼看婚期就要到了，小陈却迟迟没把钱送来。无奈之下小唐上门催款，小陈说实在是没钱，自己也没想到那个生意会打水漂，最后弄得两人不欢而散。从此小唐和小陈不再往来，友谊也因此结束。

小唐和小陈的例子，让我们明白：所谓承诺，绝不是信口说说而已。做不到的不要轻易开口，许诺了的无论如何也要做到。人与人之间如果不能做到彼此信任的话，便不能成为互助互利的朋友，人际关系也会因此冷淡。但是信任的前提，就是诚信。若你觉得反正大家都是朋友，一次没有遵守诺言算不得什么，那么时间长了之后，你就会渐渐失去朋友对你的信任。所以建立一个让人信任的形象，是人脉竞争力走向成功的关键。

承诺其实是一种责任，如果你承担不了这份责任，那就不要轻易地承诺。大家都知道“狼来了”的故事，一个人如果一而再、再而三地说谎，到最后就会和那位放羊的孩子一样的下场，在自己真正需要帮助的时候没有人信，最后吃亏的还是自己。

有记者采访美商摩根大通集团台湾区负责人郭明鉴，当问到他“专业与人际关系哪一个比较重要”时，他回答：“没有专业，你的人际关系都是空的。但是，在专业里，有一条是最难的，就是信任，而这也是人际关系的基石。”假如某一件事情我们说过要去做，就要费尽心思去办到。如果觉得办不到，或不愿意去办，就不要轻易答应别人，哪怕找个借口来推辞，也不要因为不好意思说“不”而点头。

古人云：“轻诺必寡信。”这就涉及一个愿不愿意守信，和一个有没有能力兑现诺言的问题。有些情况下，我们会因为抹不开面子，而被迫承诺自己办不到的事。所以经常失信于人，在没有兑现诺言的情况下，不仅得罪了朋友，还使自己的名誉扫地。在生活中这样的事比比皆是，比如借钱、帮忙做某事等，我们往往因为不懂得拒绝，结果让自己陷入两难的尴尬境地。

陈廷大学毕业后分配在银行工作，有一天，他以前的数学老师找到他，说：“陈廷啊，我想自己开一家公司，但是又缺少一部分资金，你不是在银行工作吗？能不能帮这个忙？”陈廷觉得，老师第一次找自己帮忙，若是拒绝了老师肯定会不高兴，而且自己面子上也过不去，于是陈廷很爽快地答应了：“老师你放心吧！我一定为老师出一把力。”

其实陈廷刚参加工作不久，在银行里根本就没什么影响力，而且他数学老师的贷款没有用任何东西做抵押，完全不合乎规章，所以根本没有办法办理。而就在陈廷为难之时，他的老师已经租好了门面，甚至请上了员工，就等着陈廷的资金入账开业。但是陈廷却一直拖延，迟迟拿不出钱来。老师得知后勃然大怒，斥责他道：“陈廷，这让我怎么收场啊？如果你帮不了我，你及时地告诉我也行啊，我可以另想办法，你说得出却做不到，算怎么回事儿，你这样不仅没帮我，还害了我呀！”

事实上，只要陈廷能如实把情况告诉老师就好了。如果觉得自己没能力办到，就不要轻易把话说出口，因为一旦说出口了，就该不顾一切地做到。陈廷在明知自己能力有限的情况下，还是“打肿脸充胖子”许了诺，结果不但没帮上忙，反而给老师添了许多麻烦，结果得不偿失。

在作出承诺之前，我们一定要考虑清楚，自己有没有这个能力做，能做到什么程度。对于自己没有把握做好的事，最好让对方有个心理准备。信守诺言是一种美德，可是有些生意人经常不负责地承诺各种事，自己却很少做到，结果无一例外地给别人留下了不守信用的印象。

俗话所谓“没有金刚钻，就别揽瓷器活”，说的就是这个意思。所以我们要信奉一诺千金的原则，不要轻易许诺，许了诺言便要努力遵守。若是你能给人一种遵守诺言的诚信印象，那么你一定能让朋友和合作伙伴信赖。

❺ 别拿别人对你的信任开玩笑

开玩笑是控制情绪、激励双方以及处理人际关系中重要的手段之一。得体的玩笑就像一种精神“调节剂”，可以活跃现场的气氛，让大家都处于一个轻松愉快的氛围当中。但是会开玩笑不等于擅长玩笑，玩笑话中有一点不能碰，那就是拿别人对你的信任开玩笑。因为别人相信你，才会对你说实话、掏心窝，若你拿它开玩笑，那就是对对方的一种不尊重。

所谓“说者无心，听者有意”，玩笑话本来涉及对方对你的信任和你的尊严，但如果开得太过，就会使对方觉得你没把他放在心上，那就扭曲了玩笑本来的意义。

所以开玩笑要拿捏好分寸，最好不要拿朋友来说事。因为友谊是建立在互相信任的基础上的，而玩笑本就是一种消遣的东西，若你把别人对你的信任和玩笑结合在一起，最后得罪人不说，还会失去朋友对你的信任。有些人就是因为开玩笑不注意分寸，所以人脉尽失，人缘极差。

琴琴和小文是同事，同样也是很要好的朋友。小文对琴琴非常信任，有什么话都跟琴琴说，包括几天前买彩票中了5000块钱的事，她都会跟小文讲。

在一次公司举办的年会中，琴琴为了活跃气氛，便心血来潮地拿小文来“开涮”，开起了她的玩笑。只见她周旋在同事之间，一本正经地对周围的人说：“你们知道吗？小文上次买彩票中了50万。”

结果当天晚上，小文家里的电话就被打爆了，一直响个不停，有人找她借钱、有人请她投资、有人要和她合伙做生意……不管小文怎么解释，说那只是琴琴开的一个玩笑，自己只中了5000元，哪有什么50万！可这些人就是不放过她，认为小文是不想借钱，有了钱就故意疏远他们。

刚开始小文只觉得无奈，哭笑不得。可是一连好几天，小文家的电话就像个“热线电话”一样响不停。就这样，小文原本平静的生活被大家闹得一团糟，忍无可忍的她终于和琴琴翻脸，一怒之下将琴琴告上了法庭。

法院经过审理，最终作出判决，琴琴不仅要向小文赔礼道歉，还要赔偿她的精神损失费。这就是琴琴开玩笑太过分所导致的不良后果。

因此，开玩笑一定要掌握好分寸，千万别将别人对你的信任当笑话来讲。不然既破坏了彼此的关系，可能还会导致严重后果。其实开玩笑就在一个度，处理得好，大家的关系依旧轻松亲密，处理得不好，就容易得罪人。开玩笑也有技巧，什么人能开，什么人不能开；什么事能说，什么事不能说。这都是有讲究的，有些禁忌不能碰。

如今生意场中，竞争异常激烈，别人讲信用，而你不把信用当回事，客户自然会流向那些守信的商家，到最后，你就会被大众抛弃，还谈何赚钱呢？李嘉诚深谙此道，他说：“在作每一个承诺之前，必须经过详细的审查和考虑。一旦承诺，便要负责到底。即使中途有困难，也要坚守诺言，贯彻到底。”

李嘉诚是这么说的，也是这样做的。他认为，做生意要以诚信为先，否则，会错失很多发展事业的机会。他说：“很多生意是别人找我做的，一定不能拿别人的信任开玩笑。一个讲求信誉的人，比起一个夸夸其谈、不求上进的人，必有更多机会。当你建立了良好的信誉后，成功、利润便会随之而至。”

早年李嘉诚经营塑料花时，由于策略上的失误，导致公司很多产品滞销，公司的财务出了严重的问题。这个时候，唯一的办法就是裁员，以降低公司的成本。在李嘉诚看来，作出裁员的决定是痛苦的，这无异于砍了他的手足。但是如果不裁员，公司就难以生存下去，随时都可能倒闭。

最后，李嘉诚忍着剧痛，把自己的决定告诉了员工："只要公司情况好转一点，就希望大家回来，我仍然可以给每个人找到合适的工作。"很快，公司渡过了危机，李嘉诚把那些裁掉的员工又召回来，恢复他们的工作。这一举动让那些员工大吃一惊，因为他们认为，当时李嘉诚在裁掉他们的时候许下的承诺，不过是一句安慰，他们根本没有放在心上。想不到李嘉诚说到做到，兑现了承诺。这让员工充满感激之情，因此，他们回到公司后更加努力地工作，以报答公司的恩情。

李嘉诚曾经说过："做人要诚实可靠，避免说大话。要说到做到，不放空炮，做不到的宁可不说。"在他眼里，诚信是生存和发展的法宝，是不可以用金钱来估量的。一生之中，最重要的就是诚实守信。他曾经说过："我现在就算再有多十倍的资金，也不足以应付那么多的生意，而且很多都是别人主动来找我的。这些都是为人守信的结果。"

毫无疑问，诚信是做人的根本，也是经商成功永恒不变的法则。在《圣经》中，有这样一句关于诚信的话："诚实人必多福，想要急速发财的，不免受罚。"诚实、守信是为人处世的基本原则，也是立足于天下的根本。

6 过河绝不拆桥，害人者终将被害

经商可以赔本，可以倒闭，可以破产，因为破产之后，只要条件允许，实力具备，还可以东山再起。但是，如果失信于人，过河拆桥，那么你的本钱就彻底输光了，你以后的生意就没法继续做下去，到头来只剩死路一条。

《李逵负荆》中说："你休得顺水推船，偏不许我过河拆桥。"字面意思是：自己过了河，便把桥拆掉。所以现在用过河拆桥来比喻当某些人达到目的后，就把帮助过自己的人一脚踢开。中国向来是礼仪之邦，"仁德"二字是中国传统文化中极为重要的瑰宝，而"滴水之恩当涌泉相报"更是君子的行为准则之一。因此，很多人对过河拆桥之人都深恶痛绝。但是古今有太多"飞鸟尽，良弓藏；狡兔死，走狗烹"的事发生。

西汉刘邦，在建国之初，将诸多立功立业的大将们悉数杀光。尽管这种过河拆桥的做法，能够达到某些目的，但这种残忍的手段，还是让人无法苟同，最终被贴上不道德的标签。

生意场上也是如此，但凡见利忘义者，生意必然做不长久。那些过河拆桥、损人不利己的人，其实都是目光短浅之人，他们总是被眼前的利益所惑，就想着自己的好处，而断了别人发财的路。他们根本就没意识到过河拆桥的行为，其实也把自己的退路给堵死了，虽得到了眼前短暂的好处，但却断送了以后的利益。一个人赚钱的大门由自己掌管，是开启是关闭全在自己。过河拆桥的人就等于是自己亲手关上了通往财富之路的大门，这就说明了一个道理：害人终害己。所以说过河不拆桥，其实也就是给自己留了一条退路，给别人留了一条生路。

我们都听过东郭先生的故事，东郭先生救了一匹狼，狼最后却恩将仇报，当然最后狼还是被农民打死了。这也正应了那句老话：善有善报，恶有恶报。所以无论做生意还是做人，我们都不能做忘恩负义、过河拆桥的人。我们要做到有所为，有所不为。追求金钱无可非议，不过"君子爱财，取之有道"，才是每个生意人求财的正确观念。

张行和李亮是发小，两人一起毕业，进了同一家单位。李亮比较腼腆，人很热情。张行则能说会道，特别会讨好领导和同事，两人给同事们留下的印象都不错。

没过多久，公司总部给了他们部门1个出国培训的名额。一般来说，出国培训也就意味着得到重用。消息一出来，张行就向李亮表达了自己想充分学习和锻炼的意愿。李亮表示理解，并和同事说了一些张行的好话，希望大家可以支持他……结果大家都心照不宣地投了张行的票，大度地把机会让给了他。

经过一年的培训，张行学成归来。大家都很热烈地欢迎他，可张行却像换了一个人，他觉得自己回国后可能要到总部任职，便有种高人一等的感觉，对同事爱理不理，就连对昔日好友李亮也是不冷不热。对比张行前后迥异的表现，李亮很是伤心，同事们也对他的忘恩负义感到愤怒。

最让大家气愤的是，在总部的人前来做民意调查时，张行对李亮以及同事们的能力表现出不屑和质疑，并极力证明自己的优秀。在以后的日子里，大家都对张行过河拆桥的行为所不齿。最后张行不仅没被调到总部，连在本部门的工作都开始举步维艰，因为没有一个人愿意和他合作共事。

故事中的张行得到朋友和同事的支持和帮助，应该对大家心怀感激才对，但他为了自己的“飞黄腾达”，便把这些曾经帮助过自己的人抛诸脑后。张行这种过河拆桥的不道德行为只会让人心寒和愤慨。最终，他也为此付出了代价，不仅失去了去总部的机会，更使自己的人际关系遭到破坏，工作陷入了被动。

生意场上最怕的就是见利忘义、过河拆桥的人。这样的人，一旦借助他人的力量达到目的后，便会露出本来面目。但当他们再次遇到生活上的大风大浪时，便再也找不到站出来帮自己搭桥过河的人了。所以出卖别人而得到的财富或利益是不能长久的，这类人日后不但成不了大事，还会因自己的不良名声而无法在行业中扎根立足。

一个有头脑、有远见的生意人是绝不会做过河拆桥的傻事的，更不会不择手段地吃独食。他们明白害人终害己的道理，他们重视自己的名誉和与别人建立起的良好、长久的合作关系。所以年轻人从一开始就要懂得诚信合作的道理，这样才能迎来更多的机会，取得更大的利益。

田峰和邵东各开了一家家具厂，因为两人平时关系不错，所以田峰就经常给邵东介绍生意。

一次，田峰接到一个国外的大单，数量很多。田峰想：如果自己独自生产这批家具很难在规定时间内交货，若叫上邵东，两人一起生产，利润对半分，岂不两全其美。于是他把这事告诉了邵东，约定第二天一起签合同。但是田峰的父亲突然住院，他便赶了回去，把签合同的事交给了邵东。

第二天邵东便早早地到了约定的地点，经过一番商谈，两人谈妥了货物的价钱，并签了合同。在回去的路上，邵东起了贪念，他心想：如果我自己生产这批货，岂不是能赚更多的钱？想到这，邵东激动不已，他回去后就叫所有的员工加班加点，努力赶出这批家具，然后自己独吞这笔大生意。

田峰到家后便给邵东打电话，问他合同谈得怎么样了。邵东遗憾地说客户暂时不需要这批货了，不过以后需要时会再联系田峰的。出于对邵东的信任，田峰也没有给客户打电话确认一下，这笔大单子便这样白白流失了，而邵东却如愿以偿地赚到了这笔不义之财。

最后，客户知道了这件事，他觉得邵东不讲诚信，做生意不厚道，这样的人谁敢和他合作？于是不再合作了。渐渐地，田峰也不给他介绍生意，邵东的家具厂生意渐渐落没，最后不得不关门。

商场中的人一定要从这个故事中学到一个道理，那就是过河拆桥的人，最终只会害了自己。生意要做，钱也要赚，但是见利忘义的事永远不能干。

在五光十色的生活中，我们肯定会面对各种各样的名利诱惑，但是我们还要学会“有所为，有所不为”。如果你的利益是以伤害别人为代价，恐怕以后也很难在社会上立足。因为没人愿意和见利忘义的人交往、合作，这样为人处世，日后注定会被世人所唾弃。

❼ 把诚信作为你的人生资本，厚道一些不吃亏

俗话说：诚信是金，黄金有价，而诚信无价。可见，诚信比黄金更贵重，诚信作为一种高尚的品格，不仅能为人们带来财富，更能广结益友，扩展人脉。在为人处世中，若能恪守诚信，你就能赢得别人的信任，从而拥有知心朋友。

“诚信”二字看似简单，却不易做到。现实生活中，言而无信、欺骗隐瞒的事太多了。很多人的心都已经被利益所填满、被尔虞我诈所污染了。其结果就是，人与人之间不再相互信任，而是带着猜疑的目光去审视一切，到最后谁也不可能成功。

信誉是企业生存和发展的法宝，也是个人立身的本钱。李嘉诚说，信誉是不可以用金钱来估量的，它是一个人的金字招牌，是无形的资产。如果一个商人想要出人头地，必须要懂得经营和挖掘自己的无形资产，把无形资产变成有形资产。

1977 年 6 月，李嘉诚获得了地铁修建权，然后又大量购买大坑虎豹别墅的地皮，然后在这块地皮上兴建一座大厦。这一行为遭到了游客们的非议，大家纷纷指责李嘉诚兴建的大厦与整个别墅风格不同，破坏了整个布局的和谐，影响了原有的人文景观。

当李嘉诚得知这一情况后，当即叫停了在那块地皮上兴建的工程，他表示要保留原别墅的原貌。李嘉诚之所以这么做，是因为他知道公众舆论的威力，如果一意孤行，就会成为公众的敌人，必然损害自己的形象，降低自己的信誉。如果失去了公众的支持，就等于失去了顾客，也就意味着自断财路。

李嘉诚的这一举动被汇丰银行的沈弼看在眼里，他认为李嘉诚是一个

有气魄的商人。从此之后，他和李嘉诚越走越近，这为促成汇丰银行与李嘉诚日后的合作打下了坚实的基础。在李嘉诚事业发展的过程中，沈弼提供了不小的帮助，他就是李嘉诚成功路上的贵人。

企业能否在市场中站稳脚跟，很大程度上取决于企业能不能树立诚信的形象。这就要求企业能够为消费者着想，服务于消费者。作为一个精明的商人，不可太计较眼前利益，而应该以大局为重，维护企业良好的形象，以求未来获得更大的收益。

在这方面，李嘉诚做得特别好，他注重经营和挖掘自身的无形资产，重视名气的培养，他认为只要企业打出了名气，生意就会兴隆起来，财源就会滚滚而来。加之李嘉诚经营有方，因此，他的企业有了名气之后，生意越做越大，名气越来越响，一切都进入了良性循环，生意自动找上门来。

孔子说过：“人而无信，不知其可也。”意思是做人不讲信用，怎么可以呢？可见从古到今，诚实守信一直都是做人的根本。诚信就像是房上的屋梁一样，屋梁要是断了，整个房子就面临着倒塌的危险。在这个经济发达的社会，诚信扮演着越来越重要的角色。金钱丢了可以失而复得，而诚信一旦丢失，就再难找回来。

那些在事业上获得成功的人，无一不拥有良好的信用。对于生意人来说，诚信更像是一面活招牌，是在商场上立足的根基，也是赚大钱的最好保证。虽然很多人为了利益而忽视了诚信的重要性，只想着如何能快速地赚到钱，其他一切都先靠边站。但是在惨痛的失败经历后，这些人会意识到诚信、厚道对于事业成功的意义。

小陈在国外读书，利用暑假时间在一家著名的餐饮企业做兼职洗盘子。该餐饮企业有个不成文的规定，那就是餐厅的盘子必须用水清洗六遍以上。因为薪水是按件数来计算的，所以小陈为了提高效率，每次都少洗一遍，反正洗后看起来都差不多，而且能多挣一些工钱。

这样一来，小陈的效率就大大提高了，和他一起洗盘子的外国学生就向他请教技巧，小陈得意地说："哪有什么技巧，少洗一遍就可以了，洗六遍的盘子和洗五遍的盘子又没什么区别。"外国学生听了以后，渐渐与他疏远了。

在一次卫生调查中，老板用试纸抽查出了少洗一遍的盘子，于是找到小陈，问他为什么这么做，小陈不服气地回答："洗五遍一样很干净，何必非得洗六遍！"老板面无表情地说："也许别人看不出来，但是你自己心里不清楚吗？你间接欺骗了顾客对你的信任，也践踏了自己的诚信，你是一个不诚实的人，你可以离开了！"

随着社会的发展，经济的发达，诚信的重要性越来越突出。人与人之间的交往和合作，都跟信用有着密不可分的关系。一个人若丢弃了信用，那他所从事的事业将遇到挫折，一个诚信皆失的人，也意味着失去了别人对他的信任，而诚信一旦失去就容易变质，要再想像从前一样就太难了。

一个人若失去诚信，就等于与成功擦肩而过。事实也确实如此，离开了诚信，我们所做的一切其实都是无根之花，无本之木。谁也不愿意与一个不诚实的人共事、打交道。因此，做事要厚道，诚信一定不能丢。这个社会需要诚信，面对生意场上日趋激烈的竞争，商家们都使出了浑身解数，但能一直走到最后的，都是把诚信作为资本的人。

韦奇伍德所制造的瓷器是世界上最精致的，同时也是品位的代名词。韦奇伍德的产品受到全球成功人士及社会名流的推崇，他还曾为俄国女沙皇叶卡特琳娜二世专门制作餐具。他的成功不仅是因为头脑，更重要的是他的诚信和厚道。虽然他出身低下，但是他对每一份工作总是尽心尽力，从不马虎和含糊。他尤其看重产品的质量，不允许一点欺骗和不完美，尤其是对低劣的产品，他简直无法忍受。如果做出来的东西不符合要求，他便会亲手把器皿打碎并扔掉，嘴里还说："这不是乔治·韦奇伍德做的！"

诚实赋予了一个人公平处世的品格，使生意人变得诚信可靠，使人们不会互相利用、互相欺骗。韦奇伍德的例子就说明了做事要厚道的道理，当你对别人负责，做出完美的产品时，别人也会信任你，你便有了再次合作的机会。若只顾自己的利益，对自己商品的缺点、坏处视而不见，把别人的需求抛到脑后，一旦顾客发现这种欺骗行为，以后还会有谁愿意和你一起合作呢？

大仲马曾说："当信用消失的时候，肉体就没有生命。"诚信就像一种无形的资产，需要我们精心维护，慢慢积累。自古以来，诚实守信就是一种被人赞誉的人性之美。不管在什么时候，也不管在什么情况下，诚实守信都会为你赢得他人的信任和回报。诚实可以说是一个人难得的品质，有了"诚信"这块金字招牌，一个人就能表现出坦荡从容的气质，焕发出人性的光辉。

第四章 RENQI JUEDING CAIQI

有钱一起赚，善于合作才能做大生意

合作，是21世纪的生存法则。树只有成林，才能抗风雨。单枪匹马、孤身奋斗的结果只能是事倍功半，想要获得成功，简直比登山还难。个人要想快速地成长，也必须依靠团队的力量，有钱一起赚、有利一起分，工作起来才能如狼似虎，整支队伍才会战斗力十足。

❶ 众人划桨才能开动大船

现代社会，人与人之间，既存在着激烈的竞争，又离不开广泛的联系与合作，集体和合作对一个人的事业来说，影响十分巨大。合作是这个时代的基本要求。相反，一个喜欢单干，不善和别人合作的人，在现代的商业社会中也必定吃亏，甚至面临生存的挑战。在这个时候，唯有合作，才是生存、发展之道。

但现在很多人都普遍表现出自负和自傲的情绪，在融入工作的团体中显得非常困难。这一部分人往往缺乏团队精神，自己的事情自己做，不愿和别人一起想办法，这样做不仅对自己的提升没有帮助，而且也会影响整个团体的质量。一个善于合作，有优秀团队意识的人，整个合作过程也会给他带来无穷的收益。一个人想要快速成长起来，就必须依靠团队的力量，依靠集体的力量来提升自己。

如果把利益比作是一个苹果的话，一个人单干你就等于得到了整个苹果，但仅仅只是一个苹果而已。如果你能和合作伙伴一起种一棵果树，那么凭两人之力，就能够收获一整棵树的苹果。虽然你失去了原先的一个，但却收获了更多。所以一旦有赚钱的机会，不妨把朋友也拉进来，这样财富这艘大船才会开得更稳、行得更远。

一个人光凭自己单打独斗，是不可能干出一番事业的。尽管这些人中不乏聪明、能干之人，但在他们的眼里，任何利益都想一个人独吞，这种行为的后果就是大家都会疏远他，不愿和他合作。而只有那些懂得与他人合作，大家一起出力赚钱的人，才能体会到与人相处的趣味。虽说商人的原则就是：没有利益的事情不会做。成功者总能在与人合作时，照顾到对方的需求，这样既促进了双方的合作，赚钱的机会也更大。就像西尔斯公司的第三代管理者罗伯特·伍德所说："再强大的士兵，都无法战胜敌人的围剿，但我们联合起来就可以战胜一切困难，就像行军蚁一样，把阻挡在眼前的一切障碍消灭掉。"

从前，有一个老渔夫，老婆替他生下第10个儿子后便去世了，幸亏这10个儿子个个身强力壮。但是兄弟之间从没有合作过，非常不团结，就连出去打渔都是各划一条小船，各打各的。而且10个儿子年轻气盛，每天都有人吵架，日子过得非常的不舒心。

有一天，老渔夫生了重病，怕是活不久了，但又担心10个儿子的前途，便把他们都叫到床前，给了他们每人一根筷子，叫他们折断，10个儿子很轻松便把手中的一根筷子一折为二。接着，老渔夫又拿了10根筷子让儿子们分别来折，可连其中力气最大的儿子都没能折断。

老渔夫说："同是10根筷子，为什么一根容易被折断，而10根在一起就难折断呢！你们10个兄弟就像这10根筷子，若分开很容易就断了，若在一起合作，任谁也折不断。"

在老渔夫去世以后，10个儿子没有忘记父亲的教诲。他们把各自的小船卖了，买了一条大鱼船，他们一起捞鱼、卖鱼、加工，最后都发了家致了富。

在竞争越来越激烈的现代社会，要靠一个人的力量去完成某项事业，根本就是不现实的。因为每个人的力量都是有限的，但若像故事中的十兄弟，把所有的力量都凝聚在一起，他们就是最强的。

在我们追求成功的过程中，离不开别人的帮忙和团队的合作。没有一个人是万能的，一个好的团体，成员之间是能够互补的，而这种相互学习、融合的能力，更有助于加强彼此间的合作。这样一来，便更容易实现个人与团队的共同成功。像我们熟知的那些大公司，如沃尔玛、英荷石油、微软等，他们都是极富有合作精神的公司，并由此构筑了自己独特的公司文化。所以我们只有凝结好众人这股力量，才能创造出更大的效益、更好的成绩。

在市场竞争激烈的前提下，单打独斗的想法早已行不通，合作变得越来越重要。只有以大局为重、不计较个人利益的人，才会将自己的追求融入团队，最终才能实现团队的整体效益。

有句歌词写得好："一支竹篙难渡汪洋海，众人划桨开大船。"个人的力量是渺小的、有限的，只有把大家团结起来，才能战胜各种困难。企业在发展过程中会遇到很多困难，企业带头人能力再强，精力再充沛，也都是相对的。正如大雁一字排开向南方，领队总有累的时候，当它累了时，就会退回到队伍中，另一只大雁就会从侧翼飞出来，取代它的位置，带领队伍继续飞行。

生活也是如此，当自己遇到力所不及的事时，就要团结身边可团结的力量，集思广益，最终解决问题、达到目的。拔河比赛就是很好的证明，凭一个人的力量是不可能完成的，只有众人一齐上，一起努力，才有可能获得胜利。

❷ 善与人合作才能取得更大利益

俗话说"三个臭皮匠，顶个诸葛亮"，纵观历史上的成功人士，没有一个人是凭着一己之力取得的。在我们事业的发展中，一个人的力量可大可小，但若汇聚在一起就会拥有无比强大的合力。一个善于合作的人，也更容易取得事业上的成功。而一个缺乏合作精神的人，事业上难有建树，也难在激烈的竞争中立于不败之地。

哲学家威廉·詹姆士曾说："如果你能够使别人乐意和你合作，不论做任何事情，你都可以无往不胜。"这就是团结互助的力量，尤其是在现代社会，单枪匹马，孤身奋斗的结果只能是事倍功半，想要获得成功简直比登天还难。集体的力量，才是事业获得成功的关键。因此，学会合作并努力去做一个善于合作的人，这是每个人在社会上立足所必须具备的基础能力。

从前，有两个饥饿的人得到一位长者的恩赐：一根鱼竿和一篓鲜活的鱼。经过商量，其中一人得到了一篓鱼，另一个人得到了一根鱼竿。得到鱼的人原地用干柴搭起篝火煮起了鱼。没几天鱼就被他吃光了，不久便饿死在空空的鱼篓旁。

另一个人则拿着鱼竿忍受着饥饿，一步一步艰难地向海边走去。眼看那片蔚蓝色的海洋就在前面，他却用尽了最后一点力气，于是累死在了海边。

另外也有两个饥饿的人，他们同样得到了长者恩赐的一根鱼竿和一篓鱼。经过商量，他们并未各分东西，而是一起合作去找寻大海。他俩每次只煮一条鱼共享，经过长途跋涉，他们终于来到了海边，两人从此开始了捕鱼为生的日子。几年后便盖起了房子，有了各自的家庭，过上了幸福安康的生活。

这个小寓言说的就是善于合作、才能够获得更大利益的道理。像“合作”、“双赢”这样的词，在当今的国际社会和外交中都已经屡见不鲜，合作互助已经成为人类谋求共同发展的共识。合作是一种能力，更是一种艺术。唯有与人合作，才能获得更大的力量，争取更大的成功。

有句话说得好：树只有成林，才能抗风雨。学会团结合作是我们生存的关键，也是我们成功的前提。在如今劳动分工日益精密的情况下，靠个人能力成功的例子太少了。合作已经成了人的一种能力，取得胜利的基础。对于一个想要在社会竞争中取得成功的人来讲，仅仅懂得合作的含义是远远不够的，还要善于并做到彼此间的合作。善于合作就是要做到与集体成员之间的密切配合、精诚合作，在合作的基础上实现多层次合作、多渠道合作，通过相互合作进行交流和沟通，达到利益最大化的目的。因为一个人的能力有限，如果不善于同他人合作共进，不懂得借用他人的力量，顶多只能算得上是一个独臂英雄，一个无人呼应的强者。

李嘉诚说："善于合作，才能壮大自己的实力。"做生意就是要学会与人合作，在合作中共同发展，这样才能形成强强联合。学会合作，积极地团结他人，不仅是个人成功的需要，更是合作团体取得更大利益的需要。

微软创始人比尔·盖茨可以说是一个计算机方面的天才，但他在公司管理方面却手足无措，以至于微软刚成立时就陷入了危机。比尔·盖茨知道自己不懂管理和经营，马上想到和别人合作，那个人就是他的哈佛校友史蒂夫·鲍尔默。

鲍尔默是个外向型的人，他热情洋溢，有幽默感，喜欢用煽情的语调表达自己，并有极强的社交能力，和腼腆拘谨、沉静稳重、不善交际的比尔·盖茨刚好相反。两人的性格虽然有很大差异，但是都有个共同的特点，就是善于合作。他们无时无刻不在一起交流对许多问题的看法，这就是两人为什么可以在业界决斗场上天衣无缝地联手出击的原因，这也为他们以后的肝胆相照、精诚合作奠定了基础。

于是在 1980 年，比尔·盖茨就以 5 万美元的年薪，说服了当时正在斯坦福大学商学院深造的鲍尔默。于是鲍尔默便成了微软第一位非技术学院毕业的受聘者，鲍尔默也没有让比尔·盖茨失望，加入微软后便和比尔·盖茨合作得很愉快，他把微软当成了自己的家，一干就是 25 年。

比尔·盖茨有很好的技术，而鲍尔默有着惊人的管理天赋，二人合作互助，使得微软战胜了一个又一个的对手，摆脱困境，走向了强大和成功。有人说，盖茨就像是一个精明的掌柜，而鲍尔默则是一个忠实的管家，正是二人的相辅相成，使微软一步步走向了辉煌的巅峰。

没有完美的个人，但可以有完美的团队。一个人的能力毕竟是有限的，为了弥补个人的不足，便需要有善于合作的精神。比尔·盖茨和鲍尔默虽个性迥异，但通过互补达到了自己的目标。所以，善于合作是一种智慧，我们每个人都应该以开放的心态去接纳每一个与我们有着共同追求和奋斗目标的人。

既然合作对于成功来说很重要，那么怎样才能有效地与人合作呢？在合作中肯定会有意见相左的情况，这时就不能盲目独裁，而要分析别人话里的含金量。要虚心接受别人的意见，而不是唯我独尊。人与人之间合作的基础就是共同利益，离开了共同利益，合作就无从谈起。这个利益可以是金钱，也可以是共同的目标和梦想。只要两人的方向一致，就能够形成更大的力量，创造更大的利益。

❸ 做人要大气，合作不忘互利

合作，是21世纪的生存法则。做生意更是离不开合作，一次成功的合作对双方来说就是一种互利、双赢。在社会上，每个人都不是一个独立的存在，不管你多么聪明、多么能干，你都不可能在不求助于别人的情况下把事情做好。做人大气一点，懂得合作、学会合作，才是我们通向成功的捷径。

叔本华曾经说过："一个人是孤立无助的，正像漂流的鲁宾孙一样，只有通过合作，我们才能成功。"如今，很多人都有个人英雄主义，认为凭借自己一己之力就可以闯荡天下，然后撑起一片天。很多人往往会忽视合作意识，不愿与人合作，只是专心致力于自己的工作，希望通过个人的努力来获取成功。但结果却往往令他们失望，毕竟一个人的力量有限，仅靠自己很难做出令人满意的业绩。任何合作的前提都是获益，所以彼此合作，一定要懂得为对方着想。

合作最好的状态是互利。很多时候，适当给别人多一点的理解和大度，往往能赢来意想不到的收获。要知道，互利是一种最有力量的方式，也是一条最好的路。

深圳一家鞋业公司的国际贸易部接了一笔来自德国客商的订单，当时经过协商，双方以产品单价 15 美元的价格成交，并且签订了购货合同。

但就在这批货准备投入生产时，生产部门一核算成本才发现，由于对皮料的价格估算过低，这批货不仅没有利润可言，甚至还会亏损。这种情况下，要么把原先订的皮料撤了，换成便宜的；要么就在原价的基础上再加两美元，这样才能避免损失，甚至赢利。

该部门的负责人随即就把情况报告给了企业的老板，同时向老板请示：是否把皮料换了，或是与外商重新洽谈加价。但是老板却使劲摇头，坚决地表示："私自撤换货物，或是事后加价，都是经商大忌，这会损害自己的信誉，少赚一点就少赚一点，做生意要大气，这样以后才有机会再次合作。"

德国客商得知此件事后，很敬佩鞋业老板的这种合作态度，并主动提出要在原价的基础上增加 1 美元。但是鞋业老板却婉言谢绝了。他的意思是：多赚少赚并不重要，重要的是双方合作愉快。

德国客商对于鞋业老板的做法非常感动，当即就把原来 40 多万美元的订单追加到了 70 多万美元，并向老板表示：以后要和鞋业公司建立长期的合作关系。

无论是在生意场上还是在生活中，都要学会互相分享、懂得付出。一个人若想在商场上取得成功，先要懂得让自己的合作伙伴获得成功。合作就意味着两人在同一条船上，而做生意最好的结局莫过于双赢。如果你只考虑自己的利益，那么最后失去的，一定是宝贵的人际关系和双方利益。

李嘉诚曾对自己的儿子说："当你和别人合作时，假如你拿 6 分合理，8 分也可以，那你拿 6 分就可以了。"李嘉诚无非就是想告诉儿子：合作不忘互利，让别人多赚一分又何妨。试想一下，如果每一个和你合作的人都有利可图，那么就会有更多的人愿意和你合作。试想一下：假如有一百个人与你合作，虽然只拿了 6 分，但是会有更多的人过来，于是 100 变成 200，就等于是拿了 12 分；假如拿 8 分的话，100 人还是 100 人，最后得的还是8分。所以我们要以大局为重，不要只看重自己眼前的利益，而要把大家的效益放到第一位。这样在不断追求中，不仅能使自己获益，还能使整个团队获益。

合作不等于竞争，竞争中一个人赚钱，另一个就会赔钱，而合作讲究的是双边平衡、互利双赢。当双方都遵循互惠互利的原则时，就更有利于双方的发展。所以做人要大气，能适当向对方提供利益，既有利于发挥自己的潜能，又有助于双方的进一步合作。

阿姆科公司是一家从事钢铁行业的企业，在钢铁业一度没落的那一年，公司老板威尔想：要想扭转这种局势，就必须增强员工间的合作力，而增强合作力的最佳方式就是互利。

于是威尔开始对公司进行改革，他最重要的一项举措就是："把每一个人都拉来战斗，然后给他们最好的福利。"他甚至把自己私人的资金都提供给了员工，让他们能够生活得更好。

有一次，他的一个朋友进厂参观，发现这么出色的工厂里竟然没有带头人。威尔笑着回答："这里的成绩没有说该归功于哪一个人，这里所有人，包括我在内，都在互相合作、帮助，我给了他们最好的福利，他们给了我最好的效率，这就是合作互利效应。"

可见，只要大家都抱着相互合作的意识和心态，认识到合作的价值和意义，那么就能够实现互利和共赢。一个唯利是图的人，是不可能获得别人青睐的。威尔做到了先为别人着想，然后他才有机会得到更大的利益。

一个善于合作的人，在激烈的社会竞争中，往往能占据领先优势，立于不败之地。但是合作中最重要的一点就是互利，因为合作最重要的目的就是通过合作来壮大和发展自己。同样，当别人与我们合作时，一定也是抱着相同的目的。所以，当他们没有利益可获取的时候，那么肯定不会再有下次合作。因此一定要记住：合作就一定要互利，使双方都能够得到好处。

❹ 有钱大家同赚，千万不要独吞

如果将财散给其他人，有钱大家一起赚，最终这些人就会聚集在你的身边。而如果你将财聚起来独吞，人们最终都会因为无利可图而离开你。这就是古人所谓的“财聚人散，财散人聚”。多一个帮手，就多一条出路。

蒙牛公司创始人牛根生向来信奉“财聚人散，财散人聚”的经营哲学。他认为，生意不能一个人独做，也不能不顾同伴的利益，那样只能让自己腹背受敌。反过来，如果能多考虑一下合作者的利益，虽然自己暂时蒙受一些损失，但是从长远来看，绝对是值得的。这就叫做“吃小亏，占大便宜”。

早在伊利担任副总的时候，牛根生就曾将自己的100多万年薪分给手下员工。“当时我分钱的目的不是为了救穷和救急，是给我的部下干活预付的报酬。如果我觉得某个人非常有能力，只是差一点动力，我认为投资到这个人身上值，对团队必有好处。”在牛根生看来，财产是需要流动的，有钱大家同赚，千万不要独吞，这样才能聚拢人脉。

牛根生散财的事迹有很多，无论是分钱、赠车、捐股，都是牛根生给他人的一种心理预期。他让他人知道，只要他牛根生能走向成功，就绝不会亏待跟自己一起打天下的弟兄们。也正是因为这样的预期，当牛根生离开伊利自立门户时，有400多位伊利的老部下“倒戈”，投入蒙牛怀抱。这些国内乳品业顶尖级别的管理技术人才，有钱的出钱，有人的出人，有力的出力，为蒙牛的起飞发挥了关键的作用。

做生意，只有将自己杯中的羹分一份给别人，让大家一起享受成功，这样的人才会有好人缘。道理大家都懂，但真正能够践行、和别人分享利益者，却永远凤毛麟角。一部分悟性好、思想开放的企业家，因为意识到分享的重要意义，大胆地跟别人分享他们的胜利成果，将荣耀和财富分给和他一起打拼的人，结果，他们的事业和财富不仅没有遭遇损害，反而更加辉煌、巨大。

很多大企业家都深知“有钱大家同赚”的道理，除牛根生之外，苏宁集团董事长张近东也是个深谙“财聚人散，财散人聚”古训的人。随着苏宁经营的不断扩大，利润随之扩大，张近东除了分配股权给南京总部数名高管之外，还用此招来稳定苏宁各地分公司的管理团队。根据苏宁各地分公司高管的表现，张近东给予他们一定比例的分公司股份作为奖励。张近东这种慷慨行为让这些高管对苏宁由衷地产生了归属感和主人翁精神，使得苏宁众多“职业经理人”转变成“事业经理人”，因而苏宁从未像国美那样一度出现高层频繁流动的现象。

古语说：“天下熙熙，皆为利来；天下攘攘，皆为利往。”在生活中，许多矛盾问题都是由利益纷争引起的，这是事实，又在情理之中。因为人人都要工作，都要获利，都要养家糊口，所以如果能正确认识和处理好各种利益问题，把财富看轻一点，有钱大家一起赚，自然就会减少许多矛盾，得到的回报也会更多。

稻盛和夫被誉为“经营之圣”，创建了两家世界 500 强企业——京瓷集团和日本第二电信电报公司（DDI）。在 78 岁的高龄时，他接受了日本政府和产业界的邀请，出任即将破产的日本航空公司 CEO，仅用一年多时间，就使日航转危为安，成为全球赢利最高的航空公司。稻盛和夫是世界级的企业偶像，他的经营理念就是“利他经营”。

1961 年，创办不久的京瓷遇到了前所未有的挑战。一天，11 名员工突然闯进稻盛和夫的办公室，递给他一封“请求书”，要求稻盛和夫给他们加薪，否则，他们就集体辞职。稻盛和夫知道，对于一个初入职场的人来说，仓促地辞职是多么危险的事情，所以，他很耐心地听完了员工们的想法。

原来，这些员工跟随稻盛和夫创业，夜以继日地工作，每天加班好几个小时，有时候要放弃周末或假期。因为这些原因，他们对公司产生了不满，所以才提出加薪的要求。可是，京瓷是一个成立不久的公司，稻盛和夫根本没有能力承诺员工什么。

在随后的三天里，稻盛和夫与每个员工促膝长谈，一个个说服他们，并保证一旦公司效益转好，就满足他们的要求，绝不会背叛他们。他甚至承诺：如果背叛了他们，就让他们用刀子捅死自己。员工们被稻盛和夫的真诚感动了，大家在没有加薪的情况下，依然努力工作。

经过这次谈判，稻盛和夫深刻意识到自己肩膀上的责任，他告诉自己：“如果只是为了追求自己作为一名技术员的梦想而开展经营的话，即使取得了成功，那也是建立在牺牲员工利益的基础上的。公司应该有更为重要的目的，公司经营最基本的目的必须是保护员工及其家属今后的生活，为大家谋幸福。”从此，他把“追求全体员工物质与精神两方面的幸福”作为公司的经营理念，稻盛和夫的“利他经营”理念也由此而生。

这就是辩证法，当你“散财”时，你以为你吃亏了，但结果得到的是“利益”，大家齐心合力为你挣了更多的钱，实际上你占了便宜；反之，当你“聚财”的时候，你以为挣来的钱全进了自己的腰包，是赚了大便宜，但结果是“人散”，你因此失尽人心，再也没有人为你卖命，你反而吃了大亏。

俗话说：“多一个敌人，不如多交一个朋友！”在这个竞争激烈的社会，要懂得双方互利、有利益大家一同分享的道理，这称之为“共赢”。若你将财都聚集在自己的手里，跟随你的人辛辛苦苦和你一起打天下，拼命地干活，最后却没有什么“好果子”，这会让跟随你的人心寒。人心不齐，这样的队伍到最后什么都做不成。

❺ 选择合作伙伴，首先看的就是人品

“选择了正确的团队，就是完成了80%的工作。”这是很多风险投资家的经验之谈。所以要想在竞争激烈的市场中做大做强，就必须充分发挥合作的优势，集中人力、财力、物力，这样既能使自己发展壮大，还能赢得长久稳定的商业伙伴。

创业的起步阶段，是极其痛苦的。因为靠一个人的力量很难成功，所以就需要找一个合作伙伴一起奋斗、一起打拼。合作伙伴能够让创业者的压力减轻，使事业的起步更顺利一些。可见选择一个好的合作伙伴，对事业的发展至关重要。

一个错误的合作伙伴的融入，会严重阻碍一项事业的发展，甚至会让这份事业提早夭折。所以合作伙伴该怎么选择，是很多创业投资者最头疼的事。因此，在合作之前，首先就要看这个人到底值不值得合作，如果一个人连最基本的道德都没有，又怎么放心把自己的事业交一半在他手里。若不幸选了一个小人，则最后必败无疑。

韩龙的公司成立近10年，他对下属员工非常好，最喜欢的就是会计小何。公司的那些职工也一直都跟着他打拼了10多年，对公司和韩龙都非常衷心。但是随着计算机业务的下滑，韩龙就想换个项目经营。这时，公司的一个销售员小冯说他家亲戚是代理打印机的，这个利润大，有现成的渠道供货也方便。但是会计小何坚决反对，他跟韩龙说，和小冯共事这么多年，他这个人不可靠，心眼太多。但是在试着做了几单后，效果不错，于是韩龙没有听小何的话，彻底转行做打印机了。

由于销售员小冯把持着进货销售的关口，于是他把原来的老销售员和技术员都开除，重新招了新人。到最后，就连那些跟了韩龙十几年的财务

和出纳都被小冯以各种理由开除，最后他招了自家的亲戚把着财务这块地，销售主管也是他的家里人，公司彻底成了他的家族企业。但是公司的责任人却还是韩龙，出了问题韩龙负责，赚的钱则进了小冯腰包。最后他连韩龙的办公室也占了，每月只给他几千块的固定工资。韩龙后悔不已，悔恨自己当初没有听小何的话，结果引狼入室，就这样把十几年的心血拱手让给了别人。

好的合作伙伴，人品是第一保障，不然到最后只会两败俱伤。商界人士在选择合作伙伴时，一定要有孙悟空的火眼金睛，不仅要慎重，还要用心。像上例中“过河拆桥”的事比比皆是，利用伙伴的力量让自己的事业走上轨道，之后再落井下石，因此在选择合作伙伴时一定要慎重，了解对方的合作动机，以免沦为别人创业的工具。

1923 年，美国福特公司已经是汽车业的巨头。一天，有台马达坏了，工程技术人员都感到束手无策。正在大家焦急的时候，有人推荐了施坦敏茨，于是福特公司就请他来试试。到了之后，施坦敏茨什么话也没说，在地上铺了几张报纸，然后坐在机器旁聚精会神地听。许久，施坦敏茨要了梯子，爬上爬下忙活了半天，最后他在电机的一个部位用粉笔画了一道线，写道“这里的线多绕了 16 圈”。按照施坦敏茨的建议，福特公司的技术人员把电机拆开，去除了多余的线圈，机器马上就运转正常了。

福特公司的总裁福特先生得知后，对这位来自德国的技术人员十分欣赏，先是给了他一万美元的酬劳，然后又亲自邀请他到福特公司工作。对于很多人来说，这是一个不可多得的好机会。但施坦敏茨却拒绝了，他说：“我不能离开那家小工厂，因为在我最困难的时候，是那里的老板帮助了我。”

原来，因为国内经济的不景气，施坦敏茨才不远万里来到美国。可是人生地不熟，他吃了很多苦，幸亏得到那家小工厂老板的看重，聘他担任生产机器马达的技术人员，他才得以生存下来。

福特听后，觉得很是遗憾，但福特又不想放弃这个合作的机会，于是他决定收购施坦敏茨所在的那家小工厂。董事会的成员都觉得福特疯了："你怎么会收购这样一家小工厂呢?"福特先生回答："人品最难得，因为那里有施坦敏茨。"

合作伙伴之间需要的是相互信任和支持。没有这些基础，便很难让合作变成一种合力。一次没有信任的合作，只会形如一盘散沙，难以成长。所以选择能够和你共同成长的合作伙伴非常关键，既不能光凭感觉，也不能抱着试试看的态度去交往，而要从多方面审视自己，同时对周围的环境和切身的利益作出正确的判断。

小胜靠智，大胜靠德。德行、人品，就是我们选择合作伙伴的首要条件。当然，除了人品，两个人在一起合作，最好是能取长补短，通过这种资源共享的方式，共同努力、相互依靠。这样既提升了自己的价值，也为团队创造了更多的利益。

❻ 在合作中，学会发掘对方的闪光点

俗话说：金无足赤，人无完人。正如演员徐帆所说："我从不把'完美'二字用于人，有优点又有缺点才是完人。"其实每个人都会有优点和缺点，关键是你怎样去看待这件事。一个聪明人会用欣赏的眼光去观察周围的世界，看到自己和别人身上的闪光点，这才是与别人合作时需要有的态度。

几个人在一起合作，就像几块木板要拼成一个圆桶。若只看到大家的短板，这个桶铁定是装不下多少水的；只有看到彼此的长板，这个圆桶才能达到最大容量。所以要想在合作中最大限度地发挥大家的力量，就必须要看到整个团队中的最亮点。发现对方的闪光点，对于合作来说很重要，不仅要善于发掘对方美好的一面，还要学会赞扬别人，善于从理解的角度

真诚地和别人交往。

一个人若只能够看到别人的缺点和不足，专挑别人的毛病，久而久之，就容易形成一种盲目的自我优越感。正确的做法是多发现别人身上的亮点和成功之处，吸收别人优秀的地方，改正自己不足的地方。在发现别人的优点后，千万不要吝啬你的赞赏，要给予别人应有的肯定和评价，这样才能调动团队的积极性。也只有看到了别人的长处，你才能知道自己的不足，做到扬长避短，发扬自己的优点。

有句话说：人才不是天生的，而是创造的。不管是作为领导还是合伙人中的一个，都应该给别人一个出人头地的机会。每个人都渴望得到别人的赞赏和肯定，想获得社会的认可，这是人们很正常的一种心理需求。不要用狭隘的胸襟蒙蔽了自己的双眼，要多学习别人的长处，这样你离成功才会越来越近。

法国雕塑家罗丹说："生活中从不缺少美，而是缺少发现美的眼睛。"合作交朋友也是同样的道理，并不是别人身上没有闪光点，而是你不善于去发现。我们总是过多地关注自己的光芒，而忽略别人的。其实每个人都有值得我们学习的地方，关键还在于你愿不愿意承认，并主动去发掘、虚心学习。

善于发掘对方身上的优点和长处，也是一种宽厚、友善的表现。一个人若是只盯着别人的缺点和不足看，就容易令对方产生敌意。若你想让别人同意你的想法和原则，放心地和你合作，首先得让他相信你对他是真诚而友善的。这是增进彼此友好关系的方法之一，同时也是个自我学习的好机会。

李瑞大学毕业后被分配到了一家房地产公司上班，由于公司项目众多且极其复杂，李瑞刚一进来，就被分到了策划小组。李瑞刚毕业没有经验，而且对于整个房地产的市场行情也不是很了解，在和同事沟通的过程中经常会闹笑话，在策划过程中也经常会出现遗漏和错误，因此李瑞不得不长期忍受领导的批评。李瑞心想：要再这么下去，即使公司不把我开除，我也该自动离职了。于是干脆破罐子破摔，上班提不起精神，工作越干越差。

没过多久，公司换了一位新领导。看到这种情景，新领导没有直接让李瑞下岗，而是分析了每个同事的情况，最后他把李瑞调到了市场研究部门，专门研究市场。因为李瑞是理科生，还曾在学校获过奥林匹克奖，所以他对数字有天生的敏感。因此，李瑞不仅在数据分析上具有独特的优势，而且非常喜欢这份工作。再加上他踏实肯干，也积累了一定的策划经验，在市场研究部没有做多久，就因为业绩出色，摇身一变成了市场研究部的核心人物。

优点与缺点，并不是绝对的。关键就看你怎么去利用，怎样去调配。就像故事中的李瑞一样，若没有看到他的闪光处，那他只有被淘汰的命运，公司也因此缺少了一个人才。但若看到了他的长处，他就是一个团队中的精英。与别人合作，就要有这种犀利的眼力，不仅成功地把他人眼中的缺点变为了优势，同时也让自己多了一个忠诚的合作伙伴。

给自己一双发现美的眼睛，能随时发掘别人的闪光点，这也是善待他人的开始。但要发现他人身上的优点和长处，并给予赞美，就意味着要承认别人比自己强，承认自己还有很多不如人的地方。但善于发现他人的优点是一种受用不尽的才能，它会令你不断成长，令你们的合作更加紧密、和谐。也许正是因为你的发现，一块隐藏的金子开始闪出耀眼的光芒，令这个团队走向成功。

⑦ 真诚永远是最好的合作态度

真诚，是一种品格，一种修养，一种做人的最佳姿态。欲成大事者，不能隐瞒、欺骗世人，而要对人真诚，这才是一个人立世的根本。就像英国诗人乔叟所说：“真诚才是人生最高大美德。”所以，无论是做人做事还是经商，无论是对自己还是对别人，都要以一颗真诚的心去对待，因为这是最让人感到舒服和自然的一种处事方式。

在美国，一个人若不讲诚信，就会被记录到其个人的档案里，以后不管做什么事都会很难，即使是想贷款也难以如愿，因为没人愿意和一个不真诚的人打交道。现在这个社会，好像用欺骗手段能得到更多的利益，虚伪的人反而能左右逢源，但那只是一时的。在生意当中，虚伪、谎言的成本是巨大的，它会带来信任危机，然后无人愿意与其合作。而最低成本的方式就是真诚做人，它会让人得到别人的信任和喜欢，这也是最好的合作态度。

俗话说：路遥知马力，日久见人心。可见，坦率真诚才是人之本色。喜欢说真话，真挚待人，是一种良好的习惯。人只有待人真诚，才能交到真心的朋友，才会有真正的合作伙伴。与人相处是一门很重要的学问，而合作交往最坚固的桥梁就是真诚。

陈数新开了一家公司，销售打印机。因为刚成立没多久，销售、业务、会计都是他一人负责。他想着等有收益了，再招些人。

一天，他正和一位外企的负责人格林先生谈生意，格林看着眼前这个骨瘦如柴、穿着朴素、其貌不扬的年轻人，心里打起了鼓。从整体上看，这个年轻人似乎并没有什么特别的销售经验，和这样的新手合作，格林先生还是第一回。

格林先生开门见山地问道：“你以前干过销售吗？”陈数回答：“没有，这是我刚成立的公司，什么事都是我一个人干。我想等有点资金了，再招些人，把公司做大。”

格林点点头，微笑着说：“那你觉得和客户沟通时，如何打破僵局、开始交流呢？”

陈数回答：“用‘你的生意做得不错’或者‘今天天气挺好的’这样的话作为开始。”

格林笑了笑，继续问道："那你告诉我，你觉得推销员最主要的目的是什么？"

"就是让消费者了解产品，之后心甘情愿地购买。"

格林先生点了点头："我再问你最后一个问题，你用什么办法把你的打印机卖给一个农民？"

陈数想了想，回答："对不起，格林先生，这个我办不到，因为我觉得他们根本不需要。"

格林笑了笑，站起身来，拍着陈数的肩膀说："非常好，年轻人，你的真诚打动了我，我们决定以后都向你订货，我想你的公司以后会越开越大的。"

陈数若在回答最后一道题时胡乱编造一些办法，其实是根本行不通的。所以真诚，永远是合作的最好态度。一个人若不实际，总是华而不实，身边的人就会疏远你。时间一久，便会被戴上不真诚的帽子，到时候想交到朋友就难了。真诚可以说是打开人心世界的一把金钥匙，是一个人在社会上生存最重要的品质之一。

即使你现在身无分文、穷困潦倒，至今也没享受过成功的感觉，但这些都不重要，只要你拥有真诚，大家就都会尊重你，愿意和你交朋友。有了人脉，想做事业也就容易得多。曾经打败过拿破仑的库图佐夫，在给叶卡捷琳娜公主的信中说道："您问我靠什么魅力凝聚社交界的朋友，我的回答是'真实、真情和真诚'。"所以真诚地做人，即使暂时会吃一些亏，但是日后必然会换来丰硕的果实。你付出了真诚，别人当然会付你以真心。

当年香港政府为了刺激经济，决定拍卖九龙湾的一块政府官地。此消息传出之后，很多地产商都对这块官地产生了兴趣，李嘉诚、胡应湘也在其中，而且他们志在必得，都想争得这块"肥肉"。因此，他们马上成了拍卖场上的对手，两人根据相关批地条款，考虑了这块地皮的发展潜质，计算出相应的建筑费和地价，衡量了得失之后，带着资料等待在拍卖会上一争高下。

1987 年 11 月 27 日的上午，拍卖会正式拉开帷幕，这块官地的起价为 2 亿港元，每口叫价为 500 万港元。李嘉诚率先举手，连加两口，出价 2.1 亿港元。这等于告诉竞争对手：他志在必得，不惜一切成本。要知道，李嘉诚的实力雄厚，资金充足，一旦他决心拿下某块地皮，其他的地产商肯定没有任何希望。所以，很多竞争对手干脆放弃叫价，只等着看热闹，过了一会儿，山利兴发展和美资财团合组的新公司举牌，他们谨慎地加了一口，叫价 2 亿 1500 万。

话音刚落，李嘉诚连加五口，叫价 2 亿 4000 万。还未等其他人开口叫价，李嘉诚又加一口，叫价 2 亿 4500 万。这使那些小型地产商一个个彻底绝望，他们中有些人退出了角逐，有些人则在观望。

“2 亿 5000 万。”突然，拍卖场的另一角响起了声音，李嘉诚循声望去，发现是胡应湘，他正露着满脸的微笑，李嘉诚知道，胡应湘就是他这次竞拍的真正敌人，只有他会与自己抗争到底。

“3 亿。”李嘉诚不慌不忙地举牌，连加十口。

“3 亿 1500 万。”又一个竞争者加入进来。

胡应湘马上叫价：“3 亿 5500 万。”这一叫，拍卖场上马上骚动了起来，更多商家只好退出竞争。李嘉诚明白：虽说胡应湘是自己的敌人，但这样漫天叫下去，吃亏的只能是他。深思熟虑之后，李嘉诚派出了自己的副手周年茂，找到胡应湘密谈了一刻钟。果然，胡应湘不再叫价了，他宣布退出角逐。李嘉诚则微微含笑，看着其他对手继续竞争……

李嘉诚深知，在生意场上没有永远的敌人，当他知道竞争对手的决策不明智时，他会以朋友的姿态提醒对方，使对方及时纠正错误，这种真诚为他人着想的做法，很好地赢得了对手的敬重。因此，李嘉诚从来不和竞争对手结怨，他用自己的仁慈和善良赢得了许多人的支持和帮助。

一个人的魅力，不在于他多么有权势和金钱，而在于他是否对人真诚。一个受大家欢迎，并愿意与他人合作的人，一定是个善于表达自己真实情感的人。

8 大胸怀、大气魄，成就大商人

俗话说："宰相肚里可撑船。"一个伟大的政治家，不仅得有高瞻远瞩的智慧、审时度势的机智，还应有容人的度量和胸怀。而一个商人，也要和政治家一样有着大胸怀、大魄力，才能够海纳百川，聚天下人才为己用。

然而，人的天性中难免掺杂着自私、狭隘、小气的成分，略有成就便得意忘形，遇到一点小挫折就寻死觅活等等。心量太小的人是难以成大器的，一个人的心能装下多大的世界，才能干出多大的事业。越是大商人，越有大气度，成大事者，也必有大胸襟。那些心胸狭隘、唯利是图的商人，最后只会落得个衰败的命运。

只有内心强大，世界才会辽阔。任何人想要在事业上有所作为，必须要有博大的胸怀，努力达到"心底无私天地宽"的境界。与这些大商人相比，有太多的人在市场经济大潮中迷失了方向，急功近利、弄虚作假，甚至利欲熏心，然后成了不良商人的马前卒。事实告诉我们，没有博大胸怀的人，不但做不成大商人，甚至到最后还会毁掉自己，被人们所唾弃。是否宽容大度，是判断一个人是否具有大商人潜质的主要标尺。

一个人的胸怀有多大，就决定着他能够做成多大的事业。如果对某件事斤斤计较，心胸狭窄，往往很难成就大业。像《三国演义》中的周瑜就是个典型的例子，年少气盛的他，虽有盖世之才却心胸狭窄，妒忌贤能，在屡次陷害诸葛亮而不能如愿之后，被自己活活给气死了，死前还发出"既生瑜，何生亮"的怨愤。所以大商家还需要有大胸怀，心胸狭窄之人只会危害自己的事业，又伤了自身的元气与身心，这实在不是一个成大事者应有的态度。

大胸怀和大气魄，是成就大商人的必备条件之一。现在能够活跃在商业圈里的人，必定是胸怀大志、有丰富的人际关系的人。而有丰富的人脉，就意味着必须能够对朋友宽宏大量，有着宽容和大度的君子风范。

李嘉诚的长江实业集团之所以取名“长江实业”，就是基于长江不择细流的缘故。李嘉诚认为：只要有长江这样豁达的胸襟，就一定可以容纳细流。只有具有这样博大的胸襟，才不会那么骄傲，认为自己样样出众，之所以选择“长江”这个名字，就是勉励自己必须有广阔的胸襟。所以做一个大商人一定要有大胸怀，以天下为己任，这样才能一呼百应，带领他的团队去成就自己的大事业。

日本三菱集团的巨大成功，得益于两个领导人，一个是三菱的建立者岩崎弥太郎，第二个是岩崎弥太郎的弟弟岩崎弥之助。

其中岩崎弥太郎的一辈子，都在与他的对手涉泽荣一做着不屈不挠的斗争。这是两位从观念到行为完全不同的人物，岩崎弥太郎遵守传统，认为最好的事业模式是一家独霸的事业；涉泽荣一则善于变通，主张合股经营。这二人的分歧不仅是在经营理念上，而且在商场上也属于你死我活的竞争对手。二人的公司无时无刻不在较量着，直到岩崎弥太郎最后以性命相搏才取得了胜利。

而他的弟弟岩崎弥之助刚开始接手的时候，三菱在经营中就出现了困境。但是岩崎弥之助敞开胸怀，大度地聘请曾经与自己哥哥为敌的涉泽荣一为公司董事。涉泽荣一开始很惊诧，但最终被岩崎弥之助的诚意和气度所打动，答应了。

之后，三菱公司整合为三菱股份公司，而这家股份公司的组织人就是涉泽荣一。岩崎弥之助接受了涉泽的合股主义，公司的发展速度很快，没过多久便发展了500多家分公司、600多家公共事业部。

如果不是因为岩崎弥之助的大胸怀，聘请自己的竞争对手，哪里会有三菱今天的发展壮大呢？

俗话说：同行是冤家。这当然是针对那些心胸狭窄、小肚鸡肠的人而言。故事中的岩崎弥之助，之所以能把小公司发展成为大企业，就在于他愿意取别人之长，有聘用对手的大胸怀。当然，若涉泽荣一在竞争中失败后，便对三菱怀恨在心，以致在工作过程中使坏，恶意破坏，那么三菱依然不能有今天的成绩。但涉泽荣一没有这么做，他以大度的胸怀，不计前嫌接受了三菱，这才是一个大企业家应有的风度。所以说三菱的成功还和涉泽荣一的大气魄有关，这二者才是真正大商家的代表。

从一个卑微的打工仔，变成香港的首富；长江实业从一件破败不堪的山寨厂，变成一家庞大的跨国集团公司，李嘉诚的成功，无不得益于“不择细流”的胸怀和“有容乃大”的用人之道。

在李嘉诚的领导团队里，包容了各色各样的人才，既有精于行业的领导“老手”，又有颇具头脑的财务专家；既有年轻有为的港人，也有作风严谨的洋人。作为最高决策者，李嘉诚非常注重团队的互信、包容的风气，重视最大限度地发挥每个人才的专长。

李嘉诚知道，个人的力量和智慧是有限的，单靠自己的力量是无法打造商业帝国的，只有让天下之才为己所用，才能做成大买卖。因此，对待人才，李嘉诚始终怀有一颗豁达的胸怀和包容之心，广泛地吸纳各种人才。另外，他还包容自己的竞争对手，从来不树敌，即使与人产生了隔阂，他也能坦然与之合作，以实现自己的商业目标。

总之，对于一个商人而言，比起智力、体能、技艺这些实际要求来说，更为重要的就是胸怀和气魄。因为它在某种程度上将决定一个商人未来生意的高度，决定未来能够站多高、走多远。

第五章

RENQI
JUEDING CAIQI

人脉即财脉，做生意离不开朋友圈

做生意，人脉大过天。一个人要想聚财，先要聚人；有了人气，才会有财气。成大事者，不在于自身的能力有多强，而在于借助别人智慧的能力有多强。拥有强大的人脉，就好比掌握了超大功率的发动机，就能在前往成功的路上永不止步、所向披靡。

❶ 聚财先聚人，人脉即财脉

“人脉”是一种看不见又摸不着的东西，不能像珠宝店里的珍珠一样明码标价。但纵然是再贵的珍宝，也不能和“人脉”的含金量相提并论。

汤姆·霍普金斯是世界一流的销售大师，被美国报刊称为国际销售界的传奇冠军，至今仍是吉尼斯世界纪录保持人。他在美国地产界3年内赚到3000多万美元，平均每天卖一幢房子，并成功参与了可口可乐、迪士尼、宝洁公司等杰出企业的推销策划。他曾与美国前总统布什、英国前首相撒切尔夫人等同台演讲。

汤姆·霍普金斯的成功难道是因为他比别人智商高，比别人有才华吗？不一定。我们可以肯定，在这个世界上，一定会有比汤姆·霍普金斯更聪明的人，但像他一样积累这么多财富的人却不多。汤姆·霍普金斯成功的秘诀用一句话概括就是：要想赚更多的钱就要接触更多的人，不断丰富自己的人脉资源。

不要抱怨自己财运不好，事实上不是因为你财运不好，而是你的人脉不够丰富。聪明的生意人都非常善于储备人脉资源。

张先生是一家公司的老总，他平生最信奉“得关系者得天下”这一准则。在他的眼里，有关系的高手就像是左右逢源的人，他们四通八达，没有到不了的地方，也没有谈不成的生意；而一旦没有了宝贵的关系，则必定如履薄冰，寸步难行，那种投门无路、四面楚歌的焦虑和窝火简直就像被武林高手点了死穴，既动弹不得，又奈何不了。所以，见多识广的张总天天忙着广积“关系”。

一个人要想聚财，就先要聚人；有了人气，才会有财气。人生中最大的财富便是人脉关系，因为它能为你开启前行路上的每一道门，让你不断地成长，不断地获得财富。一个能成大事的人，关键不在于他自身的能力有多强，而在于他借助别人智慧的能力有多强。

如果你生来没有富爸爸，也没有娶到富家女或嫁给金龟婿，那么，你就要好好利用第三个扭转命运的机会——打造你的超强人脉网。在这个竞争越来越激烈的时代，丰厚的人脉，能够给你带来丰富的财运！

❷ 贵人相助，麻雀也能变凤凰

希腊著名的哲学家、数学家、物理学家阿基米德说过："给我一个支点，我可以撬起整个地球。"对于一个渴望成功的人来说，贵人就是你的支点，依靠他，你可以把沉重的人生撬起来，使原本麻雀般的命运变成凤凰般的人生。

李嘉诚也曾经说过："人生最大的机遇，就是遇到贵人。"当你启程奋斗时，贵人会帮你准备行囊；当你遇到风雨时，贵人会为你递来一把伞；当你接近成功，却遇到困难时，贵人会在身后推你一把。借助贵人之力，可以让英雄有用武之地，使之充分发挥内在的潜能，为一生带来财富和好运。

李嘉诚早年坎坷，白手起家。在他一生中，遇到过不少贵人。李嘉诚创办长江塑胶厂时，严重缺乏启动资金，这个时候，做钟表生意的舅父资助了他一笔钱。后来，李嘉诚娶了舅父的女儿庄月明，这为他事业的发展带来了稳定的保障。据记载，李嘉诚的岳父、岳母给了他很大的经济支持。

创业不久，李嘉诚的商业才能就充分展现了出来，依靠敏锐的市场嗅觉，通过塑料花和玩具，他赚到了自己人生的第一个1000万。随后，他建造了长江大厦，开始涉足地产业。这个时候，他再次遇到了贵人——汇丰银行大班沈弼。凭借良好的私人关系，李嘉诚通过非公开竞标，低价从汇丰银行手中购得英资商行和记黄埔的控制权。

中国人收购了英国殖民者的商行，这在香港引起了众人的高度关注。在和记黄埔这一主干的支撑下，李嘉诚的事业迅速扩张到电力、能源、电信、零售、制药等行业。从此，李嘉诚确立了在香港商界的领袖地位，他逐渐被称为“超人”。1986 年，沈弼从汇丰银行退休，李嘉诚送给他一座纯金打造的汇丰总部大楼的仿制品，高达 1 米，让宴会上的许多客人震惊不已。

尽管李嘉诚的成功离不开贵人相助，但这并不能否认他在商业上的才能。香港最后一位总督彭定康曾对李嘉诚作过这样的评价：“他是我所见过的那类非常少见的、具有特殊才能的企业家。”

李嘉诚说过，一个人要想成功，除了品德、才华、能力之外，还要有朋友的帮忙，尤其是含金量很高的朋友，换言之就是贵人。在他的一生中，有各种各样的贵人，有些贵人给了他直接的帮助，有些贵人给他指点迷津，有些贵人给了他机会。因此，他说一个人成功要感谢三种人，分别是感谢贵人相助，感谢高人指点，感谢小人鞭策。

在李嘉诚看来，良好的品德是成大事的根基，而贵人是成大事的机遇。这句话道破了社会上一些奇怪的现象，比如，有些人一辈子勤勤恳恳，吃苦耐劳，但回首整个人生，却没有得到贵人相助。他们并不缺少才华，缺的是一些含金量高的朋友，缺少事业上的帮手，缺少思想上的导师。反之，有些人能力一般，却能在事业上平步青云，在工作上高歌猛进，这在很大程度上得益于贵人相助。

有一家调查机构作过一次调查，他们针对中高层主管问了一个问题：“在你成为中高层主管的过程中，你是否得到过贵人的栽培？”调查结果表明，凡是成为中高级以上的主管的，有 90% 都曾得到过贵人相助，而那些自己当老板的人，竟然 100% 得到过贵人相助。从这一调查中，我们能够发现每一位成功者的身后，都有贵人的影子。正是这个贵人的出现，使原本平凡的麻雀，转眼之间变成了凤凰。

克林顿 17 岁时，立志当一名音乐家，但有一次，他在白宫遇见了总统肯尼迪，被肯尼迪的一席话深深吸引，从此，他改变了人生理想，开始积极向政坛进军。若不是肯尼迪，那么美国可能会多一位音乐家，但却少了一位政客。也就是说，如果没有肯尼迪，就不会有后来的克林顿总统，毫无疑问，肯尼迪是克林顿的“贵人”。

毋庸置疑，人这一辈子有贵人相助，那自然是一件幸运的事情。面对工作上的不如意，有朋友的开导；面对事业上的不如意，有贵人的指点。然而，很多人对贵人充满疑惑，认为贵人相助是命中注定的事情，很难发生在自己身上。其实，这种想法太过消极，贵人相助并非命中注定，而是需要你广结善缘，广交朋友，这样等到你有需要的时候，别人就会成为你的贵人。

相信很多人都听说过一句话：“机会青睐有准备的人，对真正聪明的人来说，他们从来不坐等贵人降临，而是主动出击，主动与贵人建立联系。”所谓的贵人，并非神秘的天外来客，而是对你成长、发展有帮助的朋友。简单来讲，如果你选择了一位孝顺老人、体贴丈夫、懂得照顾孩子的妻子，也意味着你找到了一位贵人。同样，在人生的旅途中，那些开导你、鞭策你、给你有益建议的人，也是你的贵人。所以，不要把寻找贵人想得太过困难。

最后，要提醒的是：不要把贵人相助视为获得成功的唯一途径，因为贵人就像发动机里的汽油，当然这辆车到底能跑多快，还要看车的性能、司机的驾驶水平，也就是说，贵人虽然重要，但个人能力、品行修养永远是成功最坚实的基础。

❸ 人脉枝繁叶茂，生意才兴隆畅达

做生意就是与人打交道，这些人你或许认识，或许不认识，但大部分是你不认识的。不管你是否认识，都要以诚相待，表现出你应有的诚意，一旦关系发展好了，生意就好做了。

李嘉诚从小就受到儒家思想的影响，他注重自己品行的修炼，他说：

“无论是作为一个人，还是作为一个商者，道德始终是第一位的。我能有今天的成绩，都是一种个人道德乃至社会道德规范的结果。”

年少的时候，李嘉诚在茶楼里不小心把茶水洒到客人的裤脚上，但客人却没有斥责他，他非常感动。回到家里，他把这件事告诉母亲，母亲听完，语重心长地说：“菩萨保佑，客人和老板都是好人。你要记住，种瓜得瓜，种豆得豆。积善必有善报，作恶必有恶报。以后做任何事情，都要待人诚恳一些，心里多一些善念，自然会有好的回报。”

李嘉诚把母亲的教导谨记于心，把那位好心的茶客的善举铭记在心，把他作为自己行动的榜样。后来，李嘉诚创业经商，虽然遇到了很多困难，但他始终保持一份善念。在与人交往中，他表现出极大的亲和力，在待人处世方面，他表现得十分真诚，因此，大家都愿意与他合作，甚至主动给他提供帮助。这就是李嘉诚在商业上节节攀升、生意越做越大的重要原因。

李嘉诚曾经说过：“对人诚恳，做事负责，多结善缘，自然多得人的帮助。淡泊明志，随遇而安，不作非分之想，心境安泰，必少许多失意之苦。”在他看来，要成大事，先要学会做人，而会做人，即是善于与人相处，在交往中积累人脉资源，如果你能做到圆通有术、左右逢源、进退自如，那么你的人脉大树必定会枝叶繁茂，成大事也不在话下。

在香港，李嘉诚的生意遍及电力、电信、交通、零售业等等，他不但拥有雄厚的经济实力，而且人脉资源如同千年大树的树根，盘根错节，延伸到社会各层。在零售行业，一些新的竞争者，很快就会变成他的合作者。在电力产业上，李嘉诚更是主宰了整个香港的电力供应。有人说，在香港你可以不去屈臣氏、百佳购物，却不能不用李嘉诚的电力，不得不住李嘉诚的房子，并按时向他支付租金。

在香港，李嘉诚几乎垄断了各大公共服务行业，他之所以能做到这一点，简而言之在于两点：一是人际关系的处理技巧。李嘉诚之所以能拿到种种产业的垄断权，与他超强的人际关系处理能力密不可分，他能通过自己的人际交往能力，构建出有效而复杂的人脉关系网络；二是他有敏锐的市场嗅觉和过人的商业天赋。

李嘉诚认为，经商、做生意，说到底是建立信用、建立关系的过程，因为这是交易开始的前提条件。如果你能厚道做人，对人诚恳，做事负责，那么你就容易广结善缘，容易赢得合作伙伴和顾客的信赖。

在如今这个尔虞我诈、弄虚作假的商业社会中，经营也是经营商家与客户的关系，商家与合作者、供应商的关系，如果你在与他们相处的过程中，表现出足够的诚恳、厚道、负责，那么你的生意也会做得更大。

李嘉诚的经验是，首先要学会交朋友，与各方面的人打好关系，那么做生意也就水到渠成了。有的人有很高的经商天赋，也有雄厚的资金，但是却做不成生意，这是为什么呢？因为他们没有给别人留下良好的印象，不能成为别人眼里值得信赖的人。

作为商人，必须明白在圈子内如何做人，这有助于更好地结交人脉。在李嘉诚看来，商人不能眼里只有钱而没有人，商人要学会做人。在他看来，大致可分为以下四种：第一种是，别人帮了你，你也帮了他；第二种是别人帮了你，你不帮他；第三种是，别人没帮你，你帮了他；第四种是，别人帮了你，你不帮人家，还过河拆桥。

李嘉诚说，别人帮了你，你帮了人家，这叫礼尚往来、相互报答，谈不上品德高尚。别人没帮你，而你主动帮助别人，这是有境界的大家风范。别人帮了你，你不但不帮人家，还过河拆桥，这是最差劲的。这种人缺的不仅是商业道德，简直就是无耻的小人，只需一回，以后别人就不愿意和他交往了。

要知道，每一笔生意的成交里面都包含了很多人际关系。在有些不容易通过的关口，如果你有人脉，那么你就可以运用人脉去打通关系，攻克难题。人脉就是清除障碍的工具，你的人脉大树越枝繁叶茂，那么你的事业就越有更大的发展空间，你的生意就会畅通无阻。所以，一定要记住钢铁大王卡耐基的一句话："一个人的事业成就，85%来自人脉关系，15%来自专业知识。"

4 取长补短，多结交一些优势互补的朋友

现代社会是一个分工精细的社会，隔行如隔山，你不可能样样精通，结交可优势互补的朋友，所带来的最大好处就是博采众长，使之为我所用。这应该是我们在选择朋友时的最基本原则。如果整天和与自己各方面都很相似的人在一起，强项不一定会更强，但弱项一定会更弱。另外，一个人通过与不同类型的朋友交往，可以获得不同侧面的信息，利用这些信息，就可以达到优势互补的目的。所以，我们应该根据自己的优缺点和拓展事业的需要，积极主动地选择有益、有效的朋友。

王桐和朋友李然两人在市中心商业区某数码城租了一个商位。王桐是某电子科技公司产品部的职业经理人，李然则是跑了多年销售的营销员，销售渠道畅通。王桐这几年工作一直很不错，也攒了不少钱。一个有资金，另一个则是营销领域的老手，两人一拍即合，取长补短，王桐负责资金投入，李然负责业务开展。

王桐利用自己在公司的人力资源，可以拿到最优惠的价格，而李然有着丰富的客户资源，销售渠道不用担心。目前他们代理了多家公司产品，光是 MP3，就有爱国者、海尔、明基、松下等国内外品牌，销售势头很好，赢利相当可观，用王桐的话来说："可以与自己优势互补的朋友合作，不管做什么都会成功，做生意当然也会财源滚滚。"

在结交优势互补的朋友时，还要注意做到"看重一点，不及其余"。也就是说，可能对方并不如你，在很多方面都很普通，但有一点非常突出，而这也正是你所欣赏和需要的，那你就可以与之做朋友。对朋友的要求不要过于完美，要尽量多利用朋友的优点，而不是盯着对方的缺点不放，更不要以貌取人。

美国的乔布斯和沃兹是"苹果Ⅱ"微电脑的开发者。他们有一个重要

的合作者是马克库拉。其实，最初注意到乔布斯和沃兹两位年轻人的并不是马克库拉，而是乔布斯的老板介绍来的一名叫唐·瓦尔丁的人。

当唐·瓦尔丁来到乔布斯家中，看见乔布斯穿着牛仔裤，散着鞋带，留着披肩长发，蓄着胡志明式的大胡子，怎么看都不像一位企业家。于是，唐·瓦尔丁就把这两位奇怪的年轻人介绍给了另一位风险投资家马克库拉先生。

马克库拉原来是英特尔公司的市场部经理，对微电脑十分精通，他并没有被乔布斯和沃兹的样子吓坏，而是先考察了乔布斯和沃兹的“苹果Ⅱ”样机，最后，马克库拉问起了关于“苹果Ⅱ”微电脑的商业计划，而乔布斯和沃兹只精通技术，对商业买卖一窍不通，所以二人面对马克库拉的提问，一下子面面相觑，说不出话来。但马克库拉并没有因此失望，而是决定和两位年轻人合作。

唐·瓦尔丁因为对乔布和沃兹的外表形象过于求全责备，而失去了他一生中最重要的一次成功机会，而马克库拉却与他相反，专注于两个年轻人的优势能力，并且与他们进行了深度的合作，所以他成功了。

决定一个人成败更多的是他的优点，而不是缺点。重要的是对方真正的品质，而不是外表或者言辞本身；重要的是，对方所有的，而你所缺的。有专家说，决定一个人成就大小的不是长处，而是他的短处，但只要能找到弥补我们缺陷的那个人，不就是最完美的组合吗?

无论是事业上还是生活中，如果有一两个可以和自己取长补短、互帮互助的朋友，那将会为我们带来更多的成功和财富。

5 将有影响力的大人物变成自己的“圈里人”

这是一个圈子的时代，圈外的人想进去，圈内的人却不想出来。我们千万不要小看圈子的力量，有时候认识一些圈内的大人物，不仅可以弥补我们个人在社会关系中的不足，而且可以帮助我们以最快的速度来拓展人脉。

在为人处世中，我们不要局限于身边的一些人，这样很难有大的发展。一个年轻人想要成就一番事业，人脉圈中就不能缺少有影响力的大人物，只有让这些大人物变成自己的“圈里人”，在关键时刻才能得到他们的提携和帮助，这比自己单打独斗而取得成功要容易得多。

俗话说：“人往高处走，水往低处流。”如果你不甘于平庸的生活，就必须学会结交一些我们平常仰视的大人物，不要觉得这是种虚伪，这其实就是你以后人生之路的直升梯。尽可能地多结交一些成功人士和社会名流，也能够使自己时刻保持一种前进的动力，向着更好更宽阔的道路奋进。而且，一旦结识了这样的一个“大人物”，并和他相处得不错，那么他的那些“含金量高”的朋友也容易变成你的朋友，他的关系总量自然也可以成为你的关系总量。从这个角度来看，这种人是人脉圈中最有价值的。

董杰刚刚大学毕业，和许多同学一样，来到了一线城市奋斗。年幼的他跟许多初入社会的年轻人一样，满脑子梦想却又不知道从何下手。但是和其他年轻人不一样的是，他总在找机会认识一些对自己有帮助的人。在一次偶然的情况下，他发现自己租的房子是李太太的，而李太太的老公是某银行的副总裁。加上李太太和董杰是老乡，一来二去，他们就熟识了。

二人都是健谈的人，谈论的话题也比较随意，从人生到事业，还谈到生活中的各种无奈。随着他们逐渐深入地交谈，董杰渐渐获得了李太太的欣赏和信任。董杰见时机到了，便和李太太说了自己的理想。通过李太太的推荐和美言，李先生很快就接纳了董杰，加上董杰的聪明和乖巧，李先生对董杰也很是喜爱和欣赏。之后，听到董杰说到自己对未来事业的期许和打算，但是创业资金又极其难筹备的时候，李先生便毫不犹豫地为他筹集了大笔资金，使他的创业如鱼得水，一举成功。而此时，他的那些同学还在职场上痛苦地挣扎着。

董杰本只是一个初入社会的小青年，正是通过结交了李太太，才认识了自己的“大贵人”李先生，从而跨入成功者行列。这看似是一种巧合，却是董杰通过自己的交际所得。一个聪明的年轻人，一定要懂得去结交那些极具影响力的人物。俗话说：近朱者赤，近墨者黑。当他和你成为自己人后，在他的影响和帮助下，你自然也会产生一种向上的动力。一个个头矮小的人，只有站在巨人的肩膀上，才能和巨人看得一样远。所以，做事成功最有效的捷径，就是借助“巨人”的力量，这对自己的事业无疑是如虎添翼。

可见，一个人可以一无所有，但一定要有良好的人脉，人脉就是一笔无形的资产，是我们手中握有的最宝贵的财富。因此，在交朋友时，要善于考虑并选择比自己更优秀的人物，这种意识可以使你离成功更近一步。

彭博是一所名校大四的学生，即将毕业然后面临着择业。其他的同学都在为工作而忙得焦头烂额的时候，彭博却非常冷静，他很清楚自己要干什么，也深知结交贵人之道。于是，他选了自己喜欢的一所企业，然后查找了一些资料，分析了企业当前的状况和以后的发展。之后，他给该企业的老总写了一封自荐信，里面附上自己对该企业进军国外市场全面发展的利与弊，并明确了自己的能力与对工作坚定的信心。企业老总看到后欢欣不已，马上就拍板说：“这个人我要定了！”之后，彭博就给老总打下手，成功将老总变成了自己的圈里人。而此时，其他朋友都还削尖了脑袋在招聘会上找工作。

现在大多数圈子都是以人分群，小人物与大人物更多的时候只是两条互不打扰的平行线。所以想要结交大人物，还得看你交际能力的强弱，才能让自己在仕途上更加顺风顺水。若高攀不上，便只能在自己的小圈子徘徊，难有大的作为。

但是，我们怎样才能让这些有头有脸、地位显赫的人物喜欢自己呢？又该怎样去结交他们，使他们成为我们的“圈里人”呢？

(1) 对他们先要充分地了解

俗话说：知己知彼，才能百战不殆。不管是对小人物还是大人物，与人交往都必须从“了解”开始，这一点是我们需要遵循的。

说到底，“大人物”也都是普通人，他们的性格特征和喜好，以及各种社会关系，我们都可以从别人口中打听到。也可以多关注媒体，以此来了解一些地位显赫人物的情况。这只是对他们爱好和兴趣有一个最基础的了解，而不是探人隐私。

（2）谈话内容很重要

假如是初次与“大人物”见面，谈话的好坏与否，将是决定我们能不能引起“大人物”兴趣的关键。

在与他们交谈时，最好不要谈自己的事情，要把你谈话时间的99%都用在询问大人物的事情上，这就是打开大人物心门的第一把钥匙。如果是第一次与大人物交谈，只需要给他留下一个好印象就可以了。只要他对你有这种感觉，他的影响力也就开始跟你有关系了。

（3）适当展示自己的能力

社会名流往往都有这样的一个特点，就是他们一般都受过良好的教育，具备良好的素养。而且大人物往往对社会交际的需求更大，所以他们会辨识对自己有益的社交人群。一般来说，“大人物”都比较爱才、惜才，如果你能瞅准机会适当地表现自己，让他看到你的独特之处，领略到你与众不同的才华，而非一味赞同，刻意讨好他，那么你也就成功了一半。

因此，想引起“大人物”的注意，只要你本身能力足够，值得深交，那么只要掌握一些技巧，将有影响力的大人物变成自己的“圈里人”也是很容易的。

6 “拜冷庙烧冷灶”，善结交落难英雄

生活中，总有些人平时待人不冷不热，等有事了才想起去求别人帮忙，这就叫“平时不烧香，临时抱佛脚”。这好比你的心中平常没有佛祖，

但是一有事便来恳求佛祖，这样的人很难受人待见。我们平时去庙里烧香拜佛，要多“拜冷庙烧冷灶”，意思就是说要多去一些平常没人去的冷庙，香火繁盛的庙烧香的人这么多，你也不过是众香客之一，显不出你的诚意。但是冷庙平常门庭冷落，无人礼敬，你若虔诚地去烧香，神当然会对你特别在意。

一般人总以为冷庙之所以冷清，是因为菩萨不灵，其实类似的英雄落难、壮士潦倒，这都是常见的事。只要一朝交泰，仍会有一飞冲天、一鸣惊人的风光。这不是迷信，而是在教我们交友之道。所以，我们平常也应该多结交一些落难英雄，同样是一点恩惠，但是对于有难处的人来说，这却是天大的人情。日后若有事相求，他也自然会鼎力相助。因此做人千万不要太过势利，看到别人发达了，便使尽浑身解数扯上一点关系，一见别人落魄，就立刻消失得无影无踪。我们想要在关键时刻得到贵人相助，自应在平时就“多烧冷香”，交“落难英雄”，而这要完全是出于敬意和好心，不是为了达到某种目的，更不是一种交易。

我们常说“三十年河东，三十年河西”，这句话用来形容一个人地位的变迁。一个人一生不会一直落魄，也不会永远辉煌。总有一天，那些曾经落魄的小人物，也许有一天会变成人人都想巴结的大英雄。所以，想要积累人脉，就要把目光放长远一点，交一些实力雄厚的朋友无可厚非，但那些落难的英雄也不要忘记，等有一天他成长起来，一定不会忘记你的恩情。当然，不一定达到“投之以桃，报之以李”的效果，但是能够多结交几个有潜力的朋友，在日后也能助自己一臂之力。

成刚新成立了一家公司，因为公司刚刚起步，资金周转不过来，便向身边的好友借钱。可这些平日里哥们长哥们短的好友，到了关键时刻一个个都摇头称难。只有刘庆，他见成刚有困难，也没顾虑太多，就借了一些给成刚，稍微地伸了下援手。虽然只是一笔小钱，但却帮了成刚一个大忙。

就在借钱给成刚之后，刘庆在美国办了一个自己的律师事务所，专门受理移民的各种事务和案件。在他的努力下，这家律师事务所在当地也算有了一些名气，财富也随之滚滚而来。之后他将公司搬到了繁华街区，并有了自己的雇员和秘书。

可正当他事业如日中天的时候，他受朋友蛊惑将所有资产都投入了股票，最后几乎亏损殆尽。由于美国移民法的修改，职业移民额削减，刘庆的律师事务所也渐渐门庭冷落，经营不下去破产了，他最后连回国的机票钱也没有了。

就在这个时候，他接到了成刚的电话，成刚说自己可以赞助他，还帮他重新开始开创事业，就当是报他以前的恩情。令刘庆没想到的是，自己当初的一次小小“善举”，居然会为自己带来这么大的帮助和改变。

人的一生，虽然短短几十年，但是人的境遇却是变化万千。有时你不会意识到，你曾无心帮助过的落难朋友会突然翻身，日后反而成为你的贵人，使你的生活出现新的转机。

一个人做事最忌目光短浅，平时不屑于那些身份低微的朋友，等到自己有难再来“临时抱佛脚”，可已经来不及了。所以当身边的朋友失意时，就该及时接纳，给予力所能及的帮助。不管是经济上还是精神上，只要他感受到你的热忱和真心实意的帮助，他自然会铭记在心。寸金之遇，一饭之恩，就足以让他终生铭记。一旦他一朝否极泰来，也绝不会忘了你这个知己。若你面临困境，这些昔日的朋友可能就是一棵救命稻草，是把你拉出深渊的大福星。因此，我们在人生路上不要吝啬自己的爱心，不要在朋友需要你的时候转身离开。只有平常你帮我一把，我拉你一下，互相搀扶着走，才能更好地赶路。

有的人虽然现在看起来能力很平庸，然而风云际会，说不准有一天他也会成为人人敬仰的大英雄。当然，这些友谊之花，需要经年累月的培养，只有你平时真心待人，别人才会在关键时刻帮你。

《伊索寓言》里有这样一个故事，讲的是一头狮子正躺在草地上睡觉，突然听见一阵呼救的声音，原来是一只老鼠被石头压住动弹不得。老鼠苦苦哀求狮子道："求你救救我，你救我一命，我将来一定报答您的大恩大德。"狮子觉得好笑，心想："一只小老鼠能帮我什么忙?"但是救它是举手之劳，便一尾巴扫掉了老鼠身上的石块，老鼠得救了。老鼠连连道谢，而狮子继续睡它的大觉。说来也巧，狮子刚睡醒，准备去森林里散步，却一不小心陷入了猎人的陷阱，被一张大网捆住了，不能动弹。狮子大声呼救，老鼠听到狮子的吼叫后，就赶过来帮忙。它用牙咬断绳子，狮子恢复了自由。狮子挣脱绳子后，高兴地说："真没想到，我当初根本不屑你的报答，没想到现在却是你救了我。"

俗话说：善于放长线，才能钓大鱼。做人做事切不可急功近利，一张四通八达的人脉网络需要我们平常细心的浇灌和精心的呵护。趁着自己有能力的时候，不妨多结纳一些潦倒的英雄，使之能为己所用，这样对以后的发展将是个莫大的帮助。

我们时常经营着的那些人脉，大多是一些权贵，是能在金钱上帮助我们的贵人，但贵人其实无处不在。在生活中，有许多人往往不把一些身份低下的朋友放在眼里，觉得他们是小人物，根本不值得尊重。但无论是自己还是别人，每一天都是在不断变化着的，今天他也许只是小人物，但是说不定哪天就成了你的救星，成了你生命中的英雄。

在我们生活中会有许多的因缘，每一个都有可能将自己推向生活或事业的高峰，所以平常要多交落难朋友，哪怕他现在只是一个普通的小人物，但也许有一天，他会成为你的大贵人。

7 有钱一起赚，自己发财也让别人发财

商人求财，讲究以和为贵，真正有智慧的商人不会与人争强逞能，而是笑脸迎客，为了赚钱，他们愿意与对手合作，使大家互利共赢。有钱大

家赚，利润大家分享，这样才有人愿意与你合作。

有些商人总想着一家独大，好处独霸。然而，做生意太绝，不给别人活路，自己就可能成为众矢之的，最后会吃大亏。在生意场上，多一个合作者，就多一条出路，少一个敌人。因此，有钱要大家一起赚，要顾及同行的利益。如果能考虑与同行合作，利益均沾，虽然自己会损失一点利益，但从长远来看，财源将会滚滚而来。

1978 年，李嘉诚的长江实业集团与会德丰洋行共同出资购买天水围的土地。第二年下半年，中资华润集团等购得其大部分股权，并且建立了巍城公司，决定开发天水围。在巍城公司中，华润集团拥有 51% 的股权，长江实业集团拥有 12.5% 的股权，是第三大股东。作为最大的股东，华润集团雄心勃勃，计划用 15 年时间将天水围建成一座可容纳 50 万人口的新城市。

当时由于长江实业忙于收购和黄，因此把开发天水围的计划交给华润。但出人意料的是，华润的雄心没有持续多久，就开始灰心丧气了，为什么会这样呢?

原来，1982 年 7 月，港府收回了天水围 488 公顷的土地，并将其中 40 公顷的土地以 8 亿港元批给巍城公司，要求其在 12 年内建成价值 14.58 亿港元的建筑，并负责清理出 318 公顷土地作为港府土地储备。如果完不成目标，那么购买土地的 8 亿港元将被充公。

另外，1983 年港府宣布：计划投资 40 亿港元建设市政工程，其中预计投入 16.2 亿港元用于整理地盘，预计投入 9.6 亿港元用于基本建设。两者加起来，共计 25.8 亿港元，港府把如此重大的工程批给巍城公司承包，并要求它获得 15% 以上的利润。

如此严峻的要求对华润而言，就像泼了一盆冷水。华润作为一家驻港的贸易集团，并不具备地产发展经验，也不熟悉香港地产业的游戏规则。因此，一出场就失败了，其他股东见形势不妙，纷纷萌生退出的意思。

精明的李嘉诚把这一切看得非常透彻，他十分看好天水围的前景。因此，他开始不动声色地吸收散股，他相信只要做得好，完全可以后来者居上。就这样，李嘉诚逐渐将其他股东手中的“垃圾”股票控制到自己手里。到了1988年，他已经控制了除华润之外的49%的股权，与华润成为仅有的两家股东。

1988年12月，以李嘉诚为代表的长江实业与华润签订了一份协议。在协议中，长江实业保证能够在天水围发展中让华润获得7.52亿的纯利润，而且协议签署后立即支付华润5.64亿港元。如果将来楼宇的售价超出协议的规定，其中超额赢利的部分，长江实业将于华润共同分享，华润获得51%的利润，长江实业获得49%的利润。今后天水围发展计划等一切工作均由长江实业负责，费用由长江实业支付，将来在收入中扣回即可。

在签署这份协议的时候，天水围交工期限只剩下一年半的时间。按照该协议规定，完成如此浩大的工程，风险完全由长江实业来承担，华润可以坐收渔利。对长江实业而言，要承担的风险非常大，当然，也可能获得非常大的收益。如果长江实业如期完成计划，按照协议售价，它将获得43亿港元的纯利润。但是业内人士估算，长江实业如果顺利完成计划，将获得70亿港元的纯利润。

不过话又说回来，完成如此巨大的工程，存在相当大的难度，大概只有长江实业具备这个经验及实力，李嘉诚对此充满了自信。果然，工程开始兴建后，进展非常迅速。很快，天水围大型屋村就呈现在人们面前，住宅及商业楼宇共计58幢，宗楼面积1136平方英尺，共有16728个……住宅及楼宇开盘后，利润滚滚而来，华润获得了协议中规定的利润，而长江实业所得的利润，几乎是难以估计的。

从长江实业与华润的协议中，我们发现：在这个计划中，李嘉诚赚足了钱，又让华润不费任何成本，就能坐收渔利，这等于挽救了华润，也成全了长江实业自己。这就是李嘉诚的智慧，他把合作关系看得很透彻，他这样帮华润，并不只是针对中资公司，而是他为人处世的一贯作风。

也许有人觉得李嘉诚吃亏了，因为华润什么都没干，就获得了几亿的利润，但实际上，李嘉诚是精明的。如果说他支付给华润的几亿利润是吃小亏，那么后来他获得的收益，是占尽了便宜。这就是李嘉诚所说的“有钱大家赚，利润大家分享”的道理。

其实，但凡做大事的人，都有李嘉诚那种“吃小亏占大便宜”的思想，他们懂得给别人一些好处，让别人分享一些利益，这样才能保证合作的顺利进行，才能巩固彼此的合作关系。李嘉诚作为一个理智的商人，具备长远的战略眼光，他不会与合作伙伴争利益，一方面是因为这样会损耗自己的精力，另一方面是因为争小利会得罪合作伙伴以及周围的同行，树敌过多，容易被群起而攻之。因此，在许诺给华润回报时，李嘉诚表现得十分大度，可以说，在很大程度上给了华润更多好处，通过这种让利，不仅给华润留下了大气的印象，也深深赢得了同行及其他商家的信任。

8 交友就像做生意，投本钱才有回报

有人说，做人做事的过程是一个经济投入与产出的过程，因为在与人打交道中，我们说的话、做的事都会对别人产生或好或坏的影响，如果对别人产生了好的影响，给别人留下了好印象，那么别人就会喜欢你，愿意与你交朋友。当你有求于他时，他很可能会帮助你。有了他人的帮助，你的成功之路会变得更加顺畅。这就是投资人脉所获得的回报。

有一位非常成功的企业家名叫亚历山大·福特，他认为有效的人脉是成功的重要保障。他创业时只有10位客户，他知道这10位客户带来的资

源是有限的，必须拥有更多的人脉和更多的客户。

他想："我有10位客户，我这10位客户每个人都有10位朋友。如果他们把我推荐给这10位朋友，那么，我就会增加100位客户。如果这100位客户把我推荐给他们的10位朋友，那么我就有1000位客户……"

想到这里，亚历山大·福特马上采取了行动。他不断和这10位客户接触，请他们吃饭，邀请他们一起打高尔夫或外出旅游，真诚地与他们交朋友。在交往中，他从来不和客户谈生意，而是谈论彼此的人生经历和事业上的想法。比如，他会和这10位客户谈论自己在事业上的付出，讲述自己创业的体会，使客户对他产生敬佩的感觉，知道他创业不容易，想帮他一把。

当亚历山大·福特和客户成为朋友之后，他开始委婉地求助客户，比如，他会问："我们公司的产品不错吧，在你们朋友面前替我的产品美言几句吧！"到后来，通过朋友的口口相传，亚历山大·福特的产品知名度提高了很多，他的客户主动找上门来，他的事业也不断扩大。

生活中，一个人在办事过程中，如果能得到朋友的关照，那么不仅可以节约成本，还可以节省时间和精力。比如，你有朋友是做老师的，那么在孩子的培养上，那位朋友就可以为你出谋划策；你有朋友是做服装生意的，那么在购买衣服时，你那位朋友就可以给你提供购买建议；你有朋友是做房地产生意的，那么当你准备购房时，你那位朋友就可能为你提供优惠价格，或者提供一些有价值的购房建议……

寸有所长，尺有所短。在残酷的现实中，一个人的力量显得太过渺小，因此，我们应该像李嘉诚那样广结善缘、多交朋友，使我们拥有更多的人脉资源。在与人交往中，对别人多一点善意，多一点真心付出，多一点帮助，都将有助于我们与别人成为朋友。也许你只是不经意的一个举手之劳，对别人而言却是打动人心的善举，他会铭记在心，有一天会真心报答你。

在一个风雨交加的夜晚，一家旅馆的大厅里，走进来一对老夫妇，他们想在这里住宿一晚。可是值夜班的服务生说：“十分抱歉，今天的房间已经住满了，没有空余的房间了。”正当老夫妇感到失望时，服务生继续说：“不过，如果你们不介意的话，可以在我的房间休息，虽然它不是豪华的套房，但是挺干净的。因为我今晚值班，我可以待在办公室休息。”老夫妇看出了年轻服务生的诚恳，很高兴地接受了他的善举。

第二天早上，老夫妇来到前台，准备付款时，服务生却说：“昨天你们住的房间不是旅馆的客房，所以我们不会收你们的钱，只是我不知道，你们昨晚休息得好不好?”

老夫妇十分感动地点了点头，他们称赞年轻的服务生是每个老板梦寐以求的员工。临走的时候，老夫妇记下了服务生的联系方式。几年后，服务生收到了一封信，信中说的是那个风雨交加的夜晚发生的事，信中还附上了一张邀请函和两张去纽约的往返机票，那对老夫妇邀请服务生去纽约一游。

服务生怀着无比兴奋的心情来到了纽约第 5 街 34 号的路口，他看到了当年那对老夫妇。路口旁边矗立着一座高楼，老先生对服务生说：“这是我为你盖的旅馆，希望你成为我的职业经理人，来为我经营，可以吗?”

服务生感到不可思议，他结结巴巴地问老先生：“不是吧，你是不是有什么条件？你为什么选择我呢?”

老先生说：“我叫做威廉·阿斯特，我选择你没有任何条件，我说过你是任何老板梦寐以求的员工。”这家旅馆就是纽约知名的华尔道夫饭店，这家饭店创办于 1931 年，是一家极致尊荣的饭店，也是各国高层来纽约访问首选的饭店。而这位年轻人，就是当年的服务生，名叫乔治·波特。

为什么乔治·波特能够得到老夫妇的相助呢？只因那个风雨交加的夜晚，他对老夫妇伸出了善意的双手，帮他们解决了住宿问题。在这种雪中送炭的善意之举背后，老夫妇看到的是乔治·波特善良、诚恳、乐于助人的优秀品质，这是他们向他伸出橄榄枝的根本原因。

站在乔治·波特的角度来看，他对老夫妇投资了什么？只不过是一间可供休息一晚的房间，这种投资所支出的本钱是微小的，但最终却收到了巨大的回报。由此可见，在待人处世中，你如何对待别人，别人就会怎么对待你。如果你处处善待他人，那么你在无形之中，就会与他人结下善缘，这种善缘是今后你获得帮助的重要因素。所以，千万不要忽视人脉投资。

第六章 RENQI JUEDING CAIQI

低调做人，该“方”则“方”，该“圆”则“圆”

“流水不腐，户枢不蠹。”做人不可太死板，该“方”则“方”，该“圆”则“圆”，是每个人行走社会必备的绝活。凡成大事者，还应该修炼“藏露”之功，即使身怀绝技，也不要到处去炫耀。切记：得意是失意的根源，低调做人，人生大道才能畅通无阻。

❶ 生意场上，锋芒太露容易没饭吃

据《史记》记载，孔子在拜访老子的时候向他请教过礼，老子说：“一个聪明而富于洞察力的人身上就会隐藏着危险，那是因为他喜欢批评别人。雄辩而学识渊博的人也会遭遇相同的命运，那是因为他暴露了别人的缺点。因此，一个人还是节制为好，不可处处占上风，而应采取谨慎的态度。”

老子的这番话告诉我们，一个人如果锋芒太露，则容易遭到别人的嫉恨和非议，甚至会引来灾祸。特别是在生意场上，要想有所建树，可以用一点“心机”，巧妙展露自己的才华，但在时机没有成熟之前，千万别锋芒太露，不然容易“没饭吃”。

有句话叫：真人不露相，露相不真人。意思是说，真正的聪明人即使身怀绝技也不会让别人知道，到处去炫耀。一个人的才华就犹如一把双刃剑，在刺伤别人的同时也会伤害自己。所以凡是做大事业的人，都应该修炼“藏露”之功。把剑多藏在剑鞘里，而不是轻易出手，因为锋芒太露的人容易招致别人的嫉恨和陷害。

在生意场上，大智若愚、不卖弄、不炫耀，如湖水般平静淡定，才是聪明人做生意之道。锋芒太露的话难以担当重任，所以容易“没饭吃”。俗话说：树大招风。必要时低调做人，装装糊涂，其实是明智之举。在这个世界上，太多聪明人被人排挤，故君子要不显山不露水，才华不逞，才有肩鸿任钜的力量。

纵观古今一些成功人士，他们都是圆融通达，毫无棱角，个个深藏不露，让人相处起来如沐春风，丝毫没有压力。因为他们懂得，言语或做事太露锋芒，便容易得罪别人，而那些人便可能成为自己的敌人和阻力。但你四周都是阻力或破坏者的时候，立足点都没有了，哪里还会有你扬名立万的机会？其实做生意也就是做人，千万要切记：锋芒太露容易“没饭吃”，低调行事才能行大道。

小于大学毕业后，到一家大公司应聘销售员一职。小于从小聪明伶俐，在学校也是个佼佼者，因此在向主考官展示自己在学校所获的奖项后，他又主动说起了公司目前的经营方式，在他看来，公司的经营方式一无是处，而自己的意见则是很宝贵的建议。小于丝毫没有注意主考官的面色，又接着说起了自己的口才有多棒，并擅长沟通，有领导才能，是销售部主管的最佳人选。主考官打断他的话，看了他一眼，不屑地说：“我就是销售部的主管，小伙子，你的锋芒太露了，我们这座小庙容不下你这尊大佛，你可以走了。”于是，小于连第一关都没有通过就被刷下来了。

有人在遭遇挫折的时候，总是抱怨自己怀才不遇，空有一肚子才华却没遇到伯乐，最后落了个穷困潦倒、一事无成的下场。有些人失败，最主要的原因还是不懂人情世故，其实只要自我反思一下，是不是有时候太目中无人了，过于高估了自己，而忽略了别人的感受？只要知道了问题的症结所在，便能顺利解决。一个人的成功当然需要才智，但若把自己放到了过高的位子上，便压缩了别人的表现空间，损害到其利益。一旦到了这一步，就很容易被人拉下马，前途和事业就会濒临险境。

杜审言是杜甫的祖父，他曾对人说：“我的文章那么好，应该让屈原、宋玉来做我的衙役，我的字足以让王羲之甘拜下风。”杜审言的自不量力，一直被后人多嘲讽。其实，太过的骄傲和锋芒毕露只会显出你的浅薄。中国有很多的名言警句都是讲真正的聪明人是如何做事的，如：“君子藏器于身，待时而动。”这句话出自《周易》，意思是：君子有卓越的才能和超群的技艺，不到处炫耀，而是在必要的时刻把才能或技艺施展出来。如姜太公遇周文王就是如此。

还有“枪打出头鸟”、“木秀于林风必摧之”等，这些都告诉我们，为人处世不要太锋芒毕露，保护自己的最好方法就是，与大多数人处于平等的位置，否则你就容易遭受攻击。

文青在一家广告公司做策划，他是个想象力丰富、非常有创造力的人。对市场敏锐的洞察力和独特的视角，常常使他在客户心中备受欢迎。他在公司策划的方案常常被人拿来学习，广告的反响也非常好。

因此，公司里一旦有大客户来，策划工作都会交给文青负责。文青从来也不会推辞，有时还会自告奋勇接一些重要的大单。他觉得自己能力强，而且能者多劳。刚开始大家也没觉得什么，后来次数多了，同事们便开始不满，大家认为文青太嚣张，好客户、大客户都被他一个人霸占了，从来不会给别人一次表现的机会。渐渐地，同事们开始疏远文青。文青却不以为然，他觉得一个有能力、有才华的人，就应该显得与众不同，比别人高一等。

没过几天，广告策划部的主管就辞职了，部门需要重新挑选一个新的主管。经过商议，总经理决定采用民主选举的方法，让员工们自己投票挑选最合适、最得人心的人。文青对自己非常有信心，认为主管的位置非他莫属，因为这个部门里的广告策划没有比他更优秀的了。然而结果却是，没有一个人选文青当主管，票数最高的竟是一个名不见经传的人。

更惨的是，新上任的主管没有再把大客户的业务交给文青，而是让他负责一些鸡毛蒜皮的小事。文青感到很失望，最后不得不辞职。

文青失败的经历告诉我们，在追求成功与卓越的同时，千万不要锋芒太露，否则只会给自己的事业和前途带来麻烦。若文青能学会低姿态一些，在成功做完一件事后就应该谦虚地说“大家都有功劳”，而不是俯视别人，总想让别人来仰视自己。那么，事情就会是另一种结果。

雄鹰站立时好像在睡觉，老虎行走的时候看似慵懒、病态，其实这正是它们捕食的高明手段。先是低调，让猎物不防备，然后伺机而攻击，成功率相当高。人生也是这样，切不可趾高气昂，目空一切，这样只是给别人提供了当靶子的机会而已。所以，一个聪明的生意人同样要做到不露锋芒、不显才华，这样才有能力干大业、做大事。

❷ 真正的高手，往往都深藏不露

俗话说：小隐隐于野，大隐隐于市。就像几年前周星驰在电影《功夫》中呈现的故事一样。三位擅长五郎八卦棍、铁线拳及十二路谭腿的武林高手，刻意隐姓埋名，隐居在猪笼城寨。平日里不显山露水，但当住地遭遇侵袭的时候他们敢于果断出手，救人于水火。他们懂得厚积薄发的道理，他们平日深藏不露，但他们是真正的高手。

春秋战国时期，思想活跃，百家争鸣。其中一位思想家叫杨子，他气宇轩昂，言行举止无不显露出非凡的气质，在当时备受关注，是个风云人物。不过他也有自己的烦恼，似乎自己被高高地供奉在众人之上，总觉得不能和别人融合在一起。

杨子深为这种事情苦恼，但是又不知道该怎么做。他决定去拜访老子，希望得到他的教诲。当他遇到老子时，还未等他开口说话，老子就仰天叹息："以前我还特别看好你，认为你前途无量，必将有一番作为。可是，现在看来，我错了。"

杨子一听就愣在了那里，说："多谢您对我的指点，只是我还是不明白，我到底有什么不足，还请您指点迷津！"

老子回答道："君子的德才并不是要表露在外表，真正的君子看起来要有点愚蠢之气。你不自觉中已经面带骄傲之色，只是你浑然不觉而已。一个人要有了派头就会冥顽不灵，欲念横生。尽量舍弃这些吧，让自己再笨一点，再平凡一点，定会有所不同。这就是我要对你说的。"

从那以后，杨子收起原来显露出来的锋芒，在许多场合故意降低自己的身份。后来，人们都觉得这个负有盛名的人也不过如此，和平常人一样，也会犯错误，也有不如意。等到他再走到人群中间的时候，人们并没有因他的低调而看轻他，相反，对他既尊敬又亲近。

正是杨子把伟大超凡都隐藏在体内，变成了一个平凡的君子，才得到了众人的拥护。因此有些时候，必须隐藏起自己毕露的锋芒，不骄不躁，让自己更平凡一些，才能平安无事，才能取得更大的进步。

一个绝世高手可以放下名利，回归到他最卑微和质朴的生活，这就是一种最崇高的人生境界。现代的香港电影圈中也有曾经深藏不露的低调高手。

《方世玉2》中扮演抢夺红花会宝座的于振海，《新少林五祖》里与李连杰对打了几次的功夫高手，《白莲邪神》中那个白莲教教主……这么一个低调的高手，他就是演员计春华。他是内地武术队出身，杭州人。从小爱好武术，有一年生了场大病，头发掉光，却没想到恰巧《少林寺》开拍招人，导演张鑫炎一眼看中了他的秃头，他于是阴差阳错做起演员，一演就演了20年“坏蛋”。计春华认为自己不是演戏的料，但热爱武术，为了武术梦才坚持不懈地做起了“大坏蛋”。

计春华形象突出，光光的脑袋，凶悍的表情，演好人实在很难。对奖项不奢求的他，曾经获得过“中华武术杰出贡献奖”，感言已经心满意足。他为人低调，但并不能掩饰他的才华，他同样也是荧屏之外的高手。

西方有一句警语：“上帝让他亡，必先让他狂。”所以要想成为高手，就应该学会低调，懂得谦虚。而谦虚不仅是一种学习态度，更是一种自知之明。只有所谓“谦谦君子”，才能“温润如玉”。

唐太宗李世民是历史上杰出的风流人物，在他当皇帝期间，广招人才，谦虚请问，积极采纳群臣的建议，不以皇权至上，万人独尊而自居，所以才有了后来的“贞观之治”。明朝末年，农民起义军首领李自成，在攻陷明朝国都前，常与将士们同甘共苦，身先士卒，礼贤下士，因而屡战屡胜，但攻陷北京之后，他却认为自己夺得了天下，所以骄傲情绪一天天滋长起来，贪图享乐、花天酒地、拒听良言，而且还杀害了许多有学之士及忠臣，以致军心涣散，最后落个自身被害的结局。

不管在什么文化背景下，谦虚与低调永远是一种美德，是一种难能可贵的品德，而适当地保持神秘感也是通往成功的一条捷径。

一代才女林徽因绝代风华、才貌双绝，徐志摩为了她决意离婚，金岳霖为了她终身不娶，梁启超的儿子梁思成娶她那晚诚惶诚恐，问她为什么单单选择了他，林徽因嫣然一笑，回答巧妙而深邃："我会用一生的时间来告诉你。"这种深藏不露的表达就像一个谜，让这位建筑学大才子后半生都在钻研、求索。

真正的高手，往往都懂得深藏不露与厚积薄发的道理。我们又该怎样与这些深藏不露的人相处呢？

在工作当中，如果遇到了这么一个深藏不露的人，千万不要被对方的假象所蒙蔽，你只需把自己预先准备好了的工作资料拿给他看，让他知道你有所准备，以至于不敢在工作上小瞧于你。同时，也要学会从他们身上找寻能够供自己学习的优点，争取让自己成为一个更加优秀的人。

③ 目空一切的人，爬不上成功的阶梯

中国是一个强调低调与内敛的国家，在不同场合，不合时宜的高调也许就意味着你将成为众矢之的。不论是名人还是普通人，即便你活得很精彩，但也不应该目空一切，有意地将自己的骄傲、得意表现出来。古人云：居安思危，未雨绸缪。平坦的路并非能一直走到终点，也许就在不远处正有一个陷阱等着你。在很多时候，我们的眼里只容得下自己的宏伟目标和远大理想，而忽略了身边那些微不足道的小事情。然而生活往往就是由这些不起眼的事构成的，我们也只有放下自己的骄傲和自满，从这些最微小的事做起，才有可能做成大事。不管是多么伟大的事业，我们也不能一步登天，只能一步一个脚印，力争把每件事都做好。若太目空一切，则会应了那句老话：爬得越高摔得越重。因此，越是鲜花簇拥、掌声雷鸣，成功者越需要在热闹中保持冷静，越需要迅速跳出躯壳看自己。

有句名言说：人生最关键处往往只有几步，稍有不慎就会走岔了路。而人生一世，最得意之事莫过于功成名就。功成名就后，应接不暇的荣

誉、地位便接踵而至、扑面而来，仿佛登高者登上山巅之时，倘若自以为了不起而得意忘形，把持不住自己，昏头昏脑，一脚踏下去就可能坠入万丈深渊。

太多的实例表明，目空一切是人际交往中的大忌。人的一生，总会有得意的时候，也难免有失意的时候。今天春风得意，明天就可能马失前蹄。官场、职场、商场，乃至情场上，莫不如是。若一个人一朝得意便目空一切，则容易被自满迷住双眼，很难看清前面的路，很难找到自己的方向。

陈刚刚留学回来，便到了一家外企做业务员。他的学习能力非常强，刚来公司没多久，便在和一家德国客户的谈判中表现突出，为公司创造了很大的经济效益。一年后，陈刚还被评为年度精英，受到了总经理的高度赞扬。

这使得陈刚信心大增，他觉得在公司里没有人能超过自己，和同事相比他的能力非同一般，而且经理那样赏识自己，在公司的前途定是不可限量的。渐渐地，陈刚开始变得目中无人，在他事业正得意的时候飘飘然起来。他不再和其他同事一起沟通和交流，总是一副得意洋洋、目中无人的样子，他越来越爱独来独往，好像任何人他都不放在眼里。

这本是陈刚事业最春风得意的时候，但是他这种目空一切的态度让同事们很是厌恶，慢慢地谁都不愿搭理他，也没有一个人愿意与他合作。陈刚渐渐变成了孤家寡人，遇到困难没有人帮，想说知心话都找不到人。其实，陈刚和同事们的关系疏远，经理也略有所闻，心里便对他产生了一些不好的印象。在后来的一次谈判中，由于陈刚的判断失误给公司造成了一些损失，尽管损失很小，但是同事们有的幸灾乐祸，有的落井下石，而经理也对陈刚更加不满，最后陈刚不得不收拾东西，灰溜溜地离开公司了。

人一旦骄傲起来，便容易忘记一切，以至于连自己是谁都不知道了。通过陈刚这件事，又让我们想起了那句戒语：目空一切的人，是爬不上成功阶梯的。人性中总有这样一种弱点：一个人一旦事业上取得了巨大的成功，被各种荣誉、鲜花和掌声包围，头脑就很容易发热，因此变得目空一切，甚至飘飘然了，以至于做出一些愚蠢的事情。

“人非圣贤，孰能无过。”只要注意了，处理好了，必定也会像航海中一次轻微的触礁，经过及时地检查修补，今后的航路依然会畅通无阻。

人生在世，总会有喜怒哀乐、悲欢离合，但我们千万不能因一两次称心得意而过于兴奋，因为目空一切的背后，都隐藏着不可知的危险。

当你得意时固然应该庆幸，但决不能骄傲自满，因事物总处于变化中，快乐是相对的、也可能是暂时的。不能为一时的成功而过于陶醉其中、更不能忘乎所以、得意忘形，我们应时刻告诫自己：得意就是失意的根源。

正所谓“得意忘形必自毙”，做人可以得意，切不可忘形，我们每一个人都要引以为戒。

马云作为中国互联网教父、创业导师，是无可争议的，但就是这样一个被称为神的人，也有因目空一切、骄傲自满而失败的时候。

马云在收购雅虎中国后狂言频出，曾说了这样一段话：“在我看来，我也搞不清楚是曹操厉害，还是诸葛亮厉害，先搞三足鼎立，最后还是要统一天下。时间多久，谁统一，用什么样的策略，什么样的方法，现在谁也不知道，这是未来3年的戏。对于我来说，我希望侥幸地统一所有搜索引擎市场的企业。”但4年后的雅虎并没有像马云所言，时至今日，雅虎搜索逐渐没落，中国雅虎也只是在艰难地谋求生存。

即使是绝顶高手，一朝的得意忘形，也难免会让你老马失足，偏离了正常的人生轨迹。这一切都告诉我们一个简单的道理，那就是：目空一切的人，往往看不到背后所隐藏的危险。当你事业有成，春风得意时，固然值得庆贺，但这种庆贺也应适可而止，切不可太过，眼里只有自己而没有他人。特别是在与朋友之间的言辞互动上，应少一些不着边际的高谈阔论，多一些温馨感人的真情吐露，因为在你身边，正有一些处在失意阶段的朋友，你的张扬可能会引起他们的心态失衡，甚至可能让你们失去这份友谊，所以只有把自己的姿态放低一些，才能融入到朋友之中，从而更好地保护自己。

行走于社会之中，当你有了得意之事，不管是升了官发了财，还是一切都倍感顺利时，都不应该在失意的人面前高谈阔论，要体谅他们的心情。因为处于失意之中的人，对一切都很敏感，即使你是无心之语，也有可能会伤害了对方的自尊。因此，大可以得意，但绝不能自大和忘形。幸好马云后来也明白了这个道理，虽然他张狂依旧、得意不改，但他已经懂得了居安思危，懂得了得意之时依然冷静处世。因为只有得意不忘形，才能马到成功。

❹“夹起尾巴做人”的学问

“夹起尾巴做人”，涉世未深的人看这句话，觉得包含太多的讽刺。一个稍微老成些的人看到这句话，就能理解话里所表达的智慧。

夹起尾巴做人这门学问，里面有两堂课是必不可少的：一是内智外愚，不要轻易露出自己的锋芒，要学会适度装傻；二是圆融通达，不要过于耿直，大丈夫要能屈能伸。

年少轻狂，很多年轻人做事欠缺考虑，很少顾及别人的感受，结果不仅惹来非议，还招致许多麻烦。在职场，和领导相处时，若功高盖主，则容易招致杀身之祸；和同事相处，若太锋芒毕露，则容易变成危险的出头鸟。若能“夹起尾巴做人”，不张扬、不作势，平日里既不与上级争功，不与同级争宠，也不与下级争利，才是高明的做人技巧。这样做，既能取悦领导，又不致招惹同事嫉妒，不会卷入是非，也不至于讨人嫌，和他人相处起来也会轻松融洽。所以，“夹着尾巴做人”是一门学问。

在生活中亦是如此，“夹起尾巴做人”并非是懦弱、退让，而是一份成熟、一种品格，是为人处世的上佳境界。聪明有才华固然是好事，但是能力再强只是凡人，不可能把尾巴翘到天上去。这就像钱财一样，钱多是好事，但若到处去炫耀，就是危险的开始了。我们常说：“卑微时安贫乐道，显赫时盈余有亏。”这是教我们要用一颗平和的心去看待世间万物，“夹起尾巴做人”、小心翼翼做事，总归是没有错的。

小超是个年轻的海归，从海外归来后便到了一个大公司做事。因为毕业于名校，又在海外留过学，小超便觉得自己才华横溢、聪明绝顶。不管走到哪里都带有一种舍我其谁的气势。上级叫他谈话，小超觉得自己学历比别人高，便高人一等，于是总觉得自己是对的，其他人都是错的。

有一次，一个同事在阅读时遇到一个不认识的单词，便去问他。小超瞥了一眼，说："就这个啊，这个单词太简单了吧……"弄得那个同事很没面子，从此再没和小超说过话。

对于其他同事的意见，小超一点都没放在心上，他依然我行我素，没有要低调一点的意思。他总是想："我的能力比他们强，得到的也理应比他们多。"于是有什么好处也不与同事分享，事事都独占头功。

最后，部门里的同事联起手来开始跟这位"优秀的海归"暗中较劲。弄得小超不仅工作完不成，还惨遭领导痛批。最后一身才华无法使，只得卷铺盖走人。

小超的失败，就在于他太高调，不会"夹起尾巴做人"。倘若他能收起自己的锋芒，凡事做得不那么露骨，相信他的才华一定会让他有一番作为。可惜他没有学会"夹起尾巴做人"的智慧，于是被别人记恨，招致祸端。

凡是做大事的人，都有"夹起尾巴做人"的功力。当聪明的时候聪明，当低头的时候低头。必要时夹紧尾巴，做做"糊涂人"，这才是明智之举。懂得这个道理的聪明人，会主动将主角让给别人，而自己心甘情愿地担任配角。这不是做人的耻辱和失败，甚至可以说这是一种策略性的胜出。有时候，我们让出的只是一个虚名，而赢得的却是真正的尊重和实惠。

聪明才智是一个人成功的基本条件，但如果过于炫耀自我，损害了众人的利益，就必然会惹来众人的嫉恨。就像一个漂亮女人在炫耀自己的美丽时，她就开始变得丑陋了；当一个聪明人在炫耀自己的聪明时，他就开始变得愚蠢了。俗话说，站得越高摔得越狠。如果一直把自己摆在很高的显眼位置，不学会"夹起尾巴做人"，那么随时都有可能被人拉下马来。

事实就是如此，唯我独尊的想法是很危险的，而"夹起尾巴做人"，才能左右逢源，顺利通达。能否掌握这门学问，是决定一个人一生是坎坷不平还是顺风顺水的重要因素。所以，真正的聪明人会在适当的时候夹起尾巴，做到不显山不露水，这样才有机会干出一番大事业。

三国晚期，诸葛亮的兄长诸葛瑾，有个儿子叫诸葛恪，也算是名门之后。诸葛瑾对他家教很严格，诸葛恪也没让他失望，在很小的时候便表现出了才思敏捷和天资聪颖。邻居都对他赞赏有加，认为他以后的成就将超过他的父亲诸葛瑾。

不过，诸葛瑾并不为有这么一个聪明的儿子而高兴，他反而觉得这个孩子以后会给家族带来麻烦和不幸。为什么呢？诸葛瑾说：“恪虽然聪明，但是刚愎自用，性格又急躁，而且他太爱表现自己，锋芒过于外露，终将引来祸端啊！”

最后，果然不出诸葛瑾所料，诸葛恪长大之后便掌权，独断专行，认为自己什么都是最好，最终招致众怒，被大臣们设计害死，连家族也遭到祸灾。

很多时候，锋芒太露的人往往会招致小人的嫉恨。因此凡想做大事的人，都应该好好修炼“夹起尾巴做人”这一门功课。在这个社会上，才华出众却被众人排挤的人随处可见。

在社会这个大环境中，我们每个人都要掌握这种“夹起尾巴做人”的绝学。凡事要多一些深思熟虑，少一些锋芒毕露，千万不要随便把肚子里的“宝贝”倒出来。否则到了最后，肚里的宝贝再多，那也终将成为别人的囊中之物。所以，在任何时候都不要张狂，务必要谦虚谨慎，既要不骄不躁，也要不丢本色。

5 外愚内智的技巧

什么是真正的聪明？外智而内愚，实愚也；外愚而内智，大智也。

真正的聪明就是外愚内智，它是中国特有的做人做事的大学问和大智慧，也是一种人生的大境界。有些看似聪明的人，总是将自己的精明表现出来，做起事来斤斤计较，到处炫耀，唯恐别人不知道自己的精明干练。但很多时候，这种人的结果往往是聪明反被聪明误。

《老子》有句名言：“大直若屈，大巧若拙，大辩若讷。”苏东坡补充道：“大勇若怯，大智若愚。”

一个真正的智者，应该为人豁达而处世低调。从外表看，这类人看似是糊涂人，其实心如明镜，对什么事都心知肚明。

威廉·亨利·哈里逊，出生于美国乡间的一个小镇上。幼年时的威廉性情较孤僻，而且看起来呆呆傻傻。因此，镇上的一些大人就喜欢和他开玩笑。他们总是拿5美分和10美分的硬币，叫威廉选其中一个，而威廉每次都是选面值较小的5美分，然后众人开始哄笑，都笑他傻。

很多年后，威廉当选美国第9任总统。当他回到家乡时，有人问起这件事，威廉笑着说：“如果当时我选了10美分，你们以后还会和我玩那个游戏吗？你要知道，我每次都选5美分，它们加起来早就超过10美分了。”

外愚内智的人，其实才是真正聪明的人。外愚内智是一种境界，但要做到外愚内智有技巧，一方面要“修”，一方面要“练”。做好以下几点，不求达到内愚外智的某一种境界，但求做人稳定，处世通达。

(1) 不在人前炫耀、抬高自己

不在人前炫耀抬高自己，也就是谦逊。如今社会，与人相处只要稍微处理不当，就会惹上不少麻烦。轻则令自己不愉快，重则影响事业、前途发展。一个懂得谦卑的人，也必将受到人们的尊重。谦卑处世，也是做人的一项黄金法则。若为抬高自己而不断吹嘘，只会惹得众人厌。因此，不要在人前夸耀自己，更不要抬高自己、贬低他人。

有只乌鸦，总爱在百鸟前夸耀自己见识广、学问好。

有一次，麻雀说：“都说凤凰是百鸟之王，可是我们都没有见过。”于是大家叽叽喳喳地讨论起来。

乌鸦想在百鸟面前炫耀自己，便神气地说：“我见过凤凰，前几天它还向我点头打招呼呢！”鸟儿们便请求乌鸦带它们去见识一下。

乌鸦昂首挺胸地在前面带路，百鸟紧随其后。到了一所农屋前，乌鸦骄傲地说：“看，那不就是凤凰吗？”鸟儿顺着乌鸦指的方向看去，只见屋前正站着一只大红公鸡。大家哄笑道：“笨蛋，你连公鸡也不认识，还敢说自己认识凤凰。”

谦逊可以说是一项终生受益的美德，而且谦逊不会给人带来太张扬的印象，一个不常炫耀的人，才是一个真正懂得积蓄力量的人。

（2）注重内在的修为和智慧

美貌与智慧是我们都想拥有的最诱人的东西。有人说：如果上天怜悯你，它会赐予你美貌；倘若上天眷顾你，它会赐予你智慧。不得不承认，有美貌而无智慧，这是一种遗憾。因此，内在的修为和智慧是我们得道人生的一个大难关。

其实智慧和气质是可以培养的，一个有文化修养的人，大家都会想与之交往。比如说书，书是一种精神遗产，它可以增加一个人的智慧，使人变得聪颖。因此，要做一个有文化素养的人，就要多与书为友。一个有深厚文化底蕴的人，视野也将比其他人开阔，做起事来也会更加成熟、有主见。

（3）不要有太多的抱怨

我们总会听到身边有很多人在抱怨：“真无聊！”“太烦了！”“活着一点意思都没有。”这些抱怨的话，不仅不会让人产生同情心，反而会让人有种排斥心理。整天把抱怨挂在嘴边的人，其实是个很自私的人。每个人都有自己的生活，没有人会想听别人抱怨，抱怨只能算是自我发泄、祸害别人的无用功。

一个乐观聪颖的人不会随意抱怨，而是会泰然、乐观地看待生活。抱怨不仅是一种愚蠢的表现，而且太多的抱怨只会让我们性情变得浮躁、不安。人的一生也就短短几十年，若一直带着怨气和悔恨生活，岂不是很遗憾？

（4）言辞委婉，不要直言直语

讲话时要讲究分寸，不可伤害他人。言辞要委婉，这种礼让不是做人处世上的怯懦，而是把无谓的攻击降低到零。凡事要三思而行，说话也不例外。在开口说话之前最好经过一番思考，在确定不会伤害他人感情之后再说出口。

有时候说话不可太直，不要以为你如实相告了，别人就会感激涕零。要知道，这种无所顾忌、率性而为的行为，很可能会伤害到对方。因此，言辞委婉，尽量多考虑别人的感受，这也是一种成熟的处世方法。

(5) 相信吃亏是福

中国有句古话叫："吃亏是福。"有人觉得占便宜是件很满足的事，其实吃亏才是真正的福气，而通常占便宜会招致祸害。有时候，吃亏不仅是种福气，也是种风度。一个处处不肯吃亏的人，容易骄心日盛，一旦有了这种骄狂的态度，则难免侵犯到别人的利益，导致祸灾。

东汉时期，皇帝命人赶来一群羊，每位学士赐一只。但是羊大小不等，肥瘦不一。正在大家左右为难时，一位姓甄的大学士站起来："一人牵一只吧，我先牵。"

有人不高兴了："先挑的把大的挑走了，小的给谁呀？"然而出乎大家意料的是，甄学士牵走了一只最瘦小的羊。于是学士们互相谦让，牵上一只羊各自高兴地回家了。这件事传出后，人们还给甄学士起了个有趣的别名，叫"瘦羊学士"。

故事虽小，但甄学士甘愿吃亏的态度却一直被后人传为佳话。会吃亏的人也会知足常乐，这本身就是一种难得的幸福。

其实这五点综合起来，就是外愚内智的全部精华。外愚内智是种智慧，一个真正的智者会时刻保持冷静，有大气度和宽容心。只有善待这世间的一切，才能做到待人宽容、处世从容。而修炼成了外愚内智的大智慧，自然会感到心灵的自由，获得一种内心的愉悦和平静。

❻ 揣摩人的秉性，灵活地与人相处

俗话说："人上一百，形形色色。"世界上每个人的脾气性格各有不同，有些人表现得态度积极，待人温和，但却心底阴暗，城府极深；有些人虽然表面看起来死板傲慢，但却内心善良。针对这种种不同的人，只要我们摸透了他们的秉性区别对待，便可使以后的交往更加顺利。

另外，当我们在感叹“社会不公、小人当道、怀才不遇”时是否想过，可能正是由于自己不够灵活而导致了处世僵硬？由于自己过于“刚毅”而导致人际关系紧张？由于自己“自恃清高”而无法与人接近呢？

如果是这样的话，那就说明我们没有深刻透彻地摸清他人的秉性，从而导致了自己在与人相处时不够灵活。既然如此，我们就应该彻底地改变自己，做一个“圆滑的老实人”！

在《红楼梦》中，同样是才貌双全的奇女子，薛宝钗却比黛玉得人心得多。薛宝钗能够得到大多数人的喜欢，正是因为她比黛玉多了一项很重要的优点——懂得揣摩人的秉性，圆滑做人。

出自名门望族的小姐薛宝钗，没有现代女子的“公主病”，却温柔懂事，待人知礼，处处为人着想。她对大观园所有的人都很用心，很知礼数，不仅仅是对贾母、王夫人及众姐妹，对下人也是如此。总之，她特别会做人。圆滑的度掌握不好，就是奸诈。但宝钗有着其他小女人没有的胸怀，在下属面前，她温柔待人，没有架子，没有居高临下的傲气；在朋友堆里，她像一个特别能干的大姐姐，能帮朋友把事情漂亮地搞定，但又绝对不用担心她背后玩阴的；而在长辈面前，她又知书达理，礼貌而又谦逊。这一点，正是我们需要学习的地方。

揣摩人的秉性，是一种处世哲学，虽不高深，却并非人人皆可悟其精义，得其要领。因为处世圆滑，不但需要阅历与智慧，而且要有不问是非之心，善和稀泥之技。

武则天时期，“大周朝”宰相苏味道，因处世圆滑而博得“模棱手”的雅号，他有一句名言，深入浅出地道出了其中奥妙：“处世不欲决断明白，若有错误，必贻咎谴。但模棱以持两端可矣。”谁若能按照苏味道的教导处世，即使一时难以达到他的境界，也算进入“圆滑”的初级阶段了。

人与人之间的关系要保持得和谐友好，退一步海阔天空，学会面对复杂的问题，冷静地抓住人际关系中的契合点，不加入其中的纷争当中。友好相处，不计较鸡毛蒜皮，和关系紧张的朋友或同事能够化敌为友，投入活泼生动、富于朝气的大集体中，我们不仅会得到更多的帮助，还会留下许多美好的回忆。凡事以和为贵，才能使我们在人生中收获更多宝贵的经验，在社会上亦是如此。

清朝一代文豪纪晓岚，历经了雍正、乾隆、嘉庆三个朝代更迭。他对为人处世就有非常独特的见解，值得我们后人细细思量。在其著作《阅微草堂笔记》中，他提到与人相处之道时说："处世圆滑、内心中正、不同流合污而为人谦和。"

这个意思就是说处理具体事情的时候，可以适当掌握尺度，依情况不同而采取不同的处理方法，但是内心一定要诚实忠厚，做人要保持诚信。

生活中不免会接触到一些油滑的人，常常是"见人说人话，见鬼说鬼话"。对于这些人，人们是既羡慕他们的这种在别人面前游刃有余的能力，同时也讨厌他们的油滑。但从社会交往的能力和适应力的角度看，为人适当圆滑，是一种良好的社会交往能力的体现。

那些圆滑，懂得揣摩别人秉性的人往往对所处的环境和他人的感受有着极其敏锐的判断，会根据当时的处境说出在当时最该说的话，做出在当时最该做的事情。这种人通常在各个方面都适应得比较好，能够很快投入到一个全新的人际环境中。

古时名人徐祯在其著作《剪胜野闻》记载有这样一则故事，明太祖朱元璋命宫廷画师周玄素在宫殿墙壁上画一幅天下江山图。周玄素怕因画不好而受罚，但是他又不敢不画，便说："臣不曾遍游九州岛，不敢奉诏。请陛下先草创一个规模，臣然后稍作润色。"朱元璋听他这么说，忽然来了兴致，当即挥毫泼墨，草图构出，大势初成。朱元璋于是又命周玄素为之润色。周玄素答曰："陛下山河已定，岂可动摇？"朱元璋听闻大喜，只好作罢，未提再加润色之事。

朱元璋曾命画师给自己画像，有好几人因画得太像而被杀掉，其实江山图比人像更加难画，若是犯了朱元璋的忌讳，可就脑袋难保，若是不遵皇命，结果同样可怕。周玄素正是揣摩透了皇帝的秉性，然后灵活巧妙地推掉了很可能惹祸的任务，而又不至于得罪皇帝。尽管朱元璋可能知道周玄素是在耍滑头，但不仅不会加罪于他，反而会欣赏他为人处世的灵活。

像周玄素一样做个圆滑的老实人，就是要做个处世灵活而心态成熟的人；就是要在人际交往中保持适度的弹性，把握说话的分寸，学会婉转和含糊，以保持平衡的人际关系。

重视生活中的应酬，通过一些生活和工作的细节树立好的人缘；同时要与朋友进行真正有价值的交往，在日常生活中建立起深厚的友情。

在工作当中，要与上下级保持良好的人际关系，同时要学会保护自己的利益，明智地推掉与自己不相干的事。

灵活地与人相处，可以让你少走弯路，尽早成功。其实，每一个人要取得成功，仅有很强的工作能力是不够的，你必须两条腿走路，既要努力做好自己分内的工作，又要处理好人际关系。

事实上，由于家庭背景、文化程度、兴趣爱好以及观念的差异，我们所遇到的人也会形形色色、各种各样。这就要求我们圆滑以对，懂得见机行事，灵活与人相处。

我们所处的社会是个大舞台，每个人所扮演的角色复杂多变，各不相同。唯有善于与不同性格的人交往，懂得透彻地揣摩他人的秉性，最终才能在人际关系中如鱼得水，在社会上占有一席之地。

❼ 能屈能伸，能刚能柔

水没有固定的形状，但放入圆碗里它就是圆形，倒入方盒中它就是方形。而且无论是小缝隙还是障碍物，水都照样能钻过去。我们应该像水一样，用不同的生存方式，去适应不同的生活环境。成功就是一段历练的过程，想要成就一番事业，就必须像水一样能屈能伸、能刚能柔。庄子认为：“懂得人的行止，立足于自然的规律，居处于自得的环境，明白应变，屈伸自如，就可以说是道的较高境界了。”

俗话说：“大丈夫要能屈能伸。”在通往成功的道路上，我们会遇到艰苦的环境和各种各样的困难，若一味地针锋相对，只会碰得头破血流。但如果能在该低头的时候就低头，则更容易渡过困境，最后收获成功。

作家冯梦龙在《智囊》中写道：“人与动物一样，当形势不利时，应当暂时退却，以屈为伸，否则，必将倾覆以至灭亡。”蠖会缩身体，鸷会伏在地上，都是一种会屈伸的表现。

能屈能伸，与其说是生物的一种智慧，不如说是一种生存本能。所以我们在做事的时候也要懂得变通，遇到不能直达的就绕过去，遇到太低的门楣就俯下身。就像小草一样能屈能伸，不堪负荷时便弯曲，负累减轻时便站直身子。

有句话叫：“过刚者易折，善柔者不败。”说的就是做人要当刚则刚、当柔则柔、屈伸有度，才能立于不败之地。

西汉时期，匈奴的首领冒顿权势不稳，处于弱势。邻国的东胡不断对其挑衅，企图找借口灭掉匈奴。

冒顿有匹千里马，它日行千里，全身没有一根杂毛，亮如黑绸缎，被视为国宝。东胡知道后便向匈奴索要，如果不答应，则给了他们攻打匈奴的理由，所以冒顿决定忍痛把宝马拱手送给东胡。

东胡轻易地得到了千里马，便更加狂妄。听说冒顿的妻子很漂亮，东胡国王便说要纳冒顿之妻为妃。匈奴的大臣一听此话，欲与东胡决一死战。但是东胡比匈奴强大，一日发生战争，则会连累诸多百姓，于是冒顿又把爱妻送给了东胡国王。

冒顿表面上对东胡毕恭毕敬，暗地里却在壮大实力，希望有朝一日能一雪前耻。

东胡国王得到千里马和美女后得意至极，又第三次向匈奴索要千里的土地。但此时的匈奴已是实力雄厚、兵精粮足，老百姓安居乐业，远远超过了东胡。于是当东胡使臣来后，冒顿便一改往日的低声下气，他拍案而起，怒吼道：“我国土地，岂可割予他人！东胡国王霸我王后，索我土地，实乃欺人太甚！我们现在要灭掉东胡，以雪国耻！”最后他亲自上阵，众人同仇敌忾，一举消灭了毫无防备的东胡。

在面对耻辱和困境的时候，要冷静地思考，三思而后行，不要因鲁莽而意气用事。要像匈奴国王冒顿一样能屈能伸，保存自己的实力，而不是发动无谓的斗争，要成就大事业，必须得有这样的胸襟和气度。

在中国的历史上，不乏能屈能伸的伟人，卧薪尝胆的勾践，忍受胯下之辱的韩信，等等，他们之所以能成就伟业，是因为他们能屈能伸，能忍常人所不能忍的耻辱和痛苦。

在历史上，有许许多多这样的人物，为达到自己的目标，实现自己的理想，在关键的时候能屈能伸，等待最好的时机，从而保全了自己。这说明了能屈能伸、能刚能柔，充分把握事情的分寸，是许多历史人物成功的重要途径。

当然，这一个“忍”字并非委曲求全，而是在保存实力，等待事情的转机。因为人若太刚强，遇事就会冲动、不顾后果，最后容易受挫；人若太脆弱，遇事就易优柔寡断，最后错失良机。所以只有能刚能柔，屈伸有度，才能在局势不利的情况下脱身，这实为一种反退为进的策略。

王硕在英国读完计算机博士后回国找工作，虽有着博士文凭，但小公司不敢要，大公司又怕留不住，他去了很多公司应聘都未果。最后王硕决定收起所有的学历证明，放低姿态去求职。

正好，有一家公司正在招聘程序输入员，这对于王硕来说可是太简单了，但是他仍一丝不苟，细致认真地干着。没过多久，经理便发现这个新来的程序输入员不一般，他竟能看出程序中的错误。这时，王硕便笑着掏出了学士证书。经理二话没说，给他换了一个对口的岗位。

又过了几个月，经理发现王硕经常提出一些独到的见解，对公司的发展很有帮助，这时王硕又亮出了硕士学位证书，经理看了后又提拔了他。王硕在新的岗位上干得非常出色，经理觉得不可思议，便把他推荐给了董事长，这时候王硕才拿出自己的博士证书，董事长毫无疑问地重用了他。凭借着能刚能柔的态度和辛勤努力，王硕终于取得了胜利。

王硕的成功还在于他的屈伸有度，做人做事就要像王硕一样，因为低姿态只是一时的，暂时的忍辱负重是为了实现更远大的目标和长久的事业。人有时候与机遇往往就差一步之遥，若是能忍受一时的困境，便能达到理想的境界。屈和伸其实就是准备和积蓄的阶段，就像运动员跑步一样，俯身是为了积蓄力量，把全身的力量凝聚到发力点上，然后一跃而起，达到最快的目标。

能屈能伸是一个人生活态度的表现，若达到了刚柔并济的境地，那么生活中遇到再大的困境和挫折都能解决，那么离成功也就不远了。

从很多地方我们都能看到这样的论调：坚守原则、奋斗到底，你最终一定能取得属于自己的成功！但是，事实真的如此吗？这并不是绝对的，坚守固然没有错，但如果不懂得拐弯，那就是傻。但现实生活中偏偏有那么一些人，撞到南墙也不知回头，看见大海也不知退步，还一头扎进去。这种人我们只能姑且称之为愚昧。到达成功的最优方法是：能屈能伸，能刚能柔。

8 见好就收，凡事留有回旋余地

见好就收，凡事留一丝回旋的余地这是一种智慧的处世哲学，意思是说为人处世的尺度要把握好，凡事不可做绝，给彼此都留有一丝余地。不管做什么都要掌握好分寸，适可而止，不可太过。若苦苦相逼，把一件事或一个人逼到了悬崖边，那对双方都不是什么好事。凡事不做绝了，留一丝回旋的余地，在未知的道路上将会更加安全和稳定。

编辑在进行版式设计时要留白；印刷书籍也要留相应的空白。这空白不仅是给自己留余地，同时也是给读者一丝遐想的空间。我们给别人留下空间，同时也是给自己留了一丝退路，这样才能达到自己的成功。

《坠入地狱》是英国当代雕塑家安尼什·卡普尔的作品，当时，安尼什就凭借这一雕塑一举成名。

有一天，英国一名记者采访了安尼什·卡普尔。这位记者也是一个雕塑爱好者，在聊了一阵后，他向安尼什·卡普尔请教怎样才能塑造出一个完美的作品。

安尼什·卡普尔说笑着说：“其实根本没有什么秘诀，根据我个人的经验来讲，要当好一名雕塑家，要塑造出一个好作品，只要做到两点就可以了：一是要把鼻子雕大一点；二就是要把眼睛雕小一点。”

记者对这个答案感到很迷惑，于是不解地问道：“这是为什么呢？而且鼻子大眼睛小的话，那雕出的人像岂不会很难看吗？”

安尼什大笑起来，解释道：“因为鼻子大眼睛小，才会有修改的余地啊！如果鼻子大了，就可以往小里修改；如果眼睛小了，则可以雕刻得大一点。反之，如果一开始就把鼻子雕小了，便无法再加大；而眼睛如果雕大了，要想再改小可就太难了。”

记者笑了笑，顿时明白了留有余地的智慧。

其实仔细想想，安尼什留有一丝余地的智慧，在做人做事上也可以有很好的体现。也就是说，为人处世，要给自己和他人留一丝回旋的余地，话不可说满、事不可做绝。这既是一种美德、智慧，也是一份情怀。

俗话说得好：“留得肥大能改小，难愁瘠薄难厚加。”做衣服要如此，见好就收，留一丝余地，做人做事亦如此。留有余地虽只是一个很小的细节，但却能决定成败。一个老练的雕艺人，都会在进行创作时，从上到下、从前到后、由表及内、由浅入深、先易后难，留有余地。

其实见好就收，凡事留一丝余地，同时也是给自己留一条后路。这是做人处世中很关键的一个策略，也是一种审时度势后的思想升华。余地和后路每个人都有，但不见得每个人都能够为自己留出来。这一条后路，既是一种保全自我的策略，也是一次再生的机会。

总的来说，不论是说话还是办事我们都要拿捏好分寸，见好就收。千万不要把事情做绝，这样自己以后才不至于行至绝处。

在一个深夜，科朗先生加班回来。突然看见自己门口有一个人在东张西望，另一个在撬门锁。科朗先生毫不犹豫地拨打了报警电话，就在这两个小偷被押上警车的一瞬间，科朗先生发现他们都还只是孩子，其中小的一个仅有10岁。

经过法院审判，他们本应该被判半年监禁，但是科朗先生于心不忍，觉得这事还有回旋的余地。于是向法官求情道：“法官大人，我请求您，让他们为我做半年的劳动作为惩罚吧！”

经过科朗先生的再三求情，陪审团最终通过了请求。科朗先生把他们带回自己家里，像对待自己的孩子一样友好地对待他们。不仅教他们学习，还和他们一起吃饭劳动，讲做人的道理。半年后，两个孩子不仅身体强健了，还学会了各种技能，而且他们已经不愿离开科朗先生了。科朗先生说：“你们还年轻，应该有更大的作为。”

很多年后，两个孩子一个成了一家大公司的经理，另一个则成了大学教授。而且每年的这个时候，他们都会赶来与科朗先生聚在一起。

科朗先生本可送他们去监狱接受惩罚，但是他没有这么做。凡事不可做绝，见好就收，留一丝余地比较好。于是科朗先生在解救了他人的同时，也成就了自己。

相反，如果科朗先生没有这么做，而是把孩子送进监狱，那么半年后他们出来还是小偷，说不定还会向科朗先生报复。做事不留余地，那么以后遭灾的也许是我们自己。

人在社会上，无论是做人还是做事，都要学会留有余地。就像话不可说满，事不能做绝一样，留一丝回旋的余地，才会有足够的弹性空间。见好就收，这是一颗潜在的种子，你不知道什么时候它会开花、结果，最终让大家都受益。

第七章

RENQI
JUEDING CAIQI

做人要灵活，生意场上死搬硬套没出路

天下没有不赚钱的行业，只有不会赚钱的人。“适者生存”是生意场上永恒不变的法则，一个人要想赚进百万，就必须具备随机应变的能力。脑子不灵活，一味死搬硬套，很难有出路。毕竟经商不是靠财力，也不是靠蛮力，靠的就是出其不意的好点子。只有抓住时机，瞄准市场，生意才能像滚雪球一样越做越大。

❶ 经商不是靠蛮力，而是靠智力

人有一双眼睛，它们是用来发现新事物，洞察人性的；人有一双耳朵，它们是用来耳听八方、收集信息的；人有一双手，它们是用来实干的。但主导双眼、双耳、双手的是人的思想，如果没有“世事洞明皆学问，人情练达即文章”的智慧观念，就不可能用眼睛去发现机会，用耳朵去捕捉信息，用双手去抓住扭转命运的转轮。

李嘉诚之所以能从一个茶楼的小伙计成长为华人首富，很大程度上得益于他的智慧。由于家庭生活所迫，李嘉诚十几岁就开始工作，而且非常早熟。在年少的李嘉诚眼里，跑堂工作不只是一个饭碗，更是一个接触他人，学习社会经验、体验人生智慧的机会。

要知道，茶楼是一个社会的缩影，这里面三教九流，什么样的人都有。李嘉诚对形形色色的人都充满兴趣，在工作期间，练就了超强的察言观色的能力，学会了投其所好、见机行事的人际交往技巧，使他很好地胜任了茶楼跑堂这份工作。

后来，当他进入五金厂、钟表厂、塑胶厂当推销员时，他这种察言观色、见机行事的本领派上了大用场，成为他了解客户需求，驾驭客户心理的绝招。可以说，如果没有这些本领，李嘉诚不会有后来的辉煌成就。

命运对每个人都是平等的，在困境中，李嘉诚没有向命运屈服，没有抱怨工作低贱、抱怨出身悲惨，而是选择逆风而上，用自己的聪明才智和勤奋吃苦与命运抗争。这就是一个人的人生思路造就的命运。一个思想积极的人，其人生永远不会黯淡，这就是李嘉诚所具备的成功者思维。

创业之后，李嘉诚的智慧在商场竞争中表现得淋漓尽致，他曾经说过：“不必再有丝毫犹豫，竞争既是搏命，更是斗智斗勇。倘若连这点勇气都没有，谈何在商场立足！”下面这个案例，更是充分彰显了李嘉诚的智慧、勇气和魄力。

在长江塑胶厂的塑胶花成功打入了欧洲市场之后，李嘉诚决定进军北美市场，进一步扩大国际市场的占有率。为此，李嘉诚主动负责设计精美的产品广告画册，并通过香港有关机构，了解欧美各贸易公司的地址，然后把这些广告画册寄出去。

不久之后，北美那边有了反馈。有一家实力强大的贸易公司（S公司）对长江塑胶厂的塑胶花十分感兴趣，对其报价也颇为满意，他们表示在一周之后派人来香港参观，以便更好地考察工厂，洽谈合作。

李嘉诚对S公司的反馈十分重视，他了解到S公司是北美最大的生活用品贸易公司，销售网络遍布美国和加拿大。如果能够抓住这个机会，那么，长江塑胶厂将迎来腾飞的机会。然而，李嘉诚不敢确定这个机会一定属于他，因为对方的意思很明显，他们来香港为的是考察整个塑胶行业，然后从中选择一家或几家作为合作伙伴。

这是一次斗智斗勇的竞争，比的是信誉、是质量、是企业规模，说到底，比的是企业领导者的智力和勇气。当时长江塑胶厂论实力、产品质量、企业规模，都算不上老大，拓展欧洲市场时，由于他的企业规模有限，不被客户信任。因此，他决定吸取之前的教训。

李嘉诚是怎么做的呢？他立即召开公司高层会议，宣布了一个令人振奋又惊讶的计划：在一周之内，将塑胶花生产规模扩大到令外商满意的程度。为此，要把旧厂房退租，把可用的设备搬迁到新厂房，购置新的设备，安装调试，招聘新人并对新人进行上岗培训。这一切都要在一周之内完成，任何一个环节出了问题，都可能使这个计划前功尽弃。

在这短短的7天里，李嘉诚与员工们一起战斗，每天他们只休息三四个小时。李嘉诚虽然紧张，但是毫不慌乱，哪组人该干什么，哪些工作由谁做，每一天的工作进度，他都安排得非常妥当。从这一点上来看，足见李嘉诚的冒险并非草率，也足见他在关键时刻的沉稳气度。

当S公司派购货部经理来到香港的那天，新厂设备刚刚调试完毕，李嘉诚让副手负责安排全员上岗，自己亲自开车去机场迎接客人。同时，他已经在港岛希尔顿酒店为外商预定了房间，在接外商回程的路上，外商表示要先参观工厂。

李嘉诚心中忐忑不安，他担心全员上岗会不会出现问题。可是，当汽车驶入工业大厦时，李嘉诚听到了熟悉的机器声音，闻到了熟悉的塑料气味，顿时安下心来。这一次，S公司一下子就看到了长江塑胶厂的实力，他们与李嘉诚签订了长期的合作协议，而李嘉诚也由此蜚声全港，成为“塑胶大王”，让同行们刮目相看。

当看到别人成功时，很多人会说：“那是他的运气好。”也许在李嘉诚成功获得S公司这个大客户时，同行也有同样的反应。然而，机会摆在那里，每个人都有同样的概率抓住，关键在于你是否为抓住机会做足了准备。在李嘉诚的“7天计划”中，其积极把握机会、勇敢地斗智的行为背后，闪烁的是智慧的光芒。

除了在经营实体业上李嘉诚表现出足够的智慧，在股市博弈中，李嘉诚同样处处斗智斗勇。有人曾说，李嘉诚能有如今的成就，很重要的一个原因是他对股市有着深刻的分析，靠着这种分析，他才有斗智斗勇的实力，才能够在股市中游刃有余。这又一次充分说明了商业竞争靠的不是蛮力，而是靠智慧、靠思想取胜。

❷ 人弃我取是做生意的大智慧

在《史记·货殖列传》中，有一个成语叫“人弃我取”，其意思是在别人舍弃的时候我买下来，等到别人需要的时候我再卖给他。通过这种办法实现“低进高出”，从而大赚一笔。这个成语是怎么来的呢？

原来，在战国初期，魏文侯在相国李悝的辅佐下例行改革，加强统治，他所实行的措施是“平粜”法。所谓“平粜”，就是当农民丰收时，国家以平价买进粮食，等到饥荒的年月，再以平价把粮食卖给农民，这样可以维持粮价的稳定，从而有效维护封建社会的统治。

有一个名叫白圭的商人从李悝的经济改革中受到了启发，经过反复思考，他想出了一种致富的办法，这个办法说起来很简单，那就是当别人不要时，我就想办法要过来。按照这个办法，白圭在农民丰收的季节——大家都有多余的粮食时，就以低价将粮食买过来。等到饥荒年月，当人们需要粮食时，他再以高价把粮食卖出去，这样就可以实现致富的目的。白圭的致富办法总结为一句话，就叫“人弃我取，人取我与”。

在我们现代的中国生意人中，李嘉诚可谓“人弃我取，人取我与”的集大成者。有人曾问李嘉诚：“这么多年，你在投资上最成功的思路是什么？”李嘉诚是这样回答的：“要永远相信：当所有人都冲进去的时候赶紧出来，所有人都不玩了再冲进去。”换言之就是“人弃我取，人取我弃”。

20 世纪 60 年代，香港到处谣传“中国政府将武力收复香港”，这些谣言把整个香港笼罩在迷雾中，人们惶恐不安，于是引发了移民大潮。很多有钱人纷纷贱卖住宅、商铺、厂房、物品等，携带钱款远走他乡，楼市一片萎靡，到了无人问津的地步。

当时李嘉诚已经拥有了数个地盘、物业，他经过深思熟虑，认为中国共产党不会以武力收复香港，然后强行在香港推行社会主义制度，他说：“如果中国共产党想用武力收复香港，早在 1949 年就会趁解放广州之际把香港收复了，何必等到现在呢？再说了香港是内地对外贸易的唯一通道，保留香港现状，对中国共产党才是有好处的，它们不会让香港局势动乱的。”

有了这种认识之后，李嘉诚马上采取了惊人的举措：首先，他低价买下那些准备移民者的房子、商铺、厂房，然后把旧房翻新，出租给别人；其次，他利用地产低潮期建筑费用低廉的良机，在自己的地盘上大量兴建物业。

20 世纪 70 年代初，香港已经摆脱了那种动荡的形势，百业复兴、地产市场从低潮期转入了旺季，而这个时候李嘉诚已经拥有了 35 万平方英尺的收租物业，每年收入租金达到 390 万港元。

就这样，李嘉诚从一个中小地产商迅速成长为香港房地产界的巨无霸。此外，他还以股市为杠杆，撬动了自己商业帝国的腾飞。在这个过程中，他“人弃我取”的思想尽显风采，他也因此获得了数不尽的财富。

还有一个类似的事情。那是在1972年，当时股市大旺，股民正处于疯狂之际，成交十分活跃，恒指高攀不止。李嘉诚抓住了这个大好时机，将长江实业集团上市，公开发行股票，每股溢价1港元。上市不到24小时，股票价格就上涨了一倍多，这是典型的“高出”。

然而，让人没想到的是，1973年香港股灾降临，到了1974年12月10日，恒生指数跌到了历史最低点。很多股民在这次股灾中损失惨重，有些股民甚至倾家荡产。到了1975年3月，股市才有了缓慢的回升。可是，深受股灾之害的股民“一朝被蛇咬，十年怕井绳”，他们谈股色变，把股票视为洪水猛兽。

与大多数股民不同，李嘉诚反其道而行之，他在这个时候安排长江实业发行了2000万新股，结合当时低迷的市价，长实将股价定为每股3.4港元。为了讨股东的欢心，也为让自己赢得实利，李嘉诚宣布放弃两年的股息。从1975年开始，股市逐渐兴旺，上涨势头一直持续到1982年，在这段时间里，香港股市涨幅惊人，李嘉诚所获得的实利远胜于两年的股息。

作为一个成功的商人，李嘉诚的赢利方式永远都不会一成不变，唯一不变的是投资的思想精髓——人弃我取，低进高出。在房地产和股市上的成功，充分证明了李嘉诚“人弃我取”经商智慧的绝妙，这不但使他的企业帝国迅速扩张，也使他获得了意想不到的实利。

事实上，人弃我取与低进高出有异曲同工之妙，“人弃”的时候，必然是买方的天下，这个时候李嘉诚可以低价购买进来，而当形势好转、供不应求时，李嘉诚再以高价卖出，这样一进一出，他就能赚足差价。

李嘉诚曾经说过：“低进高出，关键是眼光要准。股市的兴旺与衰微，大都与政治经济因素有直接关系，大致有一定的规律性。要研究和掌握这个规律，就要密切关注整个国际时势。”同样的道理，人弃我取的时候，关键也在于眼光，只有准确地判断市场和行业趋势，才能作出正确的决策，从而获得生意上的成功。

③ 有钱赚就是好买卖

俗话说：天下没有不赚钱的行业，没有不赚钱的方法，只有不会赚钱的人。

市场千变万化，充满商机，一个做生意的人永远不要怨天尤人，抱怨市场不好、抱怨时运不济，真正要反思的是我们自己的头脑和眼光。什么生意都可以做，只要能赚到钱的就是好生意。李嘉诚曾说过："做生意不应该自己设限，在能力所及的范围内，只要赚钱就可以进入。抓住每个行业赢利的最佳时机，大胆投资，生意才能像滚雪球一样越做越大。"

但是在现实社会中，总是有一些人做生意很挑剔，这也不敢做，那也不想干，到头来竟不知道自己适合做什么，最终只能一事无成。一个优秀的商人最大的优势就在于思想开放，能够灵活适应市场形势的变化，并从中发现、把握商机。在这信息化的时代，想成功就得追随市场的趋势去行动、去改变。如若抱着种种禁忌不放，那对商人来说不但是可悲的，更是失败的前兆。赚钱可以是无处不在、无时不在的。一个精明的商家会将商业意识渗透到生活的每一件事中去，甚至是举手投足之间。做生意首先要的是商业头脑和市场意识，其次是不能戴着有色眼镜看市场。你若不能大胆想、大胆做，突破种种禁忌，便会处处碰壁。市场永远是充满活力的，只要我们换个思路想问题，与形形色色的人接触，了解各行各业的特点，并大胆尝试，就能感悟、把握商业的真谛。

提到李嘉诚，我们首先想到的就是成功的商人。他提倡的就是生意应该是没有边界的，一个充满商业细胞的商人，赚钱是随时随地的。

在20世纪60年代，受内地"文化大革命"的影响，香港当地人顿时人心浮动，许多有钱人纷纷移民，移居国外，并开始大量抛售房产。结果，当时的香港整个房地产市场都陷入了低潮。

当时，李嘉诚在香港也拥有多处房地产。但是他没有直接抛售，在经过深思熟虑后，他毅然决定继续在香港房地产市场投入资金，并公开宣称："你们大拍卖！我来大收买！"其实他心里正在想，有你们追悔莫及的那一天。最后，他以超低的价格收购了一座又一座的大楼。

到了70年代初期，应李嘉诚所想，香港的地价再度回升，房价瞬间上涨。而此时的李嘉诚已将最初的旧楼改建成了一座座漂亮的大厦和厂房，在全部出售后，利润成直线上涨。就这样，李嘉诚凭借着自己敏锐的洞察力，最后成为这次地产大灾难中的大赢家，这充分显示了他过人的胆识和魄力。

后来，李嘉诚在一段采访中说道："做生意可以有所顾忌，但是不管在选择行业还是在分析市场的时候，首先就得有开放的思想和视野，不能让个人的喜好、他人的意见给限制住，只要有钱赚，就是一门好买卖。"

为何每走一步棋，李嘉诚都能比别的商人高出一筹？原因就是他一直抱着"赚钱可以是无处不在、无时不在"的观念。李嘉诚认为："中国有太多的机会，到处是金矿。"李嘉诚刚开始一无所有，基本所有的行业他都干过，但是都干得不错，即使是在茶楼当伙计时，他也能淘到金子。

但在获取商业利益的同时，也要遵循一些原则。如果一个人不堂堂正正赚钱，而是以一个不正当的途径去获取财富，即使有时候侥幸赚到一笔钱，也是来得容易，去得也容易，到后面会后患无穷。不管哪一行都有商机，只要做好了就能赚钱，但在这成功的背后，靠的是"商者无域"的智慧，靠的是一双随时能看到机遇的慧眼，而不是投机倒把。

要想干一番大事业，还要敢于做第一个吃螃蟹的人。李嘉诚的成功并非偶然，当初他选择房地产行业的时候，就是看中了它的升值潜力，结果一夜之间财富飙升。作为商人，哪里有钱赚，就该奔向哪里，哪个行业利润高，便要在哪个行业内驻足。这就是生意人最直接的想法：只要有钱赚就是好买卖，做什么无所谓。

胡平研究生毕业后找了一份工作，但做得不顺心，便想自己做生意赚钱。他想了很多事情，但都觉得市场不好，最后，他看中了养殖这一行业。因为胡平经过调查，发现城里的绿色肉品太少，一些有钱人会选择到乡下去吃农家饭，既回归自然，又安全健康。可当他跟家里人和朋友说了自己的想法后，大家都一致反对。原因是一个研究生去养猪太丢脸，其次是没有人这么做，风险很大。经过胡平的力争，父母最后同意让他去试一试，还资助了他一部分资金。

胡平从乡下买了几十头小猪，每天给它们听音乐，让它们吃自己研发的营养食品，还每天放它们出去锻炼，几十头小猪不仅肉长得快，而且结实，几乎没什么肥肉。胡平一边养殖，一边宣传，向城里的星级饭店推荐自己的绿色猪肉，并带饭店的采购员参观自己的养殖基地。最后，很多大饭店都和他签订了合同，以高价收购他的猪肉。因为这不仅是种健康的体现，更是一种生活的享受。最后，胡平将这个养殖场设计成了一条流水线，请了几个人看管，自己不那么辛苦了，但是效率却越来越高了，当然挣钱也多了。

胡平之所以能够取得成功，就是走了人家不敢走的路，他善于抓住每个行业赢利的最佳时机，并大胆去做。做生意就要像指挥作战一样，审时度势，才能把握时机。

一个人若想成功做生意，便不该给自己设限，在能力所及的范围内，只要赚钱就可以进入。现在有很多人太爱面子，做什么事都顾虑重重，害怕别人以另类的眼光看自己。这样的人是很难做成生意的，想要在瞬息万变的市场中做成功更难。一个成功商人的经验是：只要能赚钱就是好买卖，是好买卖就该好好去做。

❹ 从不同寻常的事件中嗅到大商机

每一个行业都有赚钱的机会，关键在于你是否有发现商机的眼睛，是否有嗅到商机的鼻子。在这方面，李嘉诚是嗅觉敏锐的商人代表，他曾经说过：“精明的商人只有嗅觉敏锐，才能将商业情报作用发挥到极致，那些感觉迟钝、闭门自锁的公司老板，常常会无所作为。”由此可见，李嘉诚把嗅到商机的能力看得多么重要。

那么，怎样才能嗅到商机呢？其实，这并不是什么难事。在你的生活中，你总会碰到一些不同寻常的新鲜事，对于这些事情，你是否充满好奇，去一探究竟呢？还是抱着旁观者的心态，甚至抱着看热闹的心态，一看了之？李嘉诚说：“遇到不寻常的事发生时立即想到赚钱，这是生意人应该具备的素质。对商人来说，机遇往往出现在不寻常的事件之中。”

1973 年香港迎来了大股灾，地产业进入了低潮时期。对于这件不同寻常的事件，大多数人充满惶恐，纷纷对股市感到绝望。然而，爱思考的李嘉诚却不这么认为，他认为低潮过后，一定会迎来高潮，因此，应该利用低潮为开拓事业做准备。

怎样才能开拓事业呢？李嘉诚想到了通过发行新股来筹集资金。1974 年，长江实业集团发行了 1700 万股新股，筹资的目的是购买都市地产投资有限公司 50% 的股权。实际上，长江实业是想用这 1700 万新股换取都市地产的励精大厦和环球大厦。按照李嘉诚的估算，这两座商业大厦每年的租金收入高达 800 万～900 万港元。

在地产低潮期，都市地产公司发生了严重的财务危机。因此，当李嘉诚向他们伸出“橄榄枝”时，他们如同抓住了一根救命稻草，毫不犹豫答应了李嘉诚的收购计划。几年后，股市好转，地产业复苏，李嘉诚大赚了一笔，可谓既做了好人，又赚足了金钱，真乃一箭双雕。

大凡成功的企业家，都善于从不同寻常的事件中捕捉商机，李嘉诚更是这方面的高手。正是因为他善于捕捉商机，才能从一个推销员，历经数十年的打拼，变成世界华人首富。他曾说过：“机遇是不可以用金钱估量的，是生存和发展的法宝。”为了更好地抓住机遇，我们要做一个有心人，对待不同寻常的事件要善于思考。

什么叫有心人呢？那就是对待生活中的新鲜事物、不同寻常的事物，多问自己几个“为什么”，多进行合理地联想，就好像李嘉诚说的那样，要往赚钱方面去联想，这样你往往会从事物和现象中有所收获。

20世纪80年代初的一天，温州乡村兽医周平去上海办事。走在大街上，他忽然看见一个奇怪的场景：不少人抱着大捆的文件夹、商务册从文化用品商店里出来，还有人匆匆忙忙地走进去，好像在抢购什么东西。

周平十分好奇，忍不住进到店里一看究竟。当他走进文化用品店之后，更是惊讶，因为里面人山人海，根本挤不进去，大家都争着购买账册，售货员忙得不可开交。在温州，这种普通的东西摆在那儿没人问，为什么在上海却那么火呢?

经过多方打听，周平了解到：原来，上海正在全面整顿工作，原有的账册全部更换，账务人员将重新做账，而正在出售的账册并不是十分规范，但由于供不应求，所以，还是很畅销。

得知这一情况之后，周平立刻清醒起来：在温州，大大小小的印刷厂数不胜数，而账册这种印刷品在上海却如此紧俏。他意识到这里面有巨大的商机，当即挤进人群，抢购了几份不同格式的账本、商务册，还买了一本《上海市工业企业名录大全》，然后不顾办事，急匆匆地往温州赶。

回到家之后，他放下手头的工作，专心致志地研读从店里买回来的财务管理方面的书籍，按照书中的设计画了很多种类的表格，包括财务表、档案表、物资表等等，然后委托一家印刷厂印刷出来，再根据《上海市工业企业名录大全》上提供的地址写信封、塞样张、寄订单，几天之内，共计发出了8000多封信，投资了数千元。这在当时，是一笔不小的数额。

不到半个月，上海有上千家企业寄回订单。周平喜出望外，马上大量印刷账册。经过两个月的忙碌，他印刷的7万余本账册赚了6万元的纯利润。接着，他用这6万元作为本钱，创办了一家小型的文教用品厂。

从此之后，周平好戏连台：

1982年春，当上海准备评定“文明企业”时，他率先推出“文明企业验收台账”系列产品，大赚一笔；

1983年底，国家开展企业等级评定，周平又抢先设计了一系列的表格，再赚一笔；

1992年，国务院颁布国有企业自主经营条例，周平及时抓住机会，率先推出与国际经济接轨的企业管理表册，更是大赚一笔。

短短数十年，这位乡村兽医如同麻雀变凤凰，拥有固定资产达6000多万元，产品年销售额高达千万元。

一个不起眼的事情，在很多人看来似乎有些平常，但在周平眼里，却是不同寻常的事情。在好奇心的驱使下，他发现了其中的巨大商机，说干就干，及时抢占市场，造就了一个百万富翁。

在一块普通的平地上，有人在表演，众人在看戏。观众们身高差不多，后面的人被前面的人挡住了，无法看到舞台上的表演。如果你有好奇心，那么你会踮起脚，或想办法钻进人群去看戏。如果你有新思维，你可能会搬个石头过来，然后站在上面，你甚至可能爬到周围的建筑上，居高临下地俯瞰台上的表演。但是看了之后，不能一笑了之，要试着思考一下其中是否有商机，也许当你开动脑筋思考时，你就会受益良多，甚至发现很多机会，这才是一种高深的经商境界。

5 剑走偏锋易成功

在现实生活中，很多商人虽然费尽心思去思考，但是依然捕捉不到什么好的商机。为什么？就是因为大多数人过于保守，对于新想法的意见往往是："那是不可能做到的！""这怎么能赚钱呢？"对于创新的不自信，同时也把自己的财路给堵死了。一个商人要想创一番大事业，就必须走别人不敢走的路，别人认为千万做不得的创意，有可能才是真正的好创意。做生意之人只有敢于剑走偏锋，为人之所不为，才能比别人早一步占领市场，取得最后的胜利。

有句话说得好："改变你的想法，才能改变你的世界。"一个人只有跳出自己的思维局限，天地才能宽广。微软公司就有个创新体制，鼓励员工不走寻常路，去寻找新的点子。即使由于各种原因，导致没有达到预期的效果，员工还是会受到嘉奖，而且公司也会花力气帮助员工寻求失败的原因，以求下次的成功。可见，不断创新是一个企业长盛不衰的法宝。每个成功的企业，都会把这种创新理念融入到企业的文化当中，像 IBM、英特尔、松下电器等企业之所以能发展至今，其主要原因就是他们将创新精神植入到了每一个员工的体内。

成功一向是属于勇气可嘉的人，只有敢于打破前人的规则，不被旧思维所束缚，才有可能创造出新商机、新事物。投资界的传奇人物、国际著名投资大师罗杰斯就曾说过："不要让别人影响你。假如周遭的人都劝你不要做某件事，甚至嘲笑你根本不该想是否去做，你就可以把这件事当做可能成功的目标。这个道理非常重要，你一定要了解：与众人反向而行需要勇气。事实是，这个世界上从不曾有哪个人是只靠'从众'而成功的。"由此可见，一个不走寻常路、剑走偏锋的人，反而更容易得到成功的青睐。

邓斌是个非常聪明的年轻人，大学毕业后他没像其他同学一样辛苦找工作，而是决定自己创业。他打听到有一个刚成立的厂子，制造了一大批收银机，因为销售不出去，厂长正愁着。于是邓斌马上找到那个厂长，对他说："我愿意订购你一批收银机，前提是你得向我购买电子原料，而且这些电子原料你也用得上，我们都不亏。"老板一听觉得有道理，这也刚好解决了自己的难题，便买了。

然后，邓斌跑到一家连锁超市，找到部门经理说："你们超市反正要使用收银机，如果你愿意买我的，我就长期向你订购饮料和矿泉水！"部门经理一听觉得划算，便订购了一批收银机。之后，邓斌又找了一家大型电子原料供应厂，找到老板说："你要是让我在这里卖饮料，我就向您订购一批电子原料。"老板一听，这对我又没什么损害，还能卖一批电子原料，何乐而不为，于是便答应了。

邓斌不仅从多次"倒卖"中赚了一大笔钱，而且通过这些合作也奠定了自己事业的根基。之后，邓斌拿着这些本钱建起了自己的公司，并靠着不断的创新，公司的业务也越来越多，从最初的单打独斗到现在，公司已有百余名员工。

一个有创新能力的人，往往能够标新立异，出其不意地取得胜利。邓斌的成功就在于他能够剑走偏锋，不走别人走过的老路，而是用自己独特的想法赢得了市场。这个故事告诉我们机会无处不在，无处不有，就看你能不能转换思维去发掘它。只要能换一种想法，换一个角度，用新思维帮助你抢占先机，你便能够赢得胜利，开辟出自己的一片新天地。

无论是创业还是工作，都要敢于做第一个吃螃蟹的人，只有破除了前人的陈见，不被旧思维束缚才有可能成功。有时候，我们虽然无法改变自己的外在处境，但是我们可以换一种思维，让事情变得与众不同。世上没有死胡同，只有当你放弃盲目的固执，改变自己的思路时，才能够发现事情的转机，找到新出路。所以，成功并没有我们想象中的那样困难，只要你敢于尝试，在遇到问题时，不自己画地为牢，困住自己的思想，而是化问题为机遇，便能在遭遇困境时找到峰回路转的契机，找到成功的钥匙。

有一个叫孙森的年轻人，在闲暇时间自己制作了一种特别的瓷娃娃，并拿到百货公司去推销，还为此刊登了不少广告，做足了宣传。遗憾的是，这种娃娃并未因此被广大消费者熟知。而且百货公司的经理也对他说：“你这种玩具卖不掉，我只能退货。”于是，便要孙森把这些娃娃都拿回去。

孙森把自己这种皮肤黝黑的瓷娃娃取回来后，便开始想办法。他注意到，百货公司里都有一种女模特模型，而且每个女模特模型都有一双雪白的手臂。他想：“如果能把这种黑色的瓷娃娃放在模型雪白的手腕上，那真是非常显眼，通过这样的鲜明对比，说不定顾客会喜欢这种娃娃呢！”于是，孙森又开始了对百货公司的说服工作，在费尽一番口舌后，百货公司终于同意让女模特模型手持瓷娃娃。

结果，原来无人问津的瓷娃娃，一时间竟成了热门的抢手货。很多顾客都在问：“咦，这个娃娃真好看，哪儿有卖的？”在逐渐被人熟知后，邓森又想出了一个办法。他请了几位漂亮、皮肤白皙的女模特，身穿夏装，手中各拿一个瓷娃娃，在城里最繁华热闹的街道上“招摇过市”。这样一来，不仅吸引了大量的过往行人，连新闻记者也纷纷跑来采访。第二天，报纸上刊登出了照片和报道，这一时便掀起了一股“瓷娃娃”热。

想要在竞争激烈的市场中脱颖而出，靠的不仅是好产品，还在于特殊的经营手段。在这个商品同质化严重的市场环境里，传统守旧的经营策略已经行不通了。就像邓森的瓷娃娃一样，如果按照普通的销售手段，而没有采用创新思路来宣传的话，很明显是无法生存和发展下去的。

这个世界上有很多人一直庸庸碌碌，不是因为他们不努力，而是因为他们每天都处在千篇一律的运作中，没有动脑筋，没有独特的创新思维。也正是这种机械化的雷同想法，让他们无法脱颖而出。

一个善于“剑走偏锋”的人，一个勇于拓宽思路和眼界的人，他们在解决问题时便能找到更好、更简单的方法，也更容易在竞争中立于不败之地。

❻ 有些生意，利润再高也不做

成功离不开冒险，但不需要冒进。什么叫冒险？什么叫冒进呢？

有个人曾问哲学家：“什么叫冒险？什么叫冒进？”

哲学家说：“有一个山洞里有一桶金子，你想进去拿，可是这个山洞里有狼，还可能有野狗。如果你进去了，那么这叫冒险。如果这个山洞里有老虎，你为了金子而闯进去，那么这就叫冒进。另外，如果山洞里只有一捆柴，但你也闯进去，这也是冒进。”

哲学家的话告诉我们：冒险是这样一种东西——你经过努力可以得到，而且值得你得到。如果你经过努力也得不到，或者一件事情不值得你得到，你还要硬着头皮去尝试，那就是冒进。

要想赚大钱，一定要分清冒险与冒进的关系，要分清什么是勇敢，什么是无知，在做决策时，不要感情用事，否则，事情会变得非常糟糕。李嘉诚曾说过：“做生意不是买古董。”言外之意是，做生意不能仅凭兴趣爱好来投资，而要认清你的投资决策是否能带给你收益，如果没有收益或收益太小，你却盲目行动，这是不理智的。

1990 年 8 月的一天，和记黄埔的董事兼总经理霍建宁在伦敦的一家酒店的客房里，全神贯注地看面前的一扎文稿，思考着上面的数字：450 亿美元。这笔巨额资金是包括和记黄埔在内的 6 家国际财团共同投资，准备用来竞投德国第三代移动电话（3G）6 份营业执照的。

突然，霍建宁的手机响了，是李嘉诚从香港总部打来的。李嘉诚在电话中说："撤退。"于是，霍建宁退出了德国第三代移动电话 6 份营业执照的拍卖，并且把和记黄埔在德国电信营业执照中所持有的股份卖给了另外两个合作伙伴——荷兰 KPN NV 公司以及日本 NTT DoCoMo 公司。

撤退来得如此突然，让人觉得有些意外。要知道，在一年半之前，李嘉诚就开始拟定这份计划，准备在法国、比利时、瑞典和瑞士的第三代移动电话营业执照的拍卖中一争高下。对于李嘉诚的突然退出，《纽约时报》发出了这样的疑问："超人（香港人对李嘉诚的昵称）失去威力了吗?"

事实上，李嘉诚并非失去了威力，而是经过冷静的分析之后，预测第三代移动电话（3G）业务可能会遭遇经济泡沫的打击，无法取得预期的收益。所以，在市场前景不明朗的情况下，李嘉诚选择了谨慎撤退的策略。

后来，李嘉诚对这次退出作了这样的解释："我个人对全球电信业务很有兴趣，而且时刻都在寻找新的发展机遇。我同样坚信，无线数据传输将成为推动未来经济发展的重要驱动力量之一。然而，我们绝不能为了获得每一个 3G 营业执照而无限制地竞标。例如，在德国的执照成本过于高昂，超过了我们的预算，我们别无选择，只有退出。知道何时应该退出，这点非常重要，在管理任何一项业务时都必须牢记这一点。"

此后，当李嘉诚察觉到国际上成熟国家的电信市场发展已经趋于顶峰时，认为继续持有这些国家企业的股票风险太大，于是便把在欧洲和美国的大部分资产出售了。比如，1999 年 6 月，和记黄埔把所持美国无线业务运营商声流公司中 23% 的股权卖给了德国电信公司，获得纯利润 90 亿美元；1999 年底，和记黄埔卖掉了在英国无线业务运营公司 Orange 中 49% 的股权，获得了纯利润 220 亿美元。

“超人失去威力了吗?”也许我们不应该像《纽约时报》那样，用这样的话评价李嘉诚的退出。因为作为成熟理智的企业家，李嘉诚做任何一个决策，都是经过深思熟虑的，绝不会感情用事。我们知道，李嘉诚是一个谨慎的商家，他从来不做没把握的事，投资没把握的业务，当他选择放弃时，原因只有两个：一是风险太大，收益很大，风险大到无法预知，无法承担；二是风险不大，但是利润太少，不值得投资。

其实，李嘉诚的投资哲学与马云曾说过的一句话颇有相似之处。马云曾说：“这个世界不是因为你能做什么，而是你该做什么。”你能做什么，取决于你的能力、实力，李嘉诚放弃德国的那次竞标，不是因为他没有实力拿下，而是因为他觉得自己不应该竞标风险太大的项目。由此可见，李嘉诚在考虑问题的时候，想到的是自己应该做什么——应该做稳健的投资。事实表明，用“我该做什么”为标准来思考投资决策是明智的，如果用“我能做什么”来思考投资决策，会使人变得冲动、冒进，忘乎所以，最后很容易陷入风险的泥潭。

有人曾问马云为什么能成功，马云给出的回答很风趣：“第一是我没有钱；第二是我对于 Internet 一窍不通；第三是我想得像傻瓜一样。”这并非调侃，而是实话实说。正是因为没有钱，马云才不会肆意砸钱，而是理智地、谨慎地使用每一笔投资的钱。

马云曾在《赢在中国》为一位选手做点评时，说了这样一段话：“前段时间，我跟吴鹰拜访了李嘉诚，他讲了一个事，在座的创业者可以思考一下。有人问李嘉诚凭什么到处投资，做这个，做那个，基本都成功，为什么中国绝大多数人都不成功，而你能成功?李嘉诚回答说，手头上一定要有一样产品是天塌下来都是挣钱的。因此，不一定做大，但一定要先做好。”

从马云的话中，我们可以看到李嘉诚的经商之道——无论如何冒险，手头始终有一样产品是天塌下来都会赚钱的，而那些冒险并非冒进，而是深思熟虑之后，感觉有把握了才去做的。对于没有把握的事情，李嘉诚、马云都会选择放弃。这种谨慎的投资思想，是成就李嘉诚的关键，也是成就马云的秘诀。

⑦ 居安思危，不要总沉迷于眼前的辉煌

商界有这样一句话："身处在瞬息万变的社会中，应该求创新，加强能力，居安思危，无论你发展得多好，时刻都要做好准备。"做生意总会有赔有赚，公司经营也会时好时坏，为什么有的人能够保持领先地位，成功经营呢？归根结底，还在于有一颗时刻警醒的心，一份不让眼前的辉煌迷惑了内心的理性。因为人一旦兴奋起来，便容易忘记一切，以至于连自己是谁都不知道了。一个人事业顺利时，难免会产生骄傲和大意的心理，而这就容易导致下一次的失败。所以我们平时应该做到未雨绸缪，居安思危，当危险突然降临时，也不至于手忙脚乱、难以应付。

"青蛙效应"，指将青蛙置于常温水中，然后一点点注入热水，青蛙会在不知不觉中，舒服地被烫死。这个实验告诉我们：动物在安逸舒适的环境下都容易麻痹大意，何况是人类呢？这对人类也是一种警示：居安思危则存，贪图安逸则亡。因此，我们应当有一种忧患意识，在成功和享乐面前停住自己的脚步，一旦步入空虚的沼泽就可能深陷其中，不仅让你挥霍掉自己原来的财富，更容易丧失进取心，最终一事无成。

有个大老板，在国外因投资得当，资产已上亿。但资产一多他便开始挥霍享乐，出去旅游要住最好的酒店，吃饭要去最好的饭店。见公司经营状况稳定，便也不放在心上。最后由于股票下跌，他瞬间变成了一个穷光蛋。由于没有其他资产，只好狼狈回国。

日子越过越富足，生活越过越潇洒，财源越来越茂盛，官运越来越亨通。终于，有些人忍不住得意起来。得意是人生的一种顺境，也许从今以后你会顺风顺水、左右逢源、心想事成、万事如意。但是越是在这种顺境之中，越要时刻告诫自己要保持理智，不可自鸣得意，志得意满，最终让自己的人生走向歧途。上面这个故事无非就是要告诉我们这个道理：要善

于用发展的眼光看问题，在顺境中要居安思危。即使你有万贯家产，若一味沉迷于此，终究也会挥霍一空。

增强忧患意识，自古以来就是我国一条重要的政治经验。早在先秦时期，《左传》中便提到要“居安思危”、“思则有备，有备无患”、“安而不忘危，存而不亡，治而不忘乱。”如果没有忧患意识，是很难成就伟大业绩的。我们每个人的生活不可能永远一帆风顺，坦途边上有荆棘，顺境背后有逆境。所以我们要增强自我忧患意识，居安思危。在生活富足的时候，要想到贫穷和困苦；在事业成功的时候，要想到失败和挫折。

平坦的路并非能一直走到终点，也许就在不远处正有一个陷阱等着你——骄傲自满、得意忘形。中国有句话叫“爬得越高摔得越重”。因此，越是鲜花簇拥、掌声雷鸣，成功者越需要在热闹中保持冷静，不要沉迷在眼前的辉煌中难以自拔。

我们要记住比尔·盖茨的一句话：“微软离破产永远只有 18 个月。”为做到居安思危，防止因为成就而自我陶醉，我们应该这样做：

(1) 打折自己的成功

许多人喜欢吹牛，常常不自觉地夸大自己所得到的成就。长久下去，容易造成巨大的心理压力和不思进取的状态。因此，把自己所取得的全部成就，一律打个对折。这样做不但能够削弱他人的妒忌，还能压抑自己的自满情绪，保持冷静和理性的头脑。

(2) 对失败念念不忘

在成功的道路上我们总会遇到很多困难，犯不同程度的错误。在任何时候，哪怕是取得辉煌的成就后，我们也应该牢记这些教训，既能控制自己骄傲的想法，也能提醒自己不犯同样的错误。

像“居安思危，思则有备，有备无患”这样丰富的哲理，不仅对国家和企业有警示作用，对个人亦然。一个懂得居安思危的人，必然是走在时代前列，是对生活有着深刻认识的智者。做到这些，我们才能减少意外造成的损失。

第八章

RENQI
JUEDING CAIQI

学会说话，好口才帮你打出一片天

古人云："一人之辩，重于九鼎之宝；三寸之舌，强于百万之师。"事要做得精彩，话也要说得漂亮。拥有一副伶牙俐齿，就等于获得了成功的筹码。话说得妥当、说得在理，别人听了才会觉得有道理，才会觉得舒服，事情才会办得顺利，成功才会来得更容易。

❶ 做生意要能说会道，一句话笼络人心

成功有很多种秘诀，其中口才是很重要的因素之一。口才是指一个人对语言的驾驭能力。我国从古代开始就非常重视说话之道，孔子很早就在自己的学校开设了口才课，所以他的弟子中能言善辩的人非常多。古代还有很多的能言善辩者，像晏子、蔺相如，凭借自己的口才，维护了国家、国君和个人的尊严。在当今社会中，一个人要想事业成功、人脉畅通，这一切的条件都离不开一张能说会道的嘴。

说话的水平是一个人思维、认识、知识底蕴等的综合表现。在很多时候，人与人之间的沟通都是靠语言来实现的，所以要想让自己成为他人眼中的“人才”，就应该能说会道。因此，做生意也要有好口才才行，要能一句话就笼络对方的心。语言的力量就是这样神奇，“一句话能把人说笑，一句话能把人说跳”，更可以让你在残酷的生意场上杀出一条宽敞的道路，关键就看你会不会说话。

西方有位哲人说过：“世间有一种成就可以使人很快完成伟业，并获得世人的认识，那就是讲话令人喜悦的能力。”那些在社交场合中能够如鱼得水的人，都可以顺畅表达自己的意图，能够完美地向别人表达自己的意思，别人听后也会乐意接受。另外，一个优秀的商人不仅能口吐莲花，还能从别人的谈话中探测商机，从中得到启示，为自己所用。

如果一个人不掌握说话之道或者根本不擅长言语，那么又凭借什么去接受外界信息，顺畅地表达自己的意思呢？因此，这些特点必然要求生意人要具有灵活的说话能力。假如一个人笨嘴笨舌，那么在做生意时与他人交谈就不容易了，也难以得到别人的好感。

小魏是一家烟草公司的员工，单位新出了一种香烟，派出了好几位销售员，销量都不好。于是，领导决定派出小魏——这位年销售冠军。小魏的推销技巧就在于他的嘴上，他到了对方单位后，很自然地与其拉起了家常，丝毫不提香烟的事。

当扯到家庭的时候，小魏叹了口气，说："抽烟其实是世界上最坏最坏的事，为什么呢？这不就是花钱去买尼古丁来吸？我老婆就是因为我喜欢抽烟，所以天天吵着要跟我离婚。所以我见朋友都说千万不要抽烟，不然家庭不保。"随后，他突然话锋一转，"不过话说回来，戒烟真是最难的事。我16岁就开始抽烟，到现在十几年了，不但烟没戒掉，瘾还越来越大了。我横竖想，反正都得抽，还不如吸一些尼古丁较少的烟。我想，大多数抽烟的朋友一定也都这么想，我们公司新出的烟尼古丁最少，要投到市场上去卖，销量一定差不了。"小魏就用这种欲扬先抑、以退为进的方法，一下子就抓住了对方的心，最后顺理成章地获得了订单。

小魏要是直接从尼古丁的角度说服对方与其合作，是不大可能的事。但只要有灵活的头脑、绝佳的口才，就可以获得意想不到的成功。通过这个例子，我们可以看到拥有好口才是多么重要。好口才是走向成功的基本保证，掌握了说话的技巧，你就能在谈笑间达到你的目标。

毫不夸张地说，口才是一门语言艺术，是用口语表达思想感情的一种巧妙的形式。懂得语言这门艺术的人，也一定是懂得生意之道的人。首先他不会勉强别人同意自己的观点，而是巧妙地通过某种媒介引导他人走到自己的思路上来。所以那些善于用准确、贴切、生动的语言表达自己思想感情的人，做生意往往更容易成功。反之，那些不懂得说话艺术的人，往往容易使自己陷入困境。

我国一个集团公司的领导人访问某国，在与对方财团谈论关于合资经营新型浮法玻璃厂的问题时，对方以其独特的技术设备优势而漫天要价，双方的谈判一度陷入僵局。后来，该公司的领导人发表演讲，他在话中若有所指地提道："中国是个文明古国，我们的祖先早在1000多年前就将四大发明的生产技术无条件地贡献给了人类，而他们的后代子孙却从不认为他们不要专利是愚蠢的行为。相反，却为祖先作出的杰出贡献而感到骄傲。现在，中国在与各国的经济合作中，并不要求各国无条件地让出专利权，只要价格合理，我们一分钱也不会少。"凭着这场不卑不亢的精彩演讲，该领导人赢得了全场的掌声。最后，国外财团在谈判中让了一步，双方的合作得以实现。

随着社会的不断进步，人们的文化视野和交际视野变得越来越开阔，更多的场合需要我们发表自己的看法和意见，展示自我才华。特别是做生意的时候，笨嘴拙舌、词不达意只会让自己错过良好的商机。只有智慧的语言会让你左右逢源，赢得更多的生意，也能在各种各样的人际交往广受欢迎。

那么怎样说话才容易笼络人心，赢得别人的好感呢？

（1）多用一些赞美的语言

满足他人自尊心最佳的方法就是赞美的语言，若对方是女性时，只要说："你今天的衣服很好看。"这虽然只是一句单纯的赞美词，但是对方听起来会很舒心。最起码，这一句话就笼络了别人的心。

（2）适当说出自己的一两个小缺点

在做生意的时候，若你说自己的产品毫无缺点，这显然是谎言。如果能适当说几个不伤大雅的缺点，便能获得对方的信任。对方感受到了你的诚心和真诚，自然会对你产生好感。

（3）学会叫对方的名字

我们可以发现，欧美人在说话时常常会带着名字，比如说："你还好吗，玛丽小姐？""这个问题你怎么看，史密斯先生？"这样时时将对方的名字挂在嘴边，往往会使对方产生一种亲切感，仿佛双方是相交多年的好友。所以学会叫对方名字，会让他感受到你的好意，最后自然也会认可你。

❷ 做不到的事，不要轻易说

对于没有把握的事，有些人总是喜欢轻易承诺，然后让别人不断地失望。很多时候，如果没有把握做到的事，便不要信誓旦旦地轻易说出口。事实上，承诺本身就是一种负担，更是一种无形的心理压力。

谁都明白，说话是一门艺术。一个善于说话的人，说出来的话定是严谨、稳妥、留有余地的，而那些不善言辞的人，往往会很轻易地把话说出口，那些话在大脑里甚至停留不超过 3 秒。我们常说“祸从口出”，做不到的事若轻易答应，到最后只会让别人失望，把自己推入尴尬的境地。所以说，说话时要多一些考虑，给自己留一丝余地，到最后也能有条后路可走。古语说：“待人而留有余，不尽之恩礼，则可以维系无厌之人心；御事而留有余，不尽之才智，则可以提防不测之事变。”大意就是，说话要留有余地，以防事情变化。在待人办事方面如此，说话更要如此。

在人际交往中，不要轻易承诺别人，尽量用“可能，也许，大概”，因为一旦有变故，还可以有回旋的余地。不把话说得太绝对，是一个人老练成熟的标准。

在生活中，如果我们善于学习，就会发现很多名人在回答记者的提问时，都喜欢用这些字眼：或许、尽量、可能、考虑、征询各方意见等。之所以这样回答，就是为了给自己留一点儿空间。人算不如天算，我们料不到明天会发生什么，也不会知道某件事就一定能办好，所以不要轻易就把话说出口，要给自己一点容纳“意外”的空间，如果一下子把话说得太绝对，结果往往会事与愿违。

小曾在一家公司做广告策划，他做的策划方案非常有创意，深得公司领导喜欢。但是小曾有个毛病就是喜欢到处承诺，哪怕一些自己没把握的事也会轻易答应。

有一次，公司来了个大客户，领导准备把这个大饼分给小曾。领导把小曾叫到办公室说了此事，临走时还问他：“这可是条大鱼啊，小曾！我相信你的创意没有问题，但是时间比较紧，他们只给了一星期的时间，你能不能做到？”

小曾想都没想便拍着胸脯回答道：“绝对没问题，放心吧！三天之内我就能搞定它！”

时间一天天过去，小曾刚开始做的时候还有点头绪，后面因为被一些琐碎的杂事影响，于是越到后面越没有想法。三天后，领导见小曾一点动静都没有，便问他进度如何，小曾老实回答说：“哎呀，这太难了，三天之内根本做不完……”

领导拍着他的肩膀，示意他继续努力，但是再也不敢把一些大方案交给他，而且对于他拍胸脯的信誓旦旦，也已经开始反感。

没有人喜欢大话连篇、轻易承诺的人，特别是吹得天花乱坠，却不见实际行动的。这难免会让人觉得华而不实，不值得信任。其实把真实情况说出来，给自己留点缓冲的空间，既无损诚意，又显出你的谨慎，别人反而会因此更信赖你，就算把事情搞砸了，想必也不会责怪于你。

不轻易承诺，其实也是在给自己一个台阶，给别人多点思考的空间。有时候别人本来就是因为没有把握才来找你一起面对，结果你轻易承诺，觉得一个人能承担，然后到最后你却无法实现，其结果就是失去了别人对你的信任。

所以说，做不到的事，不要轻易说出来。在说话时留有一定的后退空间，便不会因为“失言”而出现下不了台的局面。因此，不轻易承诺，令事情还有转身的机会。很多时候，我们都需要给自己留下一点空隙，这样才可以随时调整自己，进退有据。毕竟谦虚一些总能给人留下美好的印象，而一味拍胸脯承诺，只能让人觉得你不够稳重、不能信任。

美国有一个非常著名的推销员，当记者问他为什么会成功时，他讲了这样一个故事：“有一次，我在推销《幼儿百科全书》，当时已经卖出很多本了，我便觉得自己还不错。于是到了客户家里后，我便向客户说这套书能解答孩子们提出的任何问题。然后，我就跟那家的一个小男孩说：‘小朋友，你随便问我一个问题，我都能从书上找到你想知道的答案。’小男孩想了想便问我：‘我想知道，上帝坐的是什么牌子的车子？’我当时一听，立马就面红耳赤，不知道该说些什么。从这次经历过后，我就总结出一个经验，那就是：话不能说得太绝对，牛皮不能吹得太爆。你不可能什么都懂、什么都会，特别是当遇到自己没有把握做到的事情时，不要轻易说出口。正因为我明白了这一点，后来才逐渐走上了成功之路。”

有句俗谚：“人情留一线，日后好见面。”其实生活中很多的尴尬都是我们自己一手造成的，其中有一些就是因为不会说话，喜欢随口应答。无论什么时候，我们都要提醒自己，在说话时要多想想，看自己能否承受，使自己进可攻、退可守。

在很多时候，我们喜欢承诺，可结果往往事与愿违。所以当和别人交往的时候，说话需要注意以下两点：

(1) 说话不要违常理

我们都听过“自相矛盾”的故事，有一些人就像那位既卖矛又卖盾的人，说话就喜欢偏向于夸张，爱用夸大事实来吸引别人的注意。但是夸张却不能违背常情常理，因为一旦事实夸得太大，便容易给别人留下话柄。

(2) 说话不要太绝对

如果有人斩钉截铁地说：“答案绝对是这样！”那么别人心里定会有疑

问：“难道真是这样？”

对于绝对的东西，很多人在心理上都会有一种排斥感。即使表达的是事实，但是心里总会存有一丝疑虑。所以倒不如除去绝对，用这样的口气说话：“这件事应该能够办到。”

人们常说“话不要说满，事不要做绝”，这是有一定道理的。在谈话时，即便这件事我们有绝对把握，也不要太轻易答应。因为凡事都会有漏洞，绝对的东西容易引起他人的反驳，还不如把话说得委婉些，给自己留下更为广阔的空间去承受可能出现的变化。

❸ 不要在背后论人是非，要说就说好话

《伊索寓言》里有这样一个故事：

有一头狮子病了，正在山洞里休养。除了狐狸外，森林里所有动物都来探望过狮子。狼本来就对狐狸不满，就趁着探病的机会，在狮子面前诋毁了狐狸。

狼说：“大王，您是百兽之王，大家都非常爱戴您！可您现在病了，狐狸却偏偏不来探望，我看他一定是对大王心怀不满，所以才会这样怠慢。”

刚说着，狐狸就进来了，碰巧听见了狼说的话。狮子一见狐狸进来，便气愤地要对他进行惩罚。狐狸解释道：“大王，来探望您的动物，表面上看起来很关心您，可是他们当中有谁像我这样不辞劳苦地四处奔走，为您寻找治病的方子呢？”

狮子一听，便令狐狸立刻把方子说出来。狐狸说：“一位神医说，只要把一只狼杀了，趁热将他的皮披到您身上，大王的病很快就会好了！”

顷刻间，狮子便怒吼着扑向狼。

这个寓言告诉我们：那些喜欢搬弄是非，在背后说别人坏话的人，最终只会使自己受害。即使暂时地伤到别人，也不可能使自己长期受益。

有很多人喜欢以自己的价值标准去评判别人，当别人无法受影响时，就喜欢用搬弄是非的方式去达到目的。说人是非者，可以使别人听信他所说的，因为东家长西家短是人们茶余饭后的最佳话题。如果搬弄是非成功了，可以使是非者有种“自己很有影响力”的成就感。

但是这些在背后议论他人是非之人，即便说的只是一些小事情，似乎不需要背负任何道德上的责任，但是这些话若传到被议论者本人的耳里，他会打心眼里排斥你，因为这涉及他的尊严。而且，论人是非者就此失去了和被论者成为朋友的可能性。而从听者看来：他这么挑剔，当着我的面说别人坏话，谁知道背地里又怎么说我呢？这种人不值得交往。长此以往，你的交际圈子就会变得越来越窄，最后甚至成为孤家寡人。

所以，首先要做到“慎言”，不要主动在背后说人是非。如果要对某人进行评价，你可以先肯定对方的优点，然后再顺便说一些和双方无关紧要的小问题。常在河边走，哪能不湿鞋。因此，只有学会趋利避害，才能不被是非所累。而那些背后论人是非者，最后也终将被自己所害，下面这个职场小故事，就说明了这一点。

小斌和小凯在同一家公司上班，小凯不仅工作卖力，在公司的人缘也好，而且总是笑脸迎人，同事对他的评价很高。之后，小斌和小凯成了很好的朋友，二人经常在一起加班。

时间久了，小斌发现小凯并不像同事说的那样，他总是喜欢和自己说其他同事的不是，哪怕是平时很多不起眼的小事，小凯也能添油加醋地说得很严重，并且还时不时地借机抬高自己。

渐渐地，小斌对于小凯的一举一动，甚至每句话都感到厌恶。无论他平常在同事面前表演多好，说多么好听的话，小斌都对他怀有戒心。久而久之，经理对小凯的态度也发生了变化，突然对他很冷淡。原来小凯也经常在经理面前说别人的是非，而经理发现有些事并非像小凯说的那样严重，所以经理觉得小凯的人品有问题，最后找了个借口把他给辞了。

俗话说："纸里包不住火。"说别人的坏话，迟早会传到别人的耳朵里，结果必将引来仇恨和报复。所以，在背后论人是非，还不如多说别人的好话。在背后说人好话，不仅避免了成为"大嘴巴"的危险，而且在背后说好话比当面直接说的效果更好，这些好话最终也将使你获益。

人都是喜欢听好话的，但如果当面说好话，则很容易被人误认为是阿谀奉承，让人感到虚假，并担心对方是否有求于自己，或者是否出于真心。然而，如果这些话是通过第三方传到对方的耳朵里，自然感觉就不一样了。在背后说别人好话，在别人看来都是发自内心，而且不带任何私人动机。其好处除了能给更多的人以榜样的激励作用外，还能使被说者在听到别人"传播"过来的好话后，更加感受到这种赞扬的真实性和诚意，在自信心和虚荣心得到满足的同时，也增强了对说好话者的信任感。这时彼此之间的心理距离就会因赞美而缩短，这自然也就为交际的成功创造了良好的条件。

晶晶和小青是同事，同时也是好朋友。有一次，二人因为一点小误会便争吵起来，此后很长时间两人都形同陌路，见了面也不说话。两个人在一个办公室里办公，彼此这么沉默着相处感觉很尴尬。虽然两人都不想这样，但是由于自尊心作祟，谁也不愿意先开口。

有一次，晶晶在和同事聊天的时候说道："哎，其实小青这个人挺不错的，就是脾气急了点。她人也很热心，上次她帮了我一个很大的忙，我还没来得及谢谢她呢！现在闹得这样僵，真不知以后该怎么相处。"

有一天，晶晶不在，小青在办公室与同事闲聊，便对别的同事随意说了几句："晶晶这个人虽然性格有点直，但是人真的挺好的，性格又开朗，以前我们很谈得来的，她对我的帮助也很大，现在这样挺可惜的。"

没过多久，这些话便传到了双方的耳里。二人心里不由得有些欣慰和歉疚，于是两人找了一个适当的机会，主动和对方打招呼，两人的关系胜似从前。

我们都有一个习惯，那就是对别人当面说的话不是很感兴趣，却很想知道别人在背后是怎样评价我们的。所以，要善于借第三者的口传达自己的赞美之意。因为在很多人看来，他看不见的议论才是真实的。因此若要议论别人是非，原则就是：别人在你面前议论时，你只顾微笑即可；在不得不议论的时候，也要在背后说别人的好话。

4 说话注意场合，心直口快容易得罪人

《论语·雍也》说："质胜文则野，文胜质则史。文质彬彬，然后君子。"意思是："质朴胜过了文饰就会粗野，文饰胜过了质朴就会虚浮，质朴和文饰比例恰当，然后才可以成为君子。"这段话让我们读懂一个道理：为人过于直率，说话过于直爽，就显得粗俗野蛮。

生活中，难免有些人心直口快，口无禁忌。如果不分场合地点，不分谈话对象，心里想什么就说什么，往往会带来不良后果。轻则使人下不了台，重则造成隔阂，遭人怨恨。所以，我们说话时千万别太鲁莽，否则只会伤人伤己，对任何人都没有好处。

"心直口快"，并不是所谓正直的表现。很多时候，不分场合的心直口快往往是为人处世的大忌。所以我们说话一定要分清场合，千万不能太直，说话之前要想清楚，一定要顾及对方的脸面，让别人有台阶可下。

少说话不代表自己没学问，而多说话也不表示有水平。一个对任何事都直言直语的人，不仅不能证明其学问高，反而容易暴露自己的不足之处。我们常说“祸从口出”，因此管住自己的嘴巴十分重要。

有这样一则小故事：

玛丽是个心直口快的人，经常得罪人。

一天，邻居亨利的太太苏珊穿了一件裙子出门，苏珊有些胖，穿裙子显得有些臃肿。玛丽看见了，笑着说：“亨利太太，你这是又怀上了吧！”把苏珊气得够呛。

没过多久，苏珊的丈夫亨利在家里的阁楼上吊死了。玛丽想去安慰一下，到了苏珊家，玛丽一直在夸苏珊的家装修得漂亮，一句没提苏珊丈夫亨利在阁楼上吊的事。出门的时候，玛丽还夸了一句：“苏珊，你们家阁楼真大。”苏珊回答说：“哪里，也不大，连晾衣服都晾不了。”玛丽立马回了一句：“得了吧，你们家阁楼这么大，刚好可以用来吊点东西。”

苏珊听了想起自己的丈夫，难过得哭了起来。

一些说话很直白的人，总觉得自己说的是真话没有恶意。然而他们却不知道，“非常诚实有点毒”，说话不分场合，心直口快其实很容易伤人。

心直口快的人，很多都是只在乎自己感觉的人。他们往往不会去想别人听了会有什么样的反应，会不会生气，于是结果往往是自己的得不偿失和别人的心怀不快。哪怕有时候，自己的出发点是好的，但是因为说话没注意场合，心直口快，别人听起来也会觉得非常刺耳，甚至会反感。

出言不慎，祸机所伏，说话之前一定要在脑中过滤一遍，要多聆听，克制自己直言直语爱说话的冲动。

《资治通鉴》中记载了这样一个故事：

北宋时期的寇准，是一位受人尊敬的好官，曾两度为相，先后五次进入朝廷中枢机构。但因说话直爽，几经旋升旋贬，5 次被赶下政治舞台，遭遇罢相复相、几起几落的厄运。

丁谓在任中书官职时，对寇准也是非常恭敬。有一次会餐，寇准不小心在胡子上沾了汤汁，丁谓看见了，立马站起来慢慢替他擦干净。寇准非但没感谢，还讽刺说："你身为国家大臣，就是替领导擦胡须的吗?"丁谓感到非常不快，从此对寇准怀恨在心。

之后，丁谓和王钦若、曹利用等同样受过寇准讽刺、挖苦语言伤害的大官共同勾结，一起对付寇准。他们全力诋毁寇准，并经常在皇帝面前说他的坏话。寇准心直口快，本就直言不讳，最后连皇帝也觉得寇准太心直口快不会讲话，于是寇准的政治生涯跌宕起伏，一而再、再而三地被流放，最后客死雷州。

寇准悲剧的发生，就是因为没有管好自己的嘴巴，说话太直。所以在说话之前还需再三斟酌，看怎么说才最得人心。俗话说："见人说人话，见鬼说鬼话。"这不是教人做个两面派，而是与人沟通的智慧。不要只顾自己痛快，而要多看看对方的脸色，看清楚场合行事。这是人际交往中很重要的一点，若太心直口快伤人了，那么这段友谊则很难修补回来。所以要改掉"不分场合直言直语"的坏毛病，说该说的话，做该做的事。

如何避免心直口快伤人，还得学点说话交际术，以下两点，可供参考：

(1) 说话要委婉

委婉法，是运用迂回曲折的含蓄语言表达本意的方法。

委婉法是说话交际的一种"缓冲"方法。委婉地说话，能使本来困难的交往变得顺利，让听者在比较舒坦的环境中接受信息。委婉说话是一种"软化"艺术，在日常交际中，我们可以把一些不便、不忍，或者场合不允许直说的话题，把"棱角"磨得圆一些，使语意软化，使听者更容易接受。

比如说：我们可以巧用语气助词，把"你这样做不好"改成"你这样做不好吧”。

也可灵活使用否定词，把“我认为你这件事做得不对”改成“我不认为你这件事做得对”。

还可用缓和的推诿，把“我做不到”改成“照目前的情况，恐怕很难办到”。像这些，都能起到“软化语言”的作用。

（2）学会含糊

含糊法，是运用不确定的或不精确的语言进行交际的方法。

运用适当的含糊，是一种必不可少的说话艺术。说话要含糊，听起来似乎很奇怪，但在有些特定的场合，假如我们消除了词语的模糊性，那么有些交际和表达的作用就会受到限制。

例如：某经理在给员工作报告时说：“近日来，我们单位内有一些同事的工作不怎么认真。”这里的“一些”，就是一个对被反映对象的模糊判断。如果指明点出是某个同事，一切可能会尴尬收场。

❺ 伤什么别伤人面子

“这是面子问题，不是原则问题。”

“面子都被丢光了，这口气非讨回来不可！”

面子到底是什么呢？俗话说：“人要脸，树要皮。”面子指的就是一个人的尊严，金钱利益可以失去，但是面子不能丢。所以很多人在面子上下足了功夫，所以一旦你伤了别人面子，也别怪别人不会善罢甘休了。因此，机智做人必不可少的一项，便是伤什么也别伤人面子。

就算对某一件事你知道自己完全正确，可以提出确凿证据证明别人的错误时，最好先暂时打住，仔细想一想：你伤害了别人的面子，牺牲你的人缘，只为换来一个可有可无的胜利，这是否值得？面子就代表着一个人的形象和自尊，人几乎没有不在乎自己面子的，所以在人际关系中，懂得“面子”的学问有着重要的促进作用。

面子可以说是中国人为人处世的通行证，我们经常听到别人说：“我是看在××的面子上才帮你的。”“你就当是给我个面子吧！”所以说面子这东西，没有重量，在人们心里却有着极重的分量。因此有这样一个观点：给别人面子，就是给了自己一份厚礼。池田大作是国际创价学会会长，他认为，每个人都很看重自己的面子，你给别人面子，其实就等于是给自己面子。

但是很多年轻人都喜欢争强好胜，在无意中会伤了别人面子。比如在和朋友争论某个问题时，往往讨论得很激烈，话赶话，互不相让，争论越来越激烈，最后演变成了人身攻击，当你的话语伤到别人痛处时，觉得丢了面子那一方便会盛怒，一场朋友间的交流便沦落成了破坏友谊的导火线。

一个经常伤别人面子的人，很难取得别人的信任和好感。只图自己一时痛快，而不给他人留面子，既是不尊重他人的一种表现，也是人际交往的大忌。试想一下，一个只会揭别人的短处，不懂得留情面的家伙，又有谁会喜欢呢？

眼下仍有不少人以“心直口快”为美德，即使因言语不当而产生摩擦，他们也会以“我是个比较直接的人”、“我说话就爱直来直去，不会拐弯抹角”为理由替自己开脱。殊不知“心直”固然值得称颂，但“口快”却未必值得赞扬。其实，事情的解决方法有很多种，我们可以绕道而行，适时兜圈子，而非横冲直撞，伤人面子。

如果我们能够区别不同的情况，该说的时候直接说，不该说的时候则少说，那就可消除许多不必要的矛盾，还能“化干戈为玉帛”，增进双方的友谊和团结。所以最起码要做到以下三点：

（1）批评时别伤人面子

每个人都会犯错，只有不懂人情世故的人才会在批评时不留余地，伤人面子。像：“你怎么那么蠢”、“你长脑子了吗”如此对人伤害较大的侮辱性语言，最好不要轻易说。

（2）帮助人时别伤人面子

帮助别人本是件好事，如果处理不当，不仅好意减半，甚至适得其反。像“要是当初没有我帮你，你会有今天吗”之类的话，只会让别人有负罪感，而且面子上也过不去。所以真正好的相助，应该如涓涓细流，无声却又能流到别人心里去。

一位新来的律师参加公司的一个会议，在会议中，领导说完话后问了一句：“《海事法》追诉期限好像是6年，对吗?”大家都没有说话，新来的律师见此，便率真地说：“当然不是，《海事法》没有追诉期限。”

会议室内顿时安静下来，领导觉得脸上无光，气氛降到了冰点。最后会议草草结束，年轻的律师也因此未得到重用。

这个故事告诉我们，伤害别人的面子，使对方下不来台，常常不会有好结果。对于一个聪明人来说，即使自己做得再好，也不会逞一时之强，以伤害他人面子来抬高自己的身价。

那么，如何才能不伤别人的面子，避免伤其自尊呢?

（1）尽量不要使用刺激性的语言

有些人在情绪失控的时候，往往会口不择言，说出一些伤人的话，像“你脑子进水了吧”、“你以为你是谁呀”这些话都属于刺激性的话，这样的词汇往往会破坏别人的心态，伤害他人的自尊。所以即使再生气也不要用刺激性的语言去伤害别人，尽量委婉一些，以免给他人留下心结，造成难以消除的后遗症。

（2）不要用居高临下的姿态说话

要想做到尊重他人，就必须放低自己的姿态，平等对待每一个人。如果你总是用一种居高临下的姿态去跟人说话，便会使对方的自尊心受到伤害，即使你是一片好心，也会被人当做驴肝肺。相反，如果你能以平等的姿态跟人沟通，对方自然会愿意和你说话，对你产生好感。

(3) 不要对人不理不睬

大多数吵架都是从沉默开始，朋友之间吵架并不可怕，可怕的是两人无话可说，视若无人。其实，这是对对方最大的轻视，也是在向对方的尊严作出挑战。有时候，最伤人面子的并非言语，而是对其的熟视无睹、漠视。因此，当双方的关系到了尴尬的境地，不要沉默，哪怕咳嗽一声，也能打破这可怕的宁静。

世人既然视面子比金钱重，那么在待人处世中，不妨给他人留足面子，同时也为自己挣得了人情。皆大欢喜，又何乐而不为呢?

❻ 即使你手握真理，也不应咄咄逼人

语言是一把双刃剑，在伤害别人的同时，也会伤害到自己。很多人在与人交流的过程中，喜欢用一些犀利的语言，以咄咄逼人的态度，去表明自己的观点，希望能在语言上战胜对方。但是在生活中，很少有人是任人宰割的小羊羔，所以咄咄逼人并不是件好事，因为这样做并不能得到你想要的。一味将自己的想法强加于人，结果只会适得其反。有一位心理学家曾说过："牺牲别人去做一件有利自己的事已经不妥当，硬把这件事当做对别人的一种慷慨和施予，就是自欺欺人的行为。而且，到头来必定是失败的。"

任何人内心都有自尊，适当地给人台阶下，才能求得人际的和谐。当一个人肆无忌惮地挥着道理的"鞭子"，闯入别人的内心领地，一味冲动

地捅破这张网，结果只会引起对方强烈的抵抗和反感。而使用委婉的语言，既不得罪人，又能达到目的的，才是聪明人该去努力的方向。若与人在语言上交锋，应考虑到对方的自尊，即使道理在你这边，也不要咄咄逼人。当你把对方逼到绝路上时，别忘了自己面前也是悬崖。因此，收敛锋芒，既能避免伤害他人，更能保护自己不受伤害。

当我们每次和别人意见相左时，就该问问自己应该采取什么样的策略才能达到目的。所以有时候我们可能会陷入一个两难的境地：究竟是该咄咄逼人与人斗争到底，还是软弱屈服、妥协让步？作家三毛告诉我们："从容不迫的举止，比起咄咄逼人的态度，更能令人心服。"因此，你在说话之前，如果能先去掉霸气、傲气，换成和气，那么就能更好地与人相处，也能更好地收获人缘。

"不轻易指责别人"，是美国前总统林肯最伟大的优点之一，这也是值得每一个现代人借鉴的地方。但是林肯年轻的时候比较狂妄，待人处世不够谨慎，喜欢咄咄逼人。

那时，林肯一旦发现对方的错误就爱写信指责，有时还会将这些信故意扔在路上，让过路的人能够拾起看到。一次，林肯手下的一位将军因判断失误而错失了一次取胜的良机，林肯知道后非常愤怒。他马上坐下来，给这位将军写了一封信。林肯在纸上发泄完之后，抬头望了一眼天空。他突然觉得：也许我有些操之过急了，我没有在战场上，而是在白宫里安静地坐着，我命令将军去进攻是件提笔一挥的轻松事。但是如果我若和他一样在葛底司堡打仗，看见那些血肉横飞的惨状，听见那些受伤士兵的痛苦呻吟，目睹将士们死亡时的安静，也许我也不会急不可待地下令去进攻。如果我遇到这样的情况，也许我也会有将军那样的胆怯心理，并和他犯同样的错误。即使他做错了，但不管怎么说，事情已经过去了，把这封信发给他让他难过，又有什么意义呢？我是发泄了胸中的怨气，而将军呢？他可能对我强烈不满，竭力为自己申辩，自然也会指责我的不是；也可能就此消沉，萎靡不振，不管哪样，我都伤害了一个指挥员的威信。

自此，林肯再也不写那些讽刺别人、伤害别人的信了，再也不去咄咄逼人，而且他还经常告诫自己的朋友：“不要过于指责别人，咄咄逼人只会使你也受人谴责。”

周国平说：“大智者必谦和，唯有小智者才咄咄逼人。”每个人都有自己的想法和自尊，在和朋友直面讨论时，我们却很少想到这一点。我们常常用咄咄逼人的态度无情地剥掉了别人的面子，伤害了别人的自尊心。这是多么浅薄、心胸狭窄的表现。

所以，即使你现在手握真理，也不应过于咄咄逼人，伤害别人的尊严。在无关得失的小事中，可以稍微谦和一点，可以让对方一步。这当然不是为了博得对方的欢心，作为自己晋升的阶梯，而在于可以获得多方面的好感，给人一个台阶下，也可使自己免受不必要的伤害。

小华是一个食品公司的销售员，在一次公司例会上，大家都在讨论有关食品销售的问题，因为最近有一款食品的销量下跌得厉害。于是小华站起来建议实行买二送一的促销手段：就是用买两包食品的钱就能拿到三包食品。尽管小华表面谦虚，但心里却暗自得意，等待着同事们的夸奖。然而不仅没人说话，还有人质疑，提出了几个问题。然后，小华又花了整整1小时来说服大家：“相信我，这绝对是一个创新的好机会。”但是大家依旧没有说话，于是小华脱口而出：“为什么你们对我所有的建议都抱以这种奇怪的态度？你们倒是说说看，你们还能想出什么更好的法子吗？”更糟糕的是，小华又添了一句：“是不是我的建议太绝妙了，你们想不出来，所以嫉妒吧！”

之后就听见一阵交头接耳的声音：“是谁把这个咄咄逼人的家伙招进来的？”“真是个笨蛋！”没过多久，又传来一个坏消息：某款食品的销量又下降了7个百分点。小华原以为自己能有番作为，谁料想由于上次在讨论会上的“精彩”表现，所有部门的员工都一致淘汰了小华的建议，即使它具有可行性。而小华从此也落了个自大狂的“美名”。

一提到咄咄逼人，人们马上就会联想到紧张的气氛和不愉快的心情。但是婉言却能使谈话在轻松愉快中进行，收到“咄咄逼人”所达不到的效果。

在现实生活中，像小华这样说话喜欢咄咄逼人的人不在少数，当自己有想法或意见时，总是迫不及待地提出来。尽管有时候完全是出于一片好意，而且自己所提的意见也很有价值，但由于态度不对，结果不但起不到应有的效果，可能还会使对方心存芥蒂。

正如《圣经·马太福音》里所写：“你希望别人怎样对待你，你就应该怎样对待别人。”所以在说话办事时，应该和和气气，以最委婉的方式表达你的想法。这样既容易让对方接受，避免了伤害别人的自尊，又能增进彼此的感情。

❼ 不能有求必应，对不情愿的事要大声说“不”

人不管在什么场合，总是要面对一些朋友、同事、亲戚的要求。有时碍于面子或是情谊，在必须拒绝那些不合理的要求时，话却总是说不出口。很多人都有这样的经历，明明对着一件自己很不情愿的事情，想对对方说“不”，话到嘴边，却又把这个字给吞到肚子里了，回家后越想越不对劲，越想越自责，“我当时应该拒绝他的”，“我真没用，没敢说出来”。于是，在后悔和不安中，久久无法释怀。

其实，很多时候不是你不愿跟对方说“不”，而是因为你怕得罪人，怕给人留下坏印象。早已习惯中庸之道的中国人，在拒绝别人时很容易产生一些心理障碍，这和传统的人情观念有着根深蒂固的关系。但又因为难以摆脱这种“无力拒绝”的状态，进而自责、自卑。

要知道，凡事不能有求必应，有些时候必须坚决地说“不”。那些不敢说“不”、不善于拒绝别人的人，在工作和生活中往往就得戴着“假面具”，如此一来，不仅活得很累，同时也丢失了自我。首先你要明白的是，每个人都有说“不”的权利。不管别人的要求是出于什么原因都无可厚非，千万不要勉强硬撑着。有些人明明面对着自己不愿意做的事情，却不敢对别人说半个“不”字。要知道，可能就是因为你的过度让步和客气，别人非但不会心存感激，反而会得寸进尺。结果就等于是搬石头砸自己的脚，自讨苦吃。

一个男孩从小丧父，母亲一手将他带大。大学毕业后，男孩便来到城里打工。有一天，男孩的妈妈来看他。男孩高兴极了，便带着母亲一起到外面吃饭，还叫妈妈选一个喜欢的饭店。他们走过一家又一家的饭店，但妈妈都摇头表示不喜欢。

最后，两人来到了一家星级饭店面前，母亲停下脚步，说：“这家好，就在这家吧！”

男孩突然忐忑起来，他攥着手里的一千块钱，心想：“妈妈难道不知道那是星级饭店吗？我这点钱怎么承担得起啊！”可是男孩又不愿让母亲失望，便无论如何也说不出拒绝的话来，便跟在母亲后面，不安地走了进去。

在母亲点餐的时候，男孩始终在强颜欢笑。他偷偷瞄了一眼菜单，都是上百上千的，男孩更加坐立不安了。母亲点菜后对男孩嘘寒问暖，男孩却心不在焉。上菜后，男孩不敢动筷子，母亲却一直微笑着给他夹菜，似乎没有察觉男孩的紧张。

饭后，服务员过来结账时，一看账单上写着2800元，男孩顿时傻眼了。母亲微笑着把账结了，之后对男孩说：“我今天来，就是想给你上一课，这节课的题目就叫‘学会说不’。妈妈知道你没有钱，可你为什么还是和我进了饭店？为什么不直接说‘对不起，妈妈，我没带这么多钱，可不可以换一家’，如果你能拒绝一下我，是不是就避免了没钱结账的尴尬？孩子，生活中太多这样的事情，你要敢于拒绝，才会让你的生活更轻松。”

这位母亲用最直接的方式给男孩上了生动的一课，那就是：如果不敢说“不”，不会拒绝别人，只一味地迁就，最终还是自己受累。

做人难，做事难，学会说“不”更难。大多数人都好面子，喜欢打肿脸充胖子，但是最后吃亏的还是自己。因此，一定要敢于拒绝，勇于说“不”。一个不会拒绝别人的人，一个没有任何主张的人，很容易被他人左右。其实学会拒绝是一种很快乐的事，因为不必勉强自己去做根本不想做的事，反而给了自己一片自由的空间。所以，大声说“不”，不仅是自我保护的一种方法，也是一种与人交往的处世技巧。

雪莉·茜是福克斯电影公司的董事长，她是一位年仅30岁的女强人。每一个与她工作过的人都非常佩服她，她言出必行，办事效率高，最重要的是她懂得在该说“不”的时候说“不”。

因为好莱坞的其他电影人，一般给他们一个电影剧本，如果他们不喜欢，便不会再和你联系，让你傻等。而雪莉·茜不一样，她若是喜欢会很快采用，如果不喜欢，便直接说“不”，并告诉对方理由。这样既省去了别人的很多时间，也给她赢来了更多的合作伙伴。

雪莉·茜经常对朋友说“不”，这非但没有让朋友远离她，反而使她们相处更融洽。有些时候，我们就需要根据自己的真实情况，表明自己的态度，不要为了怕麻烦或是自己的面子，而羞于对别人说“不”。

“拒绝”是人际交往中的一个至关重要的处世行为艺术，那么，如何有技巧地说“不”呢？

①直接说“不”，向对方解释拒绝的理由，包括自己的条件不允许、

某些社会限制等。通常情况下，别人都能理解你的苦衷，并自动放弃。

②当有些事不好当面拒绝时，便可采取迂回战术。可以直接转移话题，也可以先向对方表示同情和理解，然后再提出理由拒绝。

③当实在说不出口时，动作也能帮你说“不”。当想拒绝别人的要求时，可以无奈地摇摇头，表示无可奈何。

就像喜剧大师卓别林所说：“学会说‘不’吧！那你的生活将会美好得多……”所以勇敢地说“不”，也是人生必须迈出的一步。

第九章 RENQI JUEDING CAIQI

饭局，中国生意人交往的最佳阐释

饭局之道，不在“饭”而在“局”。香港大食客蔡澜就说过：“吃的文化，是交朋友的最好武器。”中国最早的圈子文化，都是以饭局的名义设自己的“局”。一场饭局，既可以是亲朋好友间的感情交流，也可以是生意对手的交锋谈判。大家围在一起吃饭，就是一个相识相知、互通人脉的过程。

❶ 饭局之妙不在“饭”，而在“局”

饭局，可以说是中国人不可缺少的社交方式。人们在饭桌上传达友谊、沟通思想，能在最短的时间内相互了解、彼此熟识。钱钟书先生就曾说：“吃饭还有许多社交的功用，譬如联络感情、谈生意经等等。”所以，通过饭局我们不仅能够认识新朋友，还能巩固老朋友的关系，并不断延伸自己的人脉网络，把握好整个社交的局。所以，饭局之妙不在饭，而是在局。

说到饭局中的局，中国古代最著名的饭局莫过于“鸿门宴”了。当年，项羽设下“鸿门宴”，看似是宴请，其实是想诛除刘邦。另外，还有宋太祖赵匡胤，曾经制造了“杯酒释兵权”的事端。

在961年，宋太祖安排了一场酒宴，召集禁军将领石守信、王审琦等一起来食饭饮酒。叫他们多积金帛田宅以遗子孙，歌儿舞女以终天年。从而以饭局为契机，轻松解除了重臣的兵权。

饭局离不开饭，但真正的内涵又不在于“饭”而在“局”。在中国历史上，饮食文化与社会关系纠结在一起的就不少。除了鸿门宴和杯酒释兵权，像战国四君子，门下有食客三千，每日都会有大大小小的饭局开张。孟尝君宴请宾客，对于投奔自己而来的侠士，无论贵贱都与自己吃一样的馔品。这可以说是中国最早的圈子文化，这都是以饭食的名义设自己的局。项羽和宋太祖是为了除异己，安稳自己的江山，四君子是为了笼络人心。所以明白人一眼就能看出来，这里所谓的请客吃饭，其实从一开始吃的就不是饭桌上的东西，而是人的一份心意、一份交情。

香港大食客蔡澜先生，在《吃的讲义》里就说过：“吃的文化，是交朋友最好的武器。”通常大家围在一起吃饭，就是一个熟悉的过程，一个相识相知的过程。通过一杯酒、一顿饭，就是一个愉快合作的开始，也是打开自己财富之门的钥匙。所以在饭局的觥筹交错间，其真正所蕴含的意思并非食物，而是交友、关系、利益……一个真正懂得社交的人，不会只把饭局当做是吃饭喝酒的地方。想看自己有没有白来一场饭局，就得看在每一场饭局下来，你有没有为自己的社交关系信用卡上添上一笔新财富。

齐欢是某公司一个普通的业务员，在临近年关的时候，齐欢总是会想一些办法感谢老客户的帮助和支持。同时，这样做也是为了下一次的合作打基础。除了电话和短信，和客户联系感情的最佳方式就是答谢宴了。

和其他同事不一样的是，齐欢认识到了饭局的重要性，他认为饭局是巩固双方关系和拓展人脉必不可少的工具。

肖晨是齐欢的一位老客户，他们已经连续合作了4年，双方经常联系，相互支持，因此二人的关系也特别好。在年终的答谢宴上，肖晨还特意带了一个自己的同行朋友参加。齐欢在和这位朋友认识后，耐心地跟他说了自己下一年的计划和市场分析。

两个人一边喝酒一边聊天，聊得非常愉快。最后这位朋友还拍着齐欢的肩膀说："好啊，我非常愿意与你合作，看来这个朋友没有介绍错啊！"

通过这位朋友，齐欢又认识了好几位客户，而且其中有几位客户和他在饭桌上直接就签了约。第二年春，齐欢不仅业务翻了倍，因表现优秀，还被升为了业务经理。

例子中的齐欢知道，要想和客户继续签约合作，就要维持良好的关系，而丰富的人脉资源就在客户圈内。通过客户圈，可以发现新人脉，结识更多的客户。所以，他选择了商务式谈判方式——饭局，于是达到了事半功倍的效果。可见，通过饭局，可以更全面地了解客户的想法，营造一种和谐的气氛，为将来的合作打下基础。同时，也为你以后进入客户的社交圈提供了宽广的渠道。因此，在饭局中吃什么其实不重要，重要的在于设什么样的局。

中国原本的饮食之道，其实就是人情融合之道。一场饭局，既可以是亲朋好友间的感情交流，也可以是生意对手的交锋谈判。所谓酒肉穿肠过，交情心中留。人脉圈子、社会关系、做生意，最后都绕不开饭局。有一句餐厅的广告语说得好：“我不在家里，就是在饭局上；我不在饭局上，就是在赴饭局的途中。”饭局在中国，也是一种社会身份认同体系。透过饭局，你可以看到饮食之道里的利益、社会关系、人际关系和文化等等。混迹社会，最忌单打独斗，孤立无援。一个人要想在社会上站稳脚跟，就必须有一个属于自己的圈子。而“饭局”，正是一个个圈子的现实缩影。也就是说，许多人奔赴饭局并不是为了吃饭，而是在用这个局拓宽自己的人脉圈，这是社交高手们去吃饭的真正目的。

如何打造一个完美的“局”呢？那就需要我们用心去设计。

（1）要提前通知、张罗

有句话叫：“提前三天叫请，提前两天是叫，当天就是提了。”所以重要的饭局一定要提前预约，让被请的人觉得自己被格外关注，是个焦点。

（2）主座次座有讲究，要分清

一个正规的饭局，一定会区分主客、主陪的位置，座次的安排总关全局，这位子丝毫乱不得。在招待客人进餐时，还必须判断上、下位的正确位置。其实每个人在入座前心中都有了谱，但在入席时还是要好好地推让一番。

（3）点菜是一门学问

点菜是饭局中的点睛之笔，如果你能点出一道独特的菜肴来，那么你将成为饭局中的关键人物。

（4）规矩要熟于心

在饭局中，总有一些只可意会不可言传的规矩，比如说敬酒时，在敬领导或是辈分比自己高的人的时候，碰杯一定要比对方低，表示对对方的尊重。在别人看来，就会显得你懂规矩，大方得体。

❷ 醉翁之意不在酒，没人会平白无故地请客

在这个由关系、人脉组成的社会里，要想达成某种目的，人际交往就成了最主要的手段，而饭局就为人际交往提供了一个很好的平台。饭局虽不是万能的，但没有饭局是万万不能的。一个人若能在饭局里混得开，那么人脉圈也一定很广。由此，饭局的价值就不仅仅局限于“吃”了，而在于“局”这个精髓上。所以，没有人会无缘无故地请人吃饭，其主要意义还在“局”字。

中国人自古崇尚“民以食为天”。研究饭局文化，就是观察中国几千年来文明史变化的一个窗口。所谓的文化、风土人情，很多其实就蕴藏在日常的吃喝之间。因此，饭局往往都是醉翁之意不在酒。有一句这样的话：饭局就是一个小社会，有人情，有利益，有交情，有生意。中国式的饭局，绝不仅仅是“吃饭”那么简单。所以没有人会平白无故地请客，若深谙此道，便能在社交中如鱼得水，自己也能够受益。

易中天教授在《闲话中国人》一书中说道：“政治既然是吃饭，则会不会吃、懂不懂吃、善不善于处理饮食问题，就关系到会不会做人，会不会做官，会不会打仗，甚至能不能得天下。”我们都知道辛弃疾的那句诗：“凭谁问：廉颇老矣，尚能饭否？”这其中是有典故的，指的是当年赵国的老将廉颇，为了表示自己宝刀不老，雄风犹在，便当着赵王使者的面，一口气吃了一斗米、十斤肉，来证明自己的身体仍健壮。

从古至今，中国都是一个注重“关系”和“人情”的社会。俗话说：“远亲不如近邻。”一个人办事，首先一定会先想想身边有没有可靠的人能给自己提供帮助。一旦有了目标，首选的交流方式便是饭局。所以对于一个步入社会的人来说，学会在饭局上说话、做事，显得尤为重要。千万不要单纯地把别人请你吃饭当做是理所应当的事，没有人会平白无故地请你

吃饭。一个会交际的人，一定会洞察出饭局中的规则，然后小心翼翼地遵守。若不懂饭局中的人和规矩，就会如下面故事中的主人公一样，得罪人还不自知。

陈秦是某单位的人事部经理，这家单位隔几年就会进行一次职位大晋升，提拔一些有潜力的年轻人。这天，陈秦像往常一样下班，突然范文走到他面前，说：“经理，周末您有时间吗？想请您吃顿饭，感谢这几年来您对我的照顾。”陈秦本来就和范文关系不错，便高兴地答应了。

到了饭店，范文拿出一瓶红酒，说是请他品鉴一下。陈秦本来就对红酒情有独钟，一见这瓶洋酒，眼睛都亮了。在陈秦欣赏酒的时候，范文便时不时地在言语间谈到他们夫妇俩的难处，说自己的父母还在农村，因为自己事业还没有稳定，也不好意思将他们接到城里来尽孝道。陈秦只顾欣赏酒，也没怎么听范文说话。饭后，范文硬是把红酒塞给了陈经理，说自己也不懂酒，喝不出什么味道，还是让懂的人来品尝，陈秦便半推半就地收下了。

之后，晋升如期举行。最后，一个姓邱的老员工晋升为经理，范文还是在原来的位子上。

有一次，陈秦去找范文，想去跟他说那瓶酒很棒，却听到他在跟另一个同事说：“怎么这机会给老邱了，这陈经理可真不知好歹，亏我还托朋友从国外带了一瓶几千块钱的酒送他，你说这事气不气人！”

陈秦一听顿时傻了眼，他根本就没想到范文找自己是为了晋升的事。他这才知道醉翁之意不在酒，没有人会平白无故地请客。之后，陈秦收了好处却又不办事的事情全公司都知道了，不过范文也落了个“行贿”的罪名。之后，范文请人吃饭时都会小心翼翼了。而陈秦，每当有人请他吃饭时，他便会多留一个心眼。

要知道没有人会平白无故地请客，陈秦自以为范文真的是为了和自己的交情，才请自己吃饭。然而这世上没有免费的午餐。俗话说：“吃人嘴短，拿人手软。”你吃人多少，就得还人多少，不然就背负了不懂人情世故的骂名。

在2000年，巴菲特与纽约一家牛排馆共同发起了一项名为“与巴菲特共进午餐”的活动。每年进行一次拍卖，拍卖的最高价格达到了2626411美元。花这么多钱就为和一个人吃顿饭，这些人傻吗？还是那句话：天下没有免费的午餐。没人会花这么多钱做一件对自己完全没有意义的事。你有没有想过，一个身份地位越高的人，他们的人脉资源也就越珍贵。有人愿意花大价钱与巴菲特共进一餐，这背后就凸显出了人脉的价值。因为他们深知，人脉是一个人成功的基石。与巴菲特共进一餐，便能快速与其他人成为朋友，从他人身上获得帮助。

的确，饭局就是一个交际场合。在这里，我们很容易结识新的朋友，并通过这些朋友来扩大自己的交际圈，给予自己在事业和生活上的帮助。

2007年，摩尼寺·帕伯莱在与巴菲特共进午餐后，当时参与午餐的人在之后都很慷慨地给予了帕伯莱与他们合作的机会。

在第一次与巴菲特共进午餐后，帕伯莱已与伯克希尔·哈撒韦公司的领导者有了更多的交流。一次，帕伯莱还参加了伯克希尔·哈撒韦公司的年会。在那里，巴菲特带领帕伯莱参观了他的办公室，并向他展示了自己的股票交易旧发票和他收集的微型汽车。

就这样，通过与巴菲特共进的一顿午餐，帕伯莱又结识了另几位对自己事业有帮助的大人物。

2008年，以211万美元获得与巴菲特共进午餐机会的赵丹阳说过：“这一经历不能用金钱来衡量，巴菲特的建议会惠及我们一生。”

可想而知，一个有用的建议会为我们带来多么巨额的回报。中国人之所以这么看重饭局，就是因为在饭局中，能够轻易从他人身上得到珍贵的建议或信息。

没有人是傻子，会无缘无故地请人吃饭，多数都是有所求，不是图交情，就是图利益。一个有意义的饭局，最起码能得到别人的指点，让自己少走弯路。若宴请的饭局中有年纪大或经验丰富的人更好，像大家第一次碰到的难题，人家可能已经碰到很多次了。在这时候请教一下他们，能节省自己很多时间和成本，因此饭再贵也是值得的。

❸ 吃饭事小，出局事大

中国人一向注重饮食，无论是逢年过节、婚丧嫁娶、升官易职，都少不了一顿丰盛的酒席。而我们常说的社交公关，请客吃饭更是首选。若设好了一场饭局，便有机会给自己带来一个好的机遇。于生活，饭局可以使亲朋好友间的交往更加亲密，使彼此的感情更融洽；于事业，又可以扩大人脉圈，给交际关系穿上一层亲近的外衣。现如今，饭局越来越受到人们的重视，也有越来越多的人进入到饭局的游戏规则中，以期许自己能够如鱼得水。现在的一场饭局，不仅仅能够影响自己的成功与失败，甚至可以改变自己的人生轨迹。因此，一个人要想在这个社会上立足，不管处于什么样的地位，扮演着什么样的角色，都要懂得饭局宴会上的规则。毕竟吃饭事小，出局事大。

透过饭局，我们还可以看出很多潜移默化的经济利益、社会关系和人际关系。但是，首先我们得身在这场饭局内。因此饭局中的讲究我们也应该了解一些，从落座到上菜的顺序，从谁先夹第一口菜，到什么时候离席等，这些"繁文缛节"我们都应该熟知。饭可以随时吃，但局不一定时时有，所以要搞好这些人情关系，莫让自己出局。

一个人的成功与否，与网络交际有着莫大的关系，要想获得成功，就必须将自己置身于一个合适的"人情场"之中。而饭局就是这"人情场"中的纽带，是将人与人关系拉近的最有效的方式。确实，每一个社交高手，都知道饭局只不过是一个平台。饭局里，大家围在一起吃饭，其实就是一个熟悉的过程，一个相识相知的过程，是为以后的合作打基础。每一个深谙世故的人都知道："饭"只不过关系自己的生存质量，而"局"却决定了一个人的发展前景。在温饱已经不是问题的前提下，"局"就变得远比"饭"重要。所以我们应该学会用"饭"来稳定自己的"局"，不管怎样都要让自己成为“局内人”。

因为设宴的目的主要是为了人脉和人情，自然少不了邀请一些陌生人。若想成为一个合格的局中人，应该事先做足功课了解对方的需求和辈分，特别是一些重要的宴请，一定要先对对方有个初步的了解，才能做到心中有数，游刃有余。因此，无论你从事什么职业，处于什么位置，如果不能很好地掌控饭局，那你未来的发展道路难免会多出许多不必要的坎坷。

一个人，不仅要融于这强大的“人情场”中，还要掌握饭局的艺术，这样你就可以左右逢源，青云直上。

吴绍是一家公司的普通职员，在市场部工作。因为自己的经理和人事部的经理有“过节”，所以两个部门的人即便私底下关系很好，也绝不会在一起吃饭。

一次，公司领导决定从市场部和人事部中挑选一名员工出国培训。大家都心知肚明，只要有了出国培训的机会，回来便有机会成为公司的高管。于是大家都开始辛勤工作，努力博得领导的好感。吴绍在努力工作的同时，也在揣度领导的心思：为什么偏偏要在市场部和人事部挑选员工呢？而且出国回来后，有机会担任高管职位，可能老板看中的不仅仅是能力，还有管理，于是他便开始筹划一个饭局。

中午，吴绍和自己市场部的人一起吃饭，了解经理最新的情况。下班后，他又秘密地邀请人事部的同事参加一些饭局。来往几次，他便了解了这二位经理之间的矛盾。也知道这二人其实都想和好，但碍于面子，都不愿开这个口。

于是在一次下班后，吴绍分别邀请两个经理参加自己的生日宴会。席间，吴绍借醉酒卖傻，最终让两个部门的经理一杯酒泯恩仇。

最后，当其他同事还在埋头工作时，领导便决定派吴绍出国培训，因为领导看出他很会“办事儿”。

吴绍很懂得饭局中的人情世故，他在知道市场部经理跟人事部经理关系已经很僵时，只会秘密地邀请人事部的经理参加饭局，以免得罪自己的经理。只有通过手段，将二人拉进自己的“局”内，一切就好办了。所以聪明的饭局高手们都深知“吃饭事小，出局事大”的道理。

随着社会的不断发展，吃饭已经不再只是为了果腹，而成为了社交的重要方式。在人脉、关系、资源越来越被看重的今天，饭局的桥梁作用也愈加凸显。因此，懂得饭局中的奥妙，方可步步为营，招招取胜。

❹ 点菜其实没有那么简单

如何升职一直是职场中的热门话题，到底如何才能快速升职呢？电影《杜拉拉升职记》中告诉我们，升职要奉行两个原则：“努力工作”、“把老板的公司当成自己的公司”。不过，现实总是比艺术表演更骨感，想升职除了要“天资聪颖、吃苦耐劳”外，还要学会一门必不可少的小手艺：点菜。也许觥筹交错前的铺垫，往往比吃喝的过程甚至努力的付出更影响你的前途。点菜看起来是件很平常的事情，可里面也有讲究、有窍门、有学问。一样的钱，可以点出不同的菜，也会产生不同的效果。花一样的钱，点出的菜，如果菜式没特色，主宾没印象，众人没感觉，那就是花钱没效果了。怎样使商务宴请既有面子又不浪费，这真得好好动动脑筋。

如果你留意观察，你会发现公司里总有这样一种人，他们是“气氛调节器”。不论工作能力如何，领导出席宴会总是喜欢带上他。这样的人物往往有以下几点过人之处：会点菜、酒量好、口才好，有他在场，气氛总是特别融洽，而这样的人总会比那些闷头做工作的人更快升职。

因此，若想人缘通畅、职场高升，会点菜也是一项基本功。

小王去年入职一家公司，短短三个多月，他已经是公司的销售经理了。对于为何能够如此快速地升职，小王透露了他的“葵花宝典”，其实是吃饭点菜这件看起来不起眼的小事情成就了他。

小王在大学时，同学们聚餐选餐厅、点菜的活儿基本由他来完成。他也从中摸索出了一些点菜的方法：

学生手头拮据不经常开荤，而且都是年轻人，正是长身体的时候，所以聚餐首先要多点肉菜。如果是10个人，那么至少要点6个肉菜，而且要点小炒肉、炒肉末等肉量多的菜，保证每个人都能吃到。这种点菜方式只适合年轻人群，尤其是学生群体。职场上点菜要看吃饭对象，像做销售多是谈业务，一般情况下只要饭桌上吃好了，业务没有谈不成的。所以点什么菜很重要，做业务的人一般喝酒比较多，身体也是亚健康状态，在饭桌上一般要点两三个营养比较好的菜，比如鸡汤、排骨汤；此外，在饭桌上谈事情都是边喝边议，那么最理想的下酒菜就是糖醋类菜肴，比如糖醋鱼、糖醋里脊等。这类菜能降低酒精对肝脏的伤害。

还要锻炼自己的说辞，每个菜上来都能做点儿文章，你就是“饭局之星”了！这样下来，单也签得顺了，职位也升得快了。点完菜要询问客人用什么酒水，如果客人推辞不想喝酒，你可以试着来点啤酒或者红酒；如果由于特殊原因不便饮酒，可以用“要开车”或者“下午有工作安排不便饮酒”等理由来解释。

在把握住这些点菜招数后，小王硬是把一个个“难啃”的大客户在饭桌上“拿下来”了，自此获得总经理的赏识，升职也顺理成章了。

点菜看起来简单，其实很复杂，只要菜点好了，饭桌上的事情也就好办得多了。

俗话说“技多不压身”，除了唱歌唱得好、会穿衣打扮，会点菜也必不可少。只要运用得当，就会给自己的形象加分。在饭局上点菜既要考虑一桌客人的年龄构成、辈分，还要考虑市面上的美食流行趋势以及这家饭店的特色。另外，买单的人脾气也要摸一摸，是“大锅饭”还是私房钱，是小气鬼还是大方气派？从餐厅的选择，到点菜的数量和质量……很多环节都需要注意。

张亮也和小王一样，是个“会点菜”的主儿。他现在在某大型私企做管理工作，其升职速度也如火箭一般飞快。

谈到点菜的秘密时，张亮好像有说不完的话：“首先要确定点几个菜为宜，如果5个人吃饭，就点7个菜；8个人吃饭，就点10个菜……以此类推，也就是点菜数等于就餐人数加二。还有个最重要的秘诀，我点菜时首先要关心到老板，老板有高血压，所以点菜时，每次我都会嘱咐服务员炒菜不要用动物油，特别是猪油，而要用植物油。再者，像猪肉、肥肠等高脂肪的菜一般是不会点的，除非老板亲自要点。除了把老板照顾好外，还要根据客人的口味来点菜。如果是沿海来的客人，那么大闸蟹、鱼类不妨多点些；如果是北方客人，那么不要点太辣的菜。另外，点菜过程要快，不要点了很久都没有定，重点菜和口味菜询问一下客人是否喜欢，尤其注意不要为了符合自己的口味而点太辣或者太油腻的菜。”

由于深谙点菜之道，领导经常带张亮参加筵席，而他升职快也自然在情理之中了。

从例子中可以看出，点菜前一定要摸清吃饭人的喜好，有的放矢。当然，如果你是第一次去一家餐馆，可以请服务员推荐几道特色菜，然后选择一些比较家常的菜，估计味道不会差到哪里去。然后再根据客人的口味和喜好进行选择，就可以了。

俗话说：多个朋友多条路。而很多朋友就是在饭局上认识的，可见在饭局上给人留下好印象是多么重要，而掌握一些点菜的技巧，更是重中之重了。

5 把酒言欢，注意酒杯间的心理博弈

饭局不仅是吃饭，喝酒更是其中重要的一项。只要有酒在的地方，就不得不注意酒杯间的心理博弈。酒作为商业交际的一种媒介，在复杂的人际交往之中，除了正式宴请和交易之外，难保不会有“陷阱”存在，使醉眼朦胧的人吃亏上当。有些人认为喝酒应酬只是表面上客套，完全是虚假的交际手腕。其实，八面玲珑的喝酒应酬技巧不是愚弄，更不是欺骗，它

是现代生活中一门高尚的艺术。通过杯酒间的交流，把我们的诚意传达给别人，使别人感受到，然后愿意赞同和帮助我们。

酒作为一种交际媒介，对朋友聚会、迎宾送客、合作沟通、传递友情都发挥了独到的作用。因此，喝酒已经不仅仅是畅饮、把酒言欢这么简单。我们只有学会杯酒间的博弈论，才能真正赢得这场游戏。

(1) 敬酒没那么简单

敬酒是一门学问，是喝酒的前奏，如果把握不好，整个节奏都会被破坏。一般情况下，敬酒应以年龄大小、职位高低、长幼尊卑为序，这不是提倡一种阶级观念，而是对他人的一种尊敬。所以敬酒前一定要充分考虑好敬酒的顺序，分清主次。如果要与不熟悉的人在一起喝酒，也要事先打听一下身份或是留意别人如何称呼，避免出现尴尬的状况。

(2) 察言观色，把握大局

有时候喝酒并非只是你一杯我一杯，毫无顾忌地往嘴里倒，最后喝得醉醺醺还不讨好。所以要想在酒桌上得到大家的赞赏，还要学会察言观色，才能扮演好酒桌上的角色。像大多数的酒宴，基本上是以喝酒为目的，但还要时刻注意大家的心理。首先应环视一下大家的神态表情，分清主次，不要单纯地为了喝酒而喝酒，因而失去交友的好机会，更不要让某些哗众取宠的酒徒搅乱了酒宴的安排。

(3) 喝酒时的交际语言

在酒杯的交际间，一个人的说话水平能显示出他的才华、学识和修养。有时一句诙谐幽默的语言，会给别人留下很深的印象。因此喝酒时切记胡言乱语，什么时候该说什么话，一句得当的话语，会让人无形中对你产生好感。另外，尽量不要与人小声私语，容易给人造成一种“就你俩好”的心理，影响喝酒的心情。

我们都知道酒喝多会伤身，而且若是喝醉了更加难以收场。在我们身边一定不乏酒场上的高手，他们在酒桌上左右逢源，但不见得是“千杯不醉”的“酒仙”，也不会来者不拒，喝个烂醉。只是他们对人情更为练达，看透了酒桌上的种种玄机。酒量可能是天生的，但杯酒间的心理博弈却是可以后天练就的。因此，若想在酒桌上赢得这场博弈，还要在你来我往的碰杯中学点东西。既要保重自己身体，又不能得罪他人。

（1）不到敬酒之时，绝不举杯

在酒桌上，有的人会在吃饭过程中不知不觉喝掉自己杯里的酒，到别人敬酒的时候自己已经喝不少了。于是在这场酒杯的博弈中，一开始便输在了起跑线上。一个聪明人会把杯子里的酒留在别人敬酒的时候再喝，而不是边吃饭边“解渴”。否则喝酒的力气没有花在刀刃上，那就亏大了。

（2）劝别人酒要适度，莫要强求

在酒桌上往往会遇到劝酒的现象，有的人为提升现场气氛，想尽办法也要劝别人多喝几杯，认为不喝到量就是不实在。喝酒当然要让人乘兴而来、尽兴而归。

但这些“以酒论英雄”的酒席，对酒量大的人来说还能接受，酒量小就犯难了。有时过分地劝酒，反倒会将原有的朋友感情完全破坏。因此，那种不顾实际情况，只图一个乐子的劝酒，说到底不过是以把人喝倒为目的，这是劝酒的大忌。若你能够根据实际情况，做到适可而止，善解人意，别人也会感激你的好。

（3）学会装疯卖傻

在把酒言欢时，若不想一上来就被对方灌醉，就一定要遵循一个原则：头脑清醒，表面装醉。即使你能够喝一斤也要减半，告诉大家你最多喝半斤。任何一次敬酒都要挡，让对方往自己的杯子里越少斟酒越好，然后轻轻推开酒瓶，或者用幽默的语言告诉对方：“你这是要把我灌醉啊！我可是真的不行了，到时候发酒疯了你们可要担待。”有一点要记住，在朋友们向自己热情地敬酒时，不要东躲西藏，更不要把酒杯翻过来坚决不喝，这是不礼貌的行为，一个酒场上的博弈高手不会犯这种低级的错误。

（4）用转移视线法挡酒

酒场上大多是劝酒和挡酒二者之间的博弈，如果你处于被劝的那一方，你大可以使用转移视线法。当劝酒者刚举起酒杯时，你要早准备好先发制人，将众人的注意力转到另一个大家都感兴趣的话题上。等大家兴致冲冲地讨论时，你便可以一边喝茶一边窃笑了。

(5) 博得别人“欢心”的好机会

有句话叫：酒桌上见真情。如果你的朋友正在被别人疯狂进攻时，你若适时地替他挡几杯，相信他一定对你的“仗义”非常感激。你不用花任何力气，只是简单地挡几杯酒，便能博得他的欢心，何乐而不为呢?

(6) 三十六计走为上计

你来我往的杯酒碰撞间，若以上方法都不管用时，你还有最后一招，那就是“开溜”。如果实在不能再喝或是无法招架，你只需装腔作势地起来接电话，然后边皱眉头边叹声，无奈地说：“真是对不起了，各位！好不容易喝次酒，还有急事，不去还不行。”之后便可潇洒离场，若还有朋友打电话来叫你回去继续喝，你也完全可以推脱事情还没处理完，称下次一定奉陪到底，如此便可逃过一“劫”。

在如今这个社会，人际交往频繁，很多人情世故和生意上的事情都会通过饮酒聚会来促成。但是有一部分人却有宴会恐惧症，害怕饮酒，害怕与众人打交道。其实喝酒聚会并不可怕，只要懂得以上酒桌上的奥妙，学会一些规矩、一点礼仪，便能与别人把酒言欢，于碰杯间擦出愉快的火花。

6 别出心裁的宴请，方可事半功倍

在生活和工作中，我们免不了要与人打交道，自然也就免不了要请客吃饭。中国有句俗话说：“办宴容易请客难。”可以说，饭桌就是社会的缩影，饭桌上处处是玄机。一场以社交为目的的“饭”，可不是那么好吃的。因此，每一次宴请都需要我们考虑周全，花点心思。特别是求人办事，一定要巧妙布局、用心设宴。在宴请前一定要摸透对方的想法，找到对方最好的切入点，只有这样才能事半功倍。饭店的档次、用餐的场所、点菜的形式、座位的安排等，都是需要在意的问题。若一顿饭太普通，提不起别人的兴趣，即便你再怎么投入，对方也不一定会领情。这样你的宴请就会变得毫无意义，最终的结局可能就是“赔了夫人又折兵”。

就拿选择用餐地点来说，如果饭店的档次太低，就可能让对方觉得没有被重视；而档次太高，则又可能超出我们的经济预算，还会显得太过奢侈和浪费。因此，最有效的“讨好”方式并非是要花多大的价钱，而是花心思弄一场别出心裁的宴请，让对方意识到自己被重视，你也用心地照顾了他的感受，那样做起事来便可事半功倍，博得别人的好感。

老余在一个大公司干了10余年，一直都是小职工，也没有升职加薪。一次，公司想用民主投票的方式选一个新的经理。这在老余看来简直是个千载难逢的好机会，于是他便想着请大伙吃个饭，到时候他们好投自己一票，想到这里他便开始筹划，想找个借口把大家都请过来，一起聚个餐。

但他发现公司里多是些外地人，有湖南的、东北的、四川的，甚至还有一个台湾的，大家口味都不一样，这可让他犯了难。他又不能一个个地分开来请，这样会让同事认为有拉票的嫌疑。于是，他花大心思找到自己学厨师的同学，让他帮了个忙……

周五那天，老余说女儿考上大学了，想请同事们吃个饭庆祝一下。大家见盛情难却，便同意了，时间订在周六下午。到了周六，大家都一起前往老余所说的地点。可到达之后，大家都惊呆了，原来老余所说的请客地点，不过是一个普通的大排档，但是碍于人情大家都没有走。老余把大家安排入座，他把同一个城市的人安排坐在一起，然后说：“菜我已经为大家点好了！”等菜上来后，大家一尝都很兴奋，他们都尝到了各自的家乡菜。原来老余请同学从各个地方请来了当地的厨师给大家做菜，因为本地做的外地菜都不怎么正宗，而老余的这次精心安排，征服了每个人的心。

最后，经理之位非老余莫属了。

老余花了这么大心思，弄出一场别出心裁的宴请，结果也是值得的。现在的社会物质条件很丰富，大家什么场面没见过，要想抓住别人的心，就要用特别的、与众不同的方式来对待。若是老余请大家到高级酒店去用餐，花了大价钱，效果还不一定好。因此，要想办事的成功率高一点，就要在饭局前用心安排，全面布署，做到与众不同，最后宾主尽欢。

一个别出心裁的饭局，会让他人在不知不觉中舒服地进入你所布的"局"，然后你想做的事也能事半功倍。所以，凡事不能死守规矩，还要有创新意识，懂得如何打动人心。

蔡琳是一家公司的销售，好不容易才拉到一个大客户，却听说另一家公司也在挖这个资源。为了不流失这个客户，蔡琳便想设一个别出心裁的饭局，让客户能够继续和自己合作下去。

蔡琳拨通了客户的电话："喂，您好，李总，最近忙吗？"

"哦，是小蔡呀！最近确实挺忙的，累得我连喘口气的机会都没有啊！"

蔡琳见他一开始就推托，便转而一笑说道："哎呀，我就知道李总您是日理万机的，肯定忙。这不，我特意邀请您出去透透气，放松一下，吃个便饭。您上班时间我肯定不敢占用，我可是掐好了表，算好了时间，看着您快下班了才敢约的，不然我哪敢冒昧啊！"

李总听了也不好拒绝，犹豫了一下便答应了。

到了饭店，蔡琳礼貌接待，然后让服务员上菜。菜一上来李总便眼前一亮，他惊讶地问道："这不会是牙牙菜吧？这饭店不错，连这菜都有。"

蔡琳笑了笑，说："哪儿呀！我是几经打听才知道李总您常念叨自己早年在农村时爱吃这个，扎根城市后就再也没能吃过。所以就托朋友带来，特意托厨房做的，连做法我都打听好了，您尝尝这味道对不对？"

"你可真是有心，这味啊！错不了！"

在吃饭时，蔡琳一句也没提续约的事。李总无意中提起，蔡琳也是说："李总，今天说好是来放松的，咱不谈公事。"

两个月后，蔡琳成功地和李总签了约，而且一签就是好几年。通过一场别出心裁的宴请，她总算是留住了一个大客户。

故事中的蔡琳无疑是个精明的女人，她先是自然地接了话茬儿，顺利地约到了客户，然后又用一场特别的宴请留住了客户的心。事情做到这一步，有些话不必多说，客户心里已经有数了。因此，要想让对方心甘情愿地帮你的忙，在宴请前就要细心思量，不仅要打动对方的心，还要做得滴水不漏。千万别让对方觉得你是为了巴结他而做，而要让其丝毫找不到奉承的破绽，这样他才会心甘情愿地“上”你的“钩”。

一个太普通的宴请，会让人觉得没有新意，也引不起别人的注意，更会让对方觉得你没有用心，太随意。所以，在饭局中，最好的笼络人心的方式就是投其所好，抓住对方的爱好特点、感兴趣的东西，并加以巧妙利用。在做好准备之后，便可设计一场与众不同的宴请，就能一举获胜。

⑦ 酒桌上交朋友，酒桌下成生意

“酒桌上交朋友，酒桌下成生意。”饭局中的酒交，也是社交特点的一种体现。俗话说“无酒不成席”，对于生意人来说，酒场是把客户变成朋友的重要场所。许多人都是在酒场上交成朋友的，许多生意也都是在酒桌下拍板成交的。人们在推杯换盏中最容易吃出氛围，喝出交情，因此扩人脉、谈生意，酒桌就是个很好的实现场所。为什么在酒桌上容易拓展人脉、交成朋友呢？一是在酒桌上有机会见到朋友的朋友，在朋友的介绍中，一来二去，这些人就很可能成为自己的朋友。二是酒可以给人壮胆，戒除你的羞怯心理。因此，在酒桌上会大大缩短人与人之间的距离，两个人坐一起，酒杯一碰，痛快地把酒喝下去，陌生人都可以成为好朋友。

在酒桌上，我们可以：

(1) 互相交流信息

随着传媒的发展，信息传播的方式已日趋多样化和现代化，尽管如此，它们依然不能代替在酒桌上交流信息的普遍性和重要性。因为人们在酒桌上可以互动，而且交流的信息往往更生动、给人的印象更深刻。在酒桌上不仅为喝酒，更为获得精神上的满足。朋友会把最新的消息告诉你，你又把自己的见闻告诉他，大家互相交流信息，能够扩大视野和人脉圈。

(2) 化解、消除矛盾

如果说饭局是人际关系的润滑剂，那么酒局就是人际关系的调节剂。餐饮礼仪的基本原则是敬人律己、真诚友善，它能联络感情，营造和谐的氛围。人与人之间发生的某种不快、误会和碰撞，在酒桌上化解往往更为有效。一杯酒下肚，往往就能够化干戈为玉帛，重新获得彼此的理解和尊重，更有助于建立和发展人与人之间的合作关系。

但是有一点要注意，在酒桌上交朋友很重要，但也只能算是“初识”，要想真正和对方建立友谊，成为知心朋友，还得在酒桌下下功夫。一杯酒只能喝出感情，要想维持这段情感，还得在酒桌外多联系、常交流。

肖健是某公司的销售经理，他平常也不搭理其他中层领导，只是和总经理走得很近。但最近总经理离职了，肖健感觉孤立无援，心里总是空落落的，便想请其他的中层喝个酒，联络一下感情。抱着这个目的，肖健请了人事部老王、公关部老张，还有新上任的后勤主管小陈。喝酒的时候肖健盛情款待，一会儿和这个碰杯，一会儿给那个敬酒。大家都很热情，肖健也为自己的好人缘感到开心。

第二天，肖健照样来到公司上班，但是大家的态度好像和以前没多大改变，和昨晚的热情截然不同。肖健很纳闷，却也没多想。在开会前，肖健去拿打印好的材料，无意中听见老王和小陈的谈话，小陈问：“我看昨天你们都很待见肖经理啊，今天怎么又变这么冷漠了？”老王回答：“哪儿呀！我没推托宴请，是因为没必要得罪他。而老张是因为最近有事要他帮忙，所以不敢推辞。我们也不是不待见他，酒桌上交朋友可以，但是酒桌下更得交朋友不是？你看他平常只和总经理套近乎，完全不搭理我们，现在总经理走了，他一杯酒就想把我们笼络过来，哪有这么容易的事？”

如果一个人与酒桌无缘，或总是一个人喝闷酒，不会有效利用“酒”这种社交工具，那这个人也就很难立足于这个复杂的社会。

酒桌上交朋友，酒桌下成生意，这已经成为求人办事的成功法则之一。在这个人情和关系社会，人际交往越来越和吃饭、喝酒脱不了关系。“喝酒”不再仅是娱乐的必须，更是维系人们情感与利益的纽带。通过酒杯，人们完成利益博弈、财富角逐、情感交流，一切难事在酒桌上都变得容易。

但是在经历过几场酒局后，你就会慢慢发现，酒桌上最难应付的不是酒，而是形形色色的人。从另一个角度来讲，酒局又是棋局，这不仅仅是你来我往那么简单。不要被那些表面现象蒙住了眼睛，要学会深度挖掘。像例子中的肖健，他以为一场酒便能拢住大家的感情，而不在酒桌下下功夫，是很难办成事的。人情世故并非这么简单，我们要努力使自己成为布局者，而不是一颗闲棋冷子。想要在酒桌上左右逢源，不是只单纯喝酒，还要学会察言观色，从别人的举手投足中，捕捉到自己想要的信息。看谁是碍于面子才来、谁是真的想和你交朋友才来，读懂了这个，无论酒桌上、酒桌下，你都能应付自如、高朋满座。

一天，梅先生的一个朋友请他参加一个酒局。那段时间，梅先生的生意非常不顺利，一连好几笔都亏本了，再这样下去，他就得把一处海景房给卖了填补亏空。所以朋友打电话的时候，他并不是很想去。但是朋友接二连三地邀请，他碍于面子最后也去了。

在喝酒的时候，大家谈到了一个人该如何理财。其中有一位极擅长炒房的温州商人阿柴说得非常好，大家也都纷纷向他取经，问他平时都是怎么做的。酒局后，大家各自回家了。只有梅先生临走的时候要了阿柴的号码，之后梅先生频频和阿柴联系，一来二去，二人便成了朋友。在一次交谈中，梅先生听阿柴提到说："我最近购买了一套海景房，在我看来，不出半年那里的房子就会升值。"说完他还向梅先生分析自己他的观点。梅先生本还想卖掉房子，现在看来得晚一点再卖了。

结果不出阿柴所料，4 个月后那处海景房便升值了 10%，梅先生足足多赚了二十几万。

经常跟一些成功人士喝酒，不仅仅是为了过酒瘾，更重要的是在酒桌下交朋友，从他们身上吸取经验、学到知识。梅先生参加了一个本不想参加的酒局，结果却让他得益二十多万，原因就是他通过酒桌交了一个有价值的朋友。在酒桌上称兄道弟很简单，但在酒桌下你有没有把握这份友谊呢？所以说，酒桌上喝酒不是目的，和目标人物建立友好的关系，从而为自己积累重要的人脉资源才是目的。

第十章

RENQI
JUEDING CAIQI

商海沉浮，人性之恶不可不防

古往今来，有竞争就会有争斗，这是无可更改的事实。正所谓商海沉浮，害人之心不可有，防人之心却不可无。只有带上隐形的“面具”，看清人性的善恶，才能真正做到行走于世、游刃有余。

❶ 不是教你“诈”，人性之恶不得不防

很多刚入社会的年轻人，在体会到社会的变幻莫测和冷漠无情后，大多会感觉壮志难酬。这时我们就能领悟到，其实社会并不是我们所想象中的那么简单。千万不要以为社会就像五彩斑斓的彩虹，美得让人幻想、翩翩起舞。社会其实就是一个“江湖”，江湖之路本就充满尔虞我诈、是是非非，只要我们还在社会上打拼，生活就与“战争”相关，因为有太多人想踩着别人的肩膀往上爬。

元曲《冻苏秦》中曾说道：“也素把世态炎凉心中暗忖。”可见，古往今来都一样，有众多无奈。社会要发展就会有竞争，有竞争就会有争斗，这是无可更改的事实。或许会有人感叹这个社会的复杂多变，会抱怨现实的冷酷无情，但即便你再不满意社会上的尔虞我诈，也不能用一颗抱怨的心去看待它。社会本就是一个大染缸，有的时候为了达到目的，会有人不择手段。所以我们要时刻保持警惕，害人之心不可有，但是防人之心不可无。

“江湖险恶”，我们总是在察言观色、小心翼翼，生怕得罪了某个人而影响了所谓的“关系”。在社会这个大舞台上，大多数人演的都不是自己，而是某一个特定的角色，代表着所处的身份、地位、名誉和权力。一个太单纯、太真实的人，很容易受到别人的攻击和伤害，因此，若想要在社会上立足，你也必须带上华丽的“面具”。只有学会去正视那些现实的悲欢离合、世态炎凉，你才能真正做到混迹于世，才能游刃有余。

小菲刚入职一家广告公司做广告策划，因初来公司，小菲有些不适应，很希望有个人能提点自己一下。恰在此时，同为策划的陈璐向小菲伸出了援手，把自己的一些工作技巧教给她。

在陈璐的帮助下，小菲很快便适应了公司的工作。由于小菲工作能力

强，很快就得到了主管的认可。

小菲认为自己进步这样快，与陈璐的帮助是分不开的，因此对陈璐感激不已。因此小菲非常信任陈璐，有什么事儿都会毫无保留地说给她听，自然也包括对上司或是同事的品头论足。

3个月后，小菲的试用期到了，她认为自己的表现还不错，成为正式员工应该问题不大。然而让小菲没想到的是，试用期满的那天，主管把她叫到办公室，说公司将不与她签订正式劳务合同。

小菲很惊讶，问主管自己到底哪里做错了。主管便列举了小菲在背地里说同事、上司的一些“坏话”。原来一切都是陈璐搞的鬼，但她不明白陈璐为什么要害自己。

在临走时，办公室里的一个同事悄声告诉她：“你跟陈璐说的那些话，她都告诉了主管。她这样做是因为嫉妒你，怕你在工作上超过她，她这人嫉妒心一直很重，所以办公室很少有人招惹她，你吃亏就吃亏在太相信他人，对人一点防备心都没有。”

一个公司就是一个社会的缩影，有百个人、千只手、上万种性格。因此到了社会上，关系更是复杂。一句“人在江湖，身不由己”，就早已道出了这世间的炎凉冷暖。如果我们要想在社会上闯荡，就必须有一些防备之心，不要抱有侥幸心理，否则就只能受人欺骗。

陈雨、晓德和李昌是好朋友，三人毕业后便各奔东西，但一直没有失去联系，三人经常在电话里拉家常，偶尔还抽时间一起聚聚。

但因工作忙，三人已经几个月没联系了。有一天，陈雨突然给晓德打来电话，说是有一笔大生意想找他一起做。说这是稳赚不赔的生意，只是资金不足，需要他入股，还说这是千载难逢的好事，连李昌都入股了，这发财的好机会哪能少得了他。晓德先是诧异，后来说考虑考虑。之后，晓德给李昌打电话想问个清楚，可是李昌的电话一直打不通。晓德便猜想，这可能是传销。于是他一边报警，一边答应陈雨的要求。就在他们见面的那一天，这个传销团伙的头目也被警察抓获，当然，除了李昌，还有几十个人被解救了出来。

之后晓德问李昌怎么那么糊涂，李昌说："哎，我怎么知道陈雨是这种人呢？我完全没有防备，他一说我就上当了，也没多想。"

江湖险恶，有些人为达目的而不择手段，而另一些人在糖衣炮弹的狂轰滥炸下失去了方向，甚至做出了一些违背良心与道德的事情。对于江湖的险恶，我们除了强烈谴责，更要具备防范之心，避免受到坏人的蛊惑和伤害。

❷ 认清自私的本质，才能免受伤害

中国古代有句十分流行的话，叫："人不为己，天诛地灭。"自私，从某种意义上可以说是人性的一部分，那就是人首先要保证自己的利益不受损。如果一个人从根本上放弃了自己的欲望和需求，那么在人与人的竞争中，就会在精神和肉体上被淘汰出局。自私，从某种意义上也是人的一种自我保护意识。像婴儿来到人世间的第一声啼哭、第一次吃奶，都属于自我保护的范畴。这时的他，不会考虑别人，只是在宣布：我来了，我要吃东西，我饿了。如果有人和他抢，婴儿会很自然地反抗。

当今社会分工越来越明显，越来越细化，人与人之间的联系越来越多，所以每个人都不可能独立地生活。自私也许是人的一种必然的生存法则，所谓纯粹"毫不利己，专门利人"，精神可嘉，但现实社会中很难行得通。从人性的角度来讲，世上不存在专门为别人而活的人，自私可以说是人类延续生命的本能。

美国学者威尔逊在《新的综合》一书中，将生命最基本的单位基因定义为"自私"。一朵花同另一朵花争养料和阳光，鸟吃虫子，猫吃老鼠，狗与狗之间争夺食物等，这都是"自私"的表现。所以，当我们自身的利益和别人的利益发生冲突的时候，我们都会不由自主地选择满足自己的利益。不管是谁，都会有只顾一己私欲的时候，但这却不是十恶不赦的罪过。在很多时候，自私只是一种维护自身利益的手段，如果你真正地了解它，并且认为这是人类的一种天性，就能避免受到它的伤害。

阿豹是一家家用电器产品公司的业务员，专门负责采购某种原材料。有一次，阿豹生病住院了，无法及时回公司采购生产急需的原材料。阿豹便想请业务科的其他采购员帮忙，但他们只顾忙活自己的任务，都以不熟悉阿豹负责的业务为由而不愿意出面帮忙。当然，他们把自己负责的采购任务出色地完成了，但是阿豹需要采购的原材料因无人帮忙，一直没到位。结果造成公司因缺少这一部分原材料而停产了一个星期，因此给公司造成了巨大的损失。

这个案例中的其他采购员，就是因为太自私，而影响了整个部门，乃至整个公司的效益。可见，合理的自私可以有效保护自己的利益，但过度的自私就会伤害到别人的利益。所以，我们提倡合理的自私，避免过度自私，最好在利益冲突时能够相互礼让，这样于人于己都有好处。

相传，当年清朝文华殿大学士兼礼部尚书张英老家与吴氏为邻，宅旁有一隙空地。吴家人见此，便想把自家的房扩宽点，于是用了这块地。张英的家人气不过，便飞书京城，要张英出面摆平这件事。张英看完后却淡淡一笑，在家书上回复道："千里家书只为墙，让他三尺又何妨；万里长城今犹在，不见当年秦始皇。"家人见书明理，便按张英的意思退让了三尺宅基地，吴家见张英家人如此豁达谦让，觉得自己太自私了，亦退让三尺，遂成六尺巷。这条巷子现仍存于桐城市城内，成为中华民族谦逊礼让这一美德的见证。

没有一个人能够做到绝对、完全的宽容，即使是最慈爱的父母，也可能会抱怨自己的孩子不够优秀；即使是最优秀的上司，也可能会有无法容忍员工的时候；最伟大的领袖，也可能会有天不遂人愿的感叹。正所谓："千人千面，各有所好。"在漫长的人生路途中，每个人都可能有因自私而犯错的时候。但凡事都要讲究一个"度"字，如果一个人为了追求私利而不择手段，甚至损害他人的权利，就会受到谴责。若我们能认识到过度自私带给我们的危害，并及时避免，就能够获得幸福的真谛。就像故事中的张英，他以自己宽大的胸怀和礼让处世的智慧，减少了与邻居的摩擦，也为自己留下了好名声。

❸ 免费的午餐不是陷阱，就是一种重负

从前，有一位英明的国王，在他的领导下，百姓丰衣足食，安居乐业。可是国王的年纪越来越大，他担心自己死后人民的生活会发生改变。于是他召集了国内的有识之士，令他们编写一本能确保人民生活永远幸福的智慧之书。

3个月后，这些智者将3本厚厚的大书呈给国王，说："国王陛下，天下所有有用的知识都汇集在这3本书内。只要人民读完它，就能确保他们的生活无忧了。"国王觉得这行不通，他认为人民不会花那么多时间来看完这3本厚书。于是他令这些智者继续钻研，找到更简洁的方法。一个月内，智者们把3本简化成了一本。可国王还是觉得不满意，希望能再简练一点。又过了一个月，这些智者把一张纸条递给国王，这张纸上写着：天下没有免费的午餐。

这个寓言告诉我们，天下没有免费的午餐，想空手套白狼是行不通的。做事还是要一分耕耘一分收获，只有当你付出了同样多的东西，你才可能收获到同样多的成果。可是很多时候，有些人偏偏喜欢投机取巧，认为自己可以不用付出任何劳动，就能得到免费的食物。

曾流行一时的"短信圈套"就是采取的"将欲取之，必先予之"的策略，先把免费的"奖品"寄给你，给你一些甜头。等获得你的信任后，他们又说还有更好的奖品，但由于物品昂贵，邮寄费比较高，要求你自己支付这部分费用。等你按对方要求汇去高额费用后，他们就消失得无影无踪了。

人们总是对骗子恨之入骨，但我们有没有想过，为什么这些骗子能够

屡屡得逞。其实稍加分析就能发现，他们抓住的就是人们希望不劳而获的心理。无论这些骗子披着怎样华丽的外衣，只要你坚信一点“天上不会掉馅饼下来”，这样你就不会掉进免费午餐的陷阱了。

年末，王军回老家过年，在火车站等车时，见一位穿着时髦的中年女士对他说：“小弟，准备回家吧！告诉你个好消息，这是我厂刚生产的环保鞋垫，既耐用，又防臭，是国家新型纳米材料精制而成。今天跟你有缘，就免费送给你，你带回去给你的亲戚，也算帮我们免费宣传了。”

王军正准备接，女士又说：“你得先跟我进屋，在一个单子上签名，这鞋垫才能送你。”

王军正犹豫着，见旁边一位男士经她一劝便同意进屋签名。在免费鞋垫的诱惑下，王军也情不自禁地跟了进去。

两人签完字之后，女士接着说：“先生，这个鞋垫暂时还不能给你们，我们公司规定，在领鞋垫之前我得向你们推荐另一种高科技产品——永穿不烂，不磨脚，防汗防臭的超轻纳米鞋。现在春节可以抽奖，只要谁刮到一等奖，这两样东西就归谁。”

又是天上掉馅饼的喜事，王军和另一位男士各抽出一张卡片刮开，女士看后大叫：“恭喜二位，一等奖只有5个名额，都被你们抽中了！这两样东西的本钱不要，不过抽奖要钱，你们就一人拿50元意思一下！”

王军交完钱出了门，无意之中回头看，刚才那男人也已出来，他手里没提任何东西，还和女士有说有笑，王军这才恍然大悟——原来是上了当。

这是对人性弱点的诠释：我们总是期待别人会慷慨地送一些东西给我们，但往往忽视了这有可能是个圈套。由此可见，出门在外切不可贪小便宜，一定要牢记“天上不会掉馅饼”的道理，贪便宜的结果往往是吃大亏。从这里我们不难看出，被骗之人与骗子之间存在着密切的关联，而这些联系无非源于一个“贪”字。

在这个社会上，到处都有你看不见的陷阱，一不小心就会掉进去。而且，我们难免会遭遇到很多类似“馅饼”的陷阱。若想要防止上当受骗，就不要轻易相信天上掉下馅饼的好事，因为天下根本就没有免费的午餐。其实，要避免上当受骗也很容易，那就是摒弃不劳而获和爱贪小便宜的心理。天上不会掉馅饼，如果某件事看上去对你非常有利而显得不真实时，你就要小心了，不要落入圈套而后悔莫及。

阿鹏一家很少下馆子吃饭，那天阿鹏的儿子过生日，阿鹏便带着家人到了饭店。这家饭店正在搞“消费满200赠50优惠券”的活动，在以后消费中满200时便可使用。阿鹏觉得很划算，便使劲点了一桌子，但是3个人根本吃不完，只好打包回去。眼见优惠券就要过期，阿鹏便每次都在这家饭店消费200以上。消费200，店家又会送优惠券，这样便形成了“恶性循环”。在事后，阿鹏算了一笔账，原本吃饭只需花不到100元钱，在优惠券的连环效应下，竟然一共花了上千块。

这样的故事在我们周围发生的太多了，在现实生活中，有很多店借着消费者想吃白食的心理，大肆给自己的商品宣传打折。但是天下没有免费的午餐，天上掉下的馅饼往往都不是什么好事，越是大利在前，越应该谨慎小心，因为在免费背后可能隐藏着巨大的陷阱，一不留神就会上当受骗。我们要明白，世上任何东西都不是白给的，本来就没有免费的午餐，即便有，到口的也未必都是肥肉。

从广义的社会学来说，每个人必须付出相应的劳动，才能获得一般等价物。如果社会中各个环节的人都不付出劳动，社会就无法运转。从这个角度看，天下不会有免费的午餐。谁都知道收获是一个非常辛苦、漫长的过程，谁都想突然之间就拥有丰硕的果实。但大家都应该知道，任何事情的成功都不会一蹴而就，在面对天上掉馅饼的诱惑时，只要稍微多想想：奇迹怎么会无缘无故发生在我身上？这世上真的有免费的午餐？我们就会多一分防备，少一分冲动。在我们生活中，要记住一点：太过于巧合的事，往往都是有人精心安排过的。想不劳而获，结果只会是失去更多。为避免上当，我们必须时时提高警惕，避免被免费的馅饼砸到。

4 如果“交浅”，就不必“言深”

社会就像复杂的丛林，很多人在人际交往的时候，都本着与人为善的态度，无非就是想搞好人际关系。如果遇到稍微热情一点的朋友，很多人都会心存感激，把那些人当做推心置腹的朋友，然后无话不谈。俗话说：“害人之心不可有，防人之心不可无。”古人早就提醒过我们，它不仅在生活中适用，在人际交往中也适用。

越滔滔不绝，越爱把事情全盘托出的人犯错误的可能性就越大。闭上嘴巴不是不说话，而是学会在该说的时候说，不该说的时候不说。真诚坦率、快人快语是人的美好品德，但社会并非如此单纯，所以坦诚交心和无所不言难免会被一些人利用。俗话说：逢人且说三分话、未可全抛一片心，说的就是这个意思，特别是在对交情比较浅的人面前，要切记“只说三分，不可言深”的道理。这不是狡猾耍诈，而是在生活和工作中堆积出来的经验，也是保护自己的一种办法。

孔子曰：“不得其人而言，谓之失言。”意思是对方若不是太了解的人，你如果畅所欲言，那就等于是失言了。从某种意义上来说，交浅不言深，还应该是一种修养。倘若彼此的关系浅薄，你若与之深谈，至少会让对方觉得你很冒昧、突兀。当你不了解一个人时，你也就不会知道对方的立场、对方的态度和倾向如何。什么话该说、什么话不该说，便很难把握。一旦不小心说错了话，便很难收拾，给双方都造成了伤害。由此可见，交浅不宜言深不但不是狡猾和欺骗，反而是思维上的一种礼节。这种礼节不仅能看出一个人的稳重和沉着，还能体现一个人的人格魅力。

在战国时期，一些贵族们非常热衷于品评人物。

有一次下朝后，一位官员随宰相苏秦一同出来。平常二人交往甚少，今日此官员却问苏秦：“你觉得某某人怎样？”

苏秦听了，停下来看了看这个人，然后笑了笑说：“哈哈，你这个人喜欢传闲话，我还是不告诉你的好。”

其实苏秦作为宰相位高权重，并不怕这个人传闲话，他本来只需回答：“嗯，今天天气不错。”换个话题就够了。苏秦这样说，对那官员还有一定告诫的意思，意思是有些话不是对任何人都能说的，有些人也是不可深交的。

这就如宋代文学家苏东坡所说：“交浅言深君子仰戒。”意思是：对那些与己交往较浅相知不深的人，不可畅所欲言，直抒胸臆，否则，将会给自己带来麻烦甚至祸患。所以我们一定要记住这样一个原则，在交情浅的人面前，说话且说三分留七分。两个人之间“零距离”，虽是人与人之间交往时发自内心的一种愿望，但并不意味着所有的热脸都能换来微笑。我们大多数时候都是投的多、产的少，其实这都是交往过程中对对方的判断不够所出现的必然结果。因此，“逢人只说三分话，交浅不言深”也是一种自保之术。

江湖险恶，在人际交往中务必要小心谨慎，在不了解对方的前提下，不要轻易地亮出自己的底牌，在一定程度上要相对保守。我们提倡诚信待人、诚信做事，但是诚信并不是指口无遮拦、全盘托出。恰恰相反，即使是诚信，也要掌握技巧和分寸。一个人若想取得成功，就必须掌握说话的分寸和为人处世的技巧，这样不管做什么，都能得心应手，顺利地达到自己的目的。

下班了，小娟还在电脑桌前呆呆坐着，眼圈都红了。

“你怎么了？有什么不开心的事吗？”美惠递过一张纸给小娟，又问了一句：“都下班了，你怎么还不回家？”

小娟回答：“没事，你怎么也还不走？”

“不着急，家里又没什么事，还不如在办公室待着，心里也舒服些。”

小娟看着美惠，心想：大家都说她不好惹，可是我今天看她却有一种和我一样的落寞感。小娟顿时放松起来，说：“要不一起去吃饭吧，我请客！”

饭吃到一半，小娟才说出今天是她的生日。美惠淡淡一笑：“生日快乐，其实我的生日也很寂寞。他总是很忙，只会打电话向我道歉……”小娟突然觉得眼前的美惠，就像自己的镜子，就忍不住哭了起来，把什么话都跟她说了。

原来小娟喜欢上了一个有妇之夫，她没让任何人知道，如今她觉得美惠和她同是天涯沦落人，便和她成了最好的朋友，什么心里话都告诉她。

过不久，小娟发现其他同事都用奇怪的眼光看她，直到有一天陈姐偷偷对她说："你的事大家都知道了！大家同事这么多年你都没说，美惠一来你就全盘托出了！其实她就是个大喇叭，到处跟人说她知道你的私事。"小娟愣了，说："可她不是跟我一样吗？"

陈姐摇摇头："什么一样？她今年才结婚，哪有什么有妇之夫！"

小娟生气地冲到美惠面前说："你为什么骗我？还把我的事告诉别人？"

美惠缓缓地说："别生气嘛！我看你伤心就想和你交个朋友，我编个故事还不是为了和你亲近，不然你也不会告诉我你的事啊！"

"交浅"是指来往少，双方不熟悉不了解；"言深"是把心里话无保留地掏给对方。显然这是很危险的事，也是做事不牢靠的表现，故事中的小娟就犯了这种错误。人生在世，能交上一个知心朋友不容易。但，往往要经过多种考验，多方面了解之后才能确定。所以交友之不易，就决定了交浅不能言深的原则。

语言是人们交换思想的工具，交流时不仅要看场合，还要看对象。话不在多，关键是要说得恰到好处，如果交情浅，话且说三分，便不会招惹麻烦，也不易被人欺骗。所以平常要多观察、多思考、少探听、少说话，先确定别人想要什么，而不是轻易显露自己的动态及言行。如此才能适应各种环境，成为社会上的生存高手。

5 "率直"会让你一败涂地

几乎每个人潜意识里都曾想过，要是自己能够永远单纯率直，想怎样就怎样，做事不必瞻前顾后、察言观色，那该多好！但是步入社会后，这种幻想就已然不存在了。当我们已经成长为一个社会人之后，便不再是一个单独的个体，而是和整个社会上的人联系到了一起。我们若依着自己的性子，不顾别人的感受，那么最后吃亏的终将是自己。

现实生活中，很多人都认为情绪化是一种“率直”的表现，是一种很单纯的人格，因此并没把控制情绪当成一件重要的事。但是社会复杂，一个过于“率直”的人，别人一眼就能够把你看穿，想害你便易如反掌。如果一直这么“率直”下去，不加以控制的话，最终只会让自己一败涂地。

一个人若想成功地做好某件事，最好的方法就是先把话在脑袋里过一遍，过滤一些可能会得罪人的话，然后再心平气和地将自己的意见表达出来。只有这样才能赢得别人的尊重，也才能让别人尊重你。要知道，谁都不会把重任和信任放在一个充满“孩子气”的人身上。因此，千万不要让“率直”侵占了我们的人生。只有学会控制自己，成功才会离你越来越近。

文清是个很正直的人，没有什么心计，心里怎么想就怎么说。简单来说，文清不管是说话还是做事都是率性而为。文清刚入职一家公司，干的是文秘工作。刚开始大家都挺喜欢她，但是时间一久，大家就都了解了文清的性情。

不管是在家里还是在单位，也不管对方什么身份，只要文清的脾气一上来，她就会不分场合、不加克制地说出自己的心里话，大多数时候她都令别人很尴尬，一些知道她性格的人也不大和她计较。虽然大家都知道她没有害人之心，但是更多的人还是不喜欢她。

有些好心的同事便劝她别这么率直，凡事圆滑一点，文清往往都理直气壮地回答：“我没觉得率直有什么不好啊，老是看别人的脸色过日子，多辛苦。”

有一次，文清因为一件小事和领导大吵了一架，她当着同事的面把领导说得一无是处，最后抓起公文包，对着领导说：“算你厉害！我就不吃这一套，我不干总可以了吧！”

文清因为率性而为的性格，一直没有找到合适的工作，即使找到了，时间也干不长。

这个例子就是告诉我们：做人不要太率直，全然不顾他人的面子和感受，只会给自己带来麻烦和痛楚。率直，其实就是性格冲动的一种。这种不加遮掩的特点，最容易成为一柄利器，戳伤别人的心。

人生在世，如果说话做事都能率性而为，确实没什么遗憾。但事实证明这是很难做到的，特别是对于一个刚步入社会的人来说，这只能是一个美妙的幻想。人不能只想着自己，只顾着自己说到兴头上，而忽略了身边人的感受。有句话叫“说者无意，听者有心”，率直的人最容易在无意中中伤别人，这种不“善解人意”的做法也会引起别人的反感。因此，学会委婉地表达自己的看法和意见，让别人在舒心的环境下接受，远远要好过你把自己的意见直接强加到别人身上。

刘明是一家外贸公司的销售部经理，小邵是他手下的销售助理。小邵做事很认真，对于任何违背公司规定的事情都要坚持斗争到底，决不能看到有损公司利益的事情发生。

随着外贸经济活跃发展，他们公司的业绩持续增长，同时也新加盟了更多的经销商。但是，总有些经销商为了更高的经济利益，开始违背公司规定，进行多元化经营，给公司的形象造成了一定程度的负面影响。针对经销商利益受到侵害的投诉也逐渐增多了起来，这让小邵感到十分气愤。

有一次，小邵接到了一起恶意投诉事件，他下定决心要彻查清楚，于是迅速地奔赴实地调查。经过调查，小邵发现这些人的经营确实如投诉所说，于是就表明身份，要求这些非法经销商立即取消对公司产品的非法经营。但是，这些经销商拒不承认，结果小邵和这些经销商当场撕破了脸皮。

回到公司，小邵很气愤地向刘明反映了情况，并气呼呼地表示这次无论如何也要按照公司规定，对那位经销商进行处罚。

刘明告诉他还是维持现状好。小邵不服，称一定要按原则办事，不能给非法运营的经销商留情面。刘明见小邵太率直，特别无奈，便说：“你能够坚持原则，这很好。但是你有没有想过，你这率直的性格只会让大家难堪。到头来受损害的已不仅仅是经销商的利益，更是我们公司自身的利益，而我们自己不但给自己惹了一肚子气，甚至还要遭到公司的严厉处分。”

小邵终于意识到了问题背后的严重性，半晌才回过神来，笑着挠挠头皮说：“是我太直率了，跟您又学到一招，以后一切都听您的安排。”

此案例中，刘明的成功之处，就在于他能够运用变通之术，懂得拐弯避过问题的锋芒，迂回地从问题的一个侧面或是反面出发。如果做事都像小邵一样率直，过分重视自己的规则，往往会使问题陷入僵局，从而为问题的解决带来更大的麻烦。

有人认为率性而为是一种美德，只有天真、真诚的人才能做到这一点，更有的人认为率直是种“个性”。但是我们若想在社会上生存，就势必会有一些磕磕碰碰，偶尔学点圆滑和世故才能一路畅通。大多数有率性而为性格的人，最后只会自我毁灭，令自己受伤。

常言说：“见人说人话，见鬼说鬼话。”这不仅是生意人需要掌握的一种技巧，也是为人处世的一种艺术。有人认为油嘴滑舌是种投机和不诚恳的表现，但是从人际交往的角度来说，这是口才好、懂交际的主要体现，是一个人沟通能力优秀的证明。太率直只会给人一种不成熟或者幼稚的印象。因为只有小孩子才会说哭就哭，说笑就笑，一个成熟的人应该懂得控制自己的情绪，什么该说什么该做，要懂得适可而止。

所以，不管是事业上还是人际上，不要以“自己喜欢就行”为出发点，而要记住：率直会让你一败涂地，说话圆滑通达，远比率性而为强出百倍。

6 当心“人前捧你、人后踹你”的人

生活中往往会有一些两面三刀、口是心非之人。他们采取各种欺骗方法，在人前说好话，等其落入陷阱，就原形毕露。社会就像一个大舞台，而这些人就像是演员，他们伪装得很好，把自己包装成一个好人，实际上这种人是最危险的。他们总是在表面上对你满是赞美之词，说得天花乱坠，背地

里却在设陷阱，把你踹入深渊。现在人们之间的信任度越来越低，造成这种情况的原因之一可能就是“人前捧你、人后踹你的人”太多。这些口是心非的人，会给你的生活带来不尽的麻烦和灾难，因此在社会交往中一定要时刻提防这种小人，谨防上当受骗。

但这些当面一套背后一套的人，即使能在某些场合发挥作用，但其恶果却远远超过其得到的好处。这些两面三刀的人最终也将失去人格，毁掉他人对自己的信任。我们身边有很多人在你看来并无伤人之心，但是他们背后却早已布好机关等你去踩。如果你被他们的表象所迷惑，那么最终受害的就是你自己。所以，每个闯荡江湖的人都应该多留个心眼，警惕这些当面一套、背后一套的小人。我们每个人都该努力去扭转这个局面，学会对他人真诚。既不迷失在小人之中，也不能让自己变成别人眼中的小人。所以我们除了结交有益的朋友之外，还要能够区别出那些“人前捧你人后踹你”的小人。如若对人完全没有防备之心，便容易沦为别人陷阱下的猎物。

李适之是唐太宗李世民的曾孙，精明强干，他与李林甫同为宰相。其中李适之正直拘谨，李林甫阴险狡诈。

一日上朝前，两人在路上闲谈，李林甫就对李适之说：“华山有煤，如若取之则利润非凡，也可填充国库。何不奏闻圣上？”李适之是老实人，认为此事有理又可行，便上折奏明了皇上，皇上很是高兴。

下朝后，皇帝问李林甫：“适之说华山有煤可采，你可知此事？”李林甫回答：“煤矿的事臣早有耳闻，只是华山有皇家的龙根龙脉，如果采掘，不利于陛下的龙体。臣正为此事担忧，便一直没有禀告皇上。”

皇上听后，认为李林甫才是最体贴的忠义之臣，而认为李适之是粗鄙之人。之后将李适之逼得辞去相位，告老还乡。

此后李林甫便一手遮天，杀了许多皇族、忠臣，动摇了大唐国基。面对政敌，李林甫当面说好话，背后设陷阱，满朝名臣能吏无不受害。唐玄宗也称得上是一代英主，却也被大奸似忠的李林甫所骗。

有史以来，这种小人的话题就没有间断过。历史就是一面镜子，从这面镜子中，我们看到了历史故事中的李适之，再想想自己的人生与所处的环境，或许可以获得一点有益的启示。我们既然群居在社会丛林之中，便无法脱离这个社会，而我们在与人沟通的时候也难免产生矛盾。有人为了对付这种不愉快，便会利用各种手段来操纵报复别人，以至于沦为小人。因此，在生活中我们既不能做小人，又要警惕背后踹自己的小人。

然而，事实上生活中很少有人能抵挡住别人的糖衣炮弹和阿谀奉承。和这种两面式的小人交往时，你会发现你们之间的感情看似很好，而实际上你却一点都不了解他，他的形象在你心里很单一。直到有一天，你在得意的时候，却突然被他踹了一脚，这时你才会意识到自己被出卖了。因此当有人给你递糖果时，一定要小心脚下的陷阱。

曾欣和田娜同是一家设计公司的同事，二人相处融洽，是很好的朋友。在曾欣忙得天昏地暗的时候，田娜会主动地替她分担一部分工作。如果设计完要紧急上交时，田娜还会主动帮曾欣整理打印好。两个人经常一起处理工作问题，一起吃饭聊天。

曾欣是个名副其实的工作狂，为得到领导的认可，她总是会绞尽脑汁想出一些很新颖的设计图案。有一次，曾欣的一个设计方案还得到了经理"有想法、有创意"的夸奖。这让曾欣更加自信努力地工作了。

可没过多久，曾欣发现情况变了，不管她怎么努力、认真工作，经理始终对她没有好脸色看。每当她把设计方案送到经理办公室时，经理总是淡淡地说："就放这儿，你出去吧！"曾欣感到很不是滋味。

有一次，曾欣费尽心思地完成了一个设计，在修改很多次后，终于满意地交给了经理。谁知过了几天，经理找到她说："小曾，我本来很看重你的才华和敬业精神，其实没有好想法也没关系，但你不该抄袭其他同事的设计创意。"随后，经理递给曾欣一份一模一样的设计图案，上面的策划人写的竟是田娜。

对于经理的不满和好朋友的背后一刀，曾欣哑口无言，她没有任何证据证明自己的清白，最后只得辞职离开。

例子中的田娜就像《红楼梦》里的王熙凤。王熙凤一直被人称为是"明里一盆火，暗里一把刀"。她表面上对尤二姐亲切，背地里却恨不得置之于死地。与这样两面三刀的人交往时，应多注意周围的人对她的看法。另外，要记住一点，天下没有免费的午餐，在别人给你蛋糕的同时要看清他背后藏的刀子。尽管在短期交往中很难发现这种人的特征，但接触时间长了便会一清二楚。

我们切莫陷入别人的温柔陷阱里难以自拔，对于真心的赞美和虚伪的恭维一定要分清。这世上口蜜腹剑的人太多，很多人为达到自己的一己私利，往往会假装博取别人的喜爱和信任。他们明白人都是爱听好话，喜欢被人捧的，于是便利用人的这种好虚荣的弱点，说尽好话来逗你开心。可是在和你做成朋友之后，他们便开始为自己的利益做谋划，对你步步算计，让你步步走进陷阱。

7 学做猫头鹰，睁一眼闭一眼

在漫长的人生旅途中，人们总会遇到各种各样的琐事，这时候不妨糊涂面对、假装不知，很多人、很多事往往就坏在“认真”二字。“睁一只眼，闭一只眼”的糊涂生活态度，既是一门学文，更是一种人生的境界。

古往今来，纵观那些有大智慧的人，也总有一些糊涂的时候，其实这既是一种至高的人生境界，又是人生之大谋略。凡事不要太精明，那些会适时闭一只眼的人，会让人对自己降低防备，但在必要时，却能够不动声色，先发制人，以自己的智慧将别人打败。有些人精明过头，对任何事都巴不得机关算尽，让自己占尽便宜，这样做的后果就是引起身边人的冷淡和不满。其实不管是处世还是与人相处，最好的方式就是像猫头鹰一样，睁一眼闭一眼。适当装傻不是软弱，也不是怯懦，而是与人相处的一种智慧。学会睁一眼闭一眼的智慧，生活往往会平安无事，还会收获好人缘。

在现实社会中，一个人若过分讲究原则，则难免会碰钉子，甚至为周围的人所仇视。俗话说“水至清则无鱼，人至察则无徒”，人生一世，糊涂一下又何妨？这是一种洒脱，也是一份人生的成熟、人情的练达。凡事睁一眼闭一眼，不过于精明、不过于计较，这乃是周旋于世的最佳方案。要知道，世间万物都有其阴暗的一面。用睁开的眼睛去看世界的美丽，用闭着的眼睛抹去世间的无奈，这是前人经历并总结出来的真理。

有人说：只有会装糊涂、也肯装糊涂的人，才是真正的精明，也是最厉害的人。这揭示了糊涂学意义上的处世法，大意是说在一些特殊的场合中，人要有猛虎伏林、蛟龙沉潭那样的胸怀。当然，要做到“睁一眼闭一眼”绝非易事。人都有趋利避害的本能，也都有着欲望和自私的心理。学会闭一只眼也就意味着你要学会“割舍”，如果没有高度的涵养，喜欢斤斤计较，是断然不行的。

春秋战国时期，楚庄王因打了胜仗便在宫中设宴，招待大臣。楚王最宠爱的妃子许姬也陪同在旁。就在许姬给大臣敬酒时，突然一阵风把蜡烛吹灭，宫中立刻漆黑一片。黑暗中，有一位已有醉态的大臣趁机揽了一下许姬的腰，许姬一怒之下便扯下了大臣的缨帽。回到楚王身边后，许姬越说越委屈，要求楚王点上灯将那位被扯下缨帽的大臣找出来并给予重罚。可是楚王却假装不知，并让所有的大臣都将缨帽摘下，好让大家玩得更尽兴。

后来，楚国与邻国发生战争，楚王亲自带兵迎战。交战中，有一员大将十分勇猛，竭尽全力杀敌保护着楚王。战后，大将跪在楚王面前说道：“几年前，臣在大王宫中酒后失礼，本该处死，可是大王不仅没追究，反而设法保全我的面子，臣愿为大王鞠躬尽瘁，死而后已。”

从这故事可以看出楚庄王是个聪明人，睁一眼闭一眼，不仅轻松化解了一场矛盾，还得到了一名勇将。在这优胜汰劣的社会中，那些自诩聪明的人，常常深陷泥潭难以全身而退，而那些会适时闭眼，心里却比什么都看得清楚的人，虽在小事上经常吃亏，但同时也是大事业上的成功者。凡事睁一眼闭一眼，便什么人也不会得罪，在生活中也能够左右逢源，活得逍遥自在。

所以，人在很多时候不要太较真，有时候太过计较非但占不到便宜，还会让自己遍体鳞伤。而适时闭眼，却有以下好处：

（1）烦恼减少

在生活中，我们难免会与一些人有摩擦，如果能偶尔闭只眼，能不计较就罢休，你会发现很多麻烦、损失、烦恼都在慢慢减少。

（2）便于交际

在人际交往中，不要让自己太锋芒毕露。试着把装傻作为交际武器，你会发现身边的好人缘立马多了起来。

（3）更易成功

很多人容易被一些细枝末节的小事所捆住，如果能糊涂一下，不在意这些小事，就能够把自己从不必要的纠缠中解脱出来，从而有更多精力做大事。

睁一眼闭一眼的智慧，其实也就是小事糊涂大事明白的生活态度。不难发现，有很多成功者大凡都有股糊涂劲儿，喜欢用半只眼去观世间百态。

像大家熟悉的居里夫人，她在第一次获得诺贝尔奖之后，便有一些嫉妒之人制造出一些耸人听闻的谣言。开始时，居里夫人为此痛苦不堪。而后她便睁一眼闭一眼，装作充耳不闻、视而不见，不给予任何反击。反而冷静下来，埋头自己的科学事业。所以当居里夫人第二次获得诺贝尔奖时，那些诽谤她的人感到十分惭愧，有的还上门亲自请求居里夫人原谅。

还有雕刻家布鲁涅列斯奇，在意大利佛罗伦萨举行的一次青铜门扉雕刻大赛上，他失败了。面对他人的嘲笑，他并未怒火中烧，而是选择了闭只眼，不去理会。最后他转行研究起了双壳结构的圆形屋顶，结果成了一名杰出的建筑学家。

成功做人有智慧，太傻不行，太精明也不行。所谓“睁一眼闭一眼”，其实就是假借糊涂之象行聪明之道。只有想得开才能放得下，只有放得下才能从琐事的纠纷中超脱出来。会闭只眼装糊涂的人，最善将智慧藏于心中，面对过于复杂的世事，简单做人、简单做事，逢人不急，遇事不恼，用这份难得的糊涂酿造生活的美酒。

总之，我们要学会用睁开的眼睛审视自己内心的不足，用闭着的眼睛宽容别人的错误。凡事以平常之心坦然处之，这样就能让我们远离烦恼，避免冲突，与人更好地相处。

第十一章

RENQI
JUEDING CAIQI

提高修养，自我修炼

大千世界，有多少人为蝇头小利声嘶力竭，有多少人在明争暗斗中心力交瘁！要想成功，光靠一颗精明的头脑是不够的，还需修炼为人处世的功夫。藏獒为什么抵得过虎狮？因为它有坚守领地的意志，有无比强大的内心。做人也如此，只有不断修炼自我，才能成为人群中的佼佼者，才能真正掌握自己的命运。

❶ 人品修炼：做事可以失败，做人不能失败

要想在商业上取得成功，首先要学会做人。做事可以失败，但是做人万万不可失败，因为人情世故才是处世的大学问。所以一名成功的商人，只有一个精明的头脑是不够的，还必须修炼做人处世方面的功力。

但在现实生活中，有很多人未必能做到不怒、不争、不抢。恰恰就有一些人为物欲所刺激，重利忘义，丧失自己的良知，损害人类利益。于是失了自己的本分、失了德性，遭人唾弃。一个善于做人的人，不仅在商场上能够游刃有余，在生活中也一定情趣盎然。

没有谁天生就会做人，人品的修炼需要我们从生活中打磨，做人的智慧往往就隐藏在生活的小细节中。

（1）严于律己，宽以待人

社会交往由人与人之间的交际组成，自然、人为的矛盾不可避免。要想创造一个和谐的生活环境，就要学会尊重和理解别人。以客观的眼光看待问题，别总是去抱怨别人，而要多想想自己又做了些什么。将心比心，对别人多一点理解与宽容。为人处世的要点就在这里：以责人之心责己，就能够加以修正，减少很多争执；以恕己之心恕人，就可以给双方一个机会，则可以维护良好的人际关系。

韩琦是宋代的一名武将，有一次，他在夜里写信，一名士兵则在一旁端着蜡烛为他照明。可能是时间太晚，士兵困乏，不小心烧着了韩琦的胡子，韩琦一惊，立马用衣袖扑灭，然后像没事一样继续写信。等写完一看，身边的士兵已经被将官换走了。韩琦担心将官会惩罚士兵，便急忙叫道：“不要换人！是我让他挑灯，所以才烧了胡子。再说胡子烧了可以再长嘛！信又没有烧着，他有什么过错？”

韩琦宽以待人，能把事情看开，所以遇事胸怀坦荡。俗语说：“量小失众友，雅大集群朋。”一个人只有拥有宽阔的胸襟和容人的雅量，才能够赢得友谊、夺得众心。

对别人要宽容，但是平常对自己却要严格要求。只要凡事身体力行，严于律己，便没有过不去的坎，没有攻不克的难关。

（2）要有正直的精神脊梁

正直是做人的根本。人要正直，因为在其中有雄辩和德行的秘诀，有道德的影响力。一个正直的人，实际就是有信念、懂原则的人。正直还意味着自己具有很强烈的道德感，并以高标准要求自己，随时准备服从自己的良知，勇于坚持自己的信念，并有勇气公开反对你认为错误的东西。在需要的时候义无反顾，不计较自己的利益得失，站出来表达自己的意见。一个人若能保持着高贵与正直，即使在财富上没有很大的收获，内心也会是快乐和满足的。

正直是一种高贵的品质，是一个人的精神脊梁，也是我们为人处世的根本。一个正直的人可以做到心地坦然，使自己轻而易举地化解生活的波折和事业的挫折。但在很多人看来，保持正直是件很难的事。也正因为如此，正直在人们面前才显得如此有力。就像孟子笔下正直的人生：“富贵不能淫，贫贱不能移，威武不能屈。”

一位顾客来到一家汽车维修店，他对店主说：“我是某大型汽车运输公司的司机，只要你在我的账单上多写点零件，等我回公司报销后，就多给你一点报酬。”店主摇摇头，拒绝了这样的要求。顾客还不死心，继续说道：“我的生意不算小，而且以后会常来，这比你只干修理要强得多吧！”店主再次申明，这种事有再多钱他也不会做。顾客气急败坏地喊道：“你怎么这么傻，这是多好的事，别人还巴不得呢！你又没什么损失。”这时店主也生气了，要顾客马上离开，说：“我就是不做这种生意，你到别处谈去。”刚说完，顾客微笑着握住了店主的手：“你好，其实我就是那家运输公司的老板，我一直在寻找一个固定且信得过的维修点，你还让我到哪儿去谈这笔生意呢?”

面对诱惑，不为所动，不为其所惑，这就是一种闪光的品格——正直！正直不仅可以给人们带来友谊、信任和尊重，正直者也理所当然会成为公众尊敬的对象。美国曾评选历史上最伟大的总统，从结果来看，名列前茅的并不是才能出众的人，而是以正直品格取胜的人，这就是人格的魅力。

（3）与人交往的第一点就是真诚

真诚是人生旅行的一张通行证，它是一种让人信赖的信物，在人际交往中如果缺少了真诚，就等于是缺少了沟通的纽带。而一个人如果能做到真诚待人，就会变得心胸宽阔、内心善良。

在物质文明发达的今天，人与人之间推心置腹的真诚态度越来越少，因此提倡互信的精神文明已非常必要。

尼泊尔的喜马拉雅山南麓因为危险、偏僻，很少有外国人涉足。但后来，却有许多游客到这里观光旅游，这缘起一个男孩的诚信。有一天，几个摄影记者到这里拍照，请了当地一位男孩帮忙买3瓶啤酒，男孩走了3个多小时替他们买回。又过了几天，摄影记者又叫男孩去买与瓶啤酒，因为没零钱，便给了他一张大钞。可是都快到傍晚了，男孩都还没回来。摄影记者们议论纷纷，想着这么晚了，那男孩肯定不会回来了，他把钱骗走了。到了凌晨，摄影记者还在沉睡，男孩却敲开了他们的门。哭丧着脸脸说：“我本来买了5瓶啤酒，在爬山的时候摔坏了2瓶，于是我又回去了一趟才买回来，这是找回的零钱。”在场的摄影记者无不为他的守信动容。这个故事使许多外国人深受感动，于是到这儿的游客也越来越多了。

做人一定要真诚，人与人之间若有了真诚，便有了信任的沃土，便有了友谊的桥梁。只要有真诚存在的地方，就永远阳光明媚。

做人若能做到以上三点，便能左右逢源、人脉兴旺了。当然，一个优秀的人还需要很多优势，但是要在生活或工作中做好一个本分人是基本要求。所以一定要记着：做事可以失败，但是做人不能失败，不然在社会上将没有立足之地。

❷ 意志修炼：嚼得了菜根才做得成大事

“诚朴雄伟，励学敦行”，这是南京大学的校训。意思是，要以天下为己任，勇于担当，敢于吃苦，便没有什么是做不成的。在这个生活条件相对优越的社会，还有很多年轻人没经历过吃菜根的苦难，他们逐渐习惯了太平盛世的安逸生活，所以“嚼得菜根，做得大事”作为一个高校的校训，会让很多人有所警醒。一个人只有有正视困难、迎难而上的精神，才能走上成功的道路，实现自己的人生价值。

“吃苦耐劳”是中华民族的传统美德，几千年来的古训，早已在每一个人身上刻下了深深的烙印。为治学，有孙敬头悬梁、苏秦锥刺股；为报国恨，有越王勾践卧薪尝胆；为修巨作，有司马迁忍受宫刑痛苦等等。苦难对于每一个人来说，都是一张进入成功殿堂的通行证，俗话说：“自古英才多磨难。”我们不仅要吃得起苦，还要甘于吃苦。

毛泽东曾说过：“安贫者能成事，嚼得菜根，百事可做。”这里的“嚼菜根”，指的就是艰苦奋斗的精神。我们都认为温州人会做生意，但几乎所有的浙商都认为“只要肯吃苦，满地都是金子”。所以说，要想成大事，就要学习他们这种嚼菜根的精神，养成一种吃苦的习惯。因为生活道路上不会总是坦途，成功者最忌遇到挫折便萎靡不振，有了困难就裹足不前。要想做成大事，就必须调整好自己的心态，苦难本就是生活中的一笔财富，菜根也是生活百味中的一剂调味料，这些痛苦和不快反而能磨炼我们的意志，带领我们走向成功的道路。

能嚼菜根，能吃苦不仅是一种勇气，更是一堂人生的必修课。相反，若一个人不懂得吃苦，只懂得享受荣华富贵，必然要走下堕落的深渊。“一箪食，一瓢饮，在陋巷”这就是古贤圣人的清苦生活，他们既会吃苦，也懂得吃苦，所以菜根成了一种美味，苦难便成了一种享受，一种向上的力量。苦可以说是磨砺意志的最好途径，是成大事的必要条件。嚼得了菜根的人，就能以永不言败的姿态去面对眼前的一切，以百折不挠的勇气去克服一道道难关，以兼济天下的胸怀面向前方与未来。

当然，而今的社会，不需要我们像佛陀那样六年苦行，也不必像达摩那样九年面壁，我们不需要做一个“苦行僧”，但一定要有吃苦的意识，并随时做好吃苦的准备。

成力开了一家制鞋的小厂，创业初期条件艰苦，他每天一大清早就外出推销或采购，中午便赶回工厂和工人吃顿简单的午餐。成力也是从一个打工仔开始创业的，所以为了调动所有人员的积极性，他不仅跟工人们同甘共苦，还时刻为工人着想。

创业之初，成力时时刻刻都事必躬亲，他既是老板，同时又是操作工、技师、设计师、推销员、采购员、会计师、出纳员……什么事都是成力一手操持，哪怕到了晚上，他仍有做不完的事。每天都工作到很晚，早上又要早起去厂里指导工作，很是辛苦。

尽管如此忙碌，成力仍不忘在业余时间学习。时代发展快，若不尽快补充新知识，可能就会被淘汰。为了节省时间，成力吃在厂里、住在厂里。做老板的这般拼命，给全厂员工也起到了榜样的作用。因此随着第一批产品顺利地销售出去，一批又一批的订单纷至沓来。

在成功的路上，每一个阶段都很艰难，只是艰难的程度不一样而已。成力的发迹过程，其实就是一个青年不断努力奋斗、吃苦耐劳，最后成功的励志故事。

很多人在事业刚开始的时候可能会被人瞧不起、被人看扁，这种心灵上的苦比身体上的苦要多出百倍，但对一个欲成大事的人来说，只能默默忍受，为了自己心中的事业不断坚持，不断向前。事实上也是如此，刚开始工作或是创业，条件自然艰苦，不能幻想着一步登天，一下子就把自己的事业做到巅峰。苦难可以说是成功的阶石。古话说：“天将降大任于斯人也，必先苦其心志，劳其筋骨，饿其体肤。”这都是在告诉我们，欲成大才、做大事，就必须能吃常人难以下咽之苦。贪图安逸、追求享乐，最后只能一事无成。

我们知道胡雪岩是中国近代的著名红顶商人，富可敌国。他于1874年创办了胡庆余堂，冯根生是第三代学徒，也是胡庆余堂的“关门弟子”。除了学做生意，冯根生还得做一些杂活。因为没有师弟，所以擦柜台、扫院子、给师傅打水盛饭等都是他一个人的工作。

冯根生曾说：“做学徒是很苦的，学徒3年学习期间不准回家。平时早上5点钟起床，晚上10点钟才能睡觉。早晨起来干的第一件事，就是先认两个小时中药。认药的数量是每天增加两种，一年720种；三年下来，就是2000多种，要知道它的产地，它的药性是寒性、热性、温性、凉性……认完中药，就开店门，擦柜台，什么活儿都要干，一直忙到晚上7点关门。然后再认药，直到晚上10点才能睡觉。药店是24小时接药方，如果店外有人敲门，还得去迎门。一年365天，没有一天是休息的。”

由此可见，世上没有什么坐享其成的事。每一个成功者都是一步步踏过挫折和苦难而来，要能在历经苦痛之后还能坚持下去，那才能算真正意义上的成功。吃苦还需要长期地坚持，如果只凭着心血来潮，一时冲动，那也是做不成大事的。吃苦应该是对待事情的一种态度，是一种自我磨砺的方法。

吃苦也可以说是一种精神上的财富，能嚼菜根的人在面对任何困难和挫折时都将毫无惧色。纵观古今的成功者，大多数成功的历程都是先历经坎坷，然后跨荆棘、斩阻力，而后才获得成功。因此，嚼菜根可以磨炼人的意志和韧性。如果连菜根也嚼得了，那么还有什么事情做不到的呢？我们若有嚼得菜根的勇气和闲情，不说一定能成大业，至少可以让自己的生命变得与众不同，变得更有意义。

❸ 毅力修炼：事业成功的秘诀无非“坚持”二字

古人说过：“水滴石穿，绳锯木断。”一滴水的力量看似微不足道，然而若能持续不断地冲击石头，最终就能把石头冲穿。一根普通的绳子能把木头锯断，同样也在于坚持。

持之以恒看似是件简单的事，要坚持到最后绝非易事。很多人之所以失败，往往是因为在最后时刻未能坚持，所以与成功失之交臂。而多数的胜利都是在失败后才会出现，所以要想取得成功，就必须坚持不懈地努力。只要你比别人多一份坚持，就一定会得到命运女神的垂青，因为事业成功的秘诀无非“坚持”二字而已。就如著名作家池田大作所说：“人生恰恰像马拉松赛跑一样，只有坚持到最后的人，才能称为胜利者。”

也许在通向成功的大道上，我们会遇到很多的阻碍与困难，但只要再坚持一下，就能收获成功的喜悦。古往今来，许多的名人不都是靠坚持而获得成功的吗？科学家爱迪生，在经历2000多次的实验失败后并没放弃，最终发明了电灯，把人类带向了光明；盲人海伦·凯勒，以惊人的毅力学习知识，创造了生命的奇迹；失聪音乐家贝多芬，凭着坚持不懈的精神，创作了《命运交响曲》。

事实证明，无论多么艰难的事情，只要有坚持不懈的精神，最后就一定能走出困境，收获成功的硕果。这也是成功者与失败者之间的最大区别，成功不在于运气或智商，而在于成功者能够把手头的事情坚持下去。可能是几年，可能是几天，也可能是几分钟，但最后的命运将会截然不同。

有两兄弟，在山里砍柴时遇到一个道人，道人传授他们酿酒之法。具体步骤为：选取端午节最成熟、最饱满的大米，冰雪初融时的河水，然后倒入用紫砂土烧制成的陶瓮，念上一句咒语，最后密闭七七四十九天，直到凌晨鸡叫三遍后方可启封。

兄弟俩牢牢记住神仙的秘方，回到家后费尽了心思和时间，终于把所需的材料给找齐了，然后一起调和密封，等待着那激动人心的一刻。

时间一天天过去，两兄弟都迫不及待地想打开尝一尝，到了第四十九天的时候，两兄弟简直兴奋得不能入睡，翻来覆去，等着他们的公鸡打鸣。等待的时间总是这么漫长，许久，窗外终于传来了第一声鸡啼，高亢而又响亮。又过了许久，第二声鸡叫才缓缓响起，低沉而又缓慢。兄弟竖起耳朵等着第三遍鸡叫，可是许久都没听到。两兄弟已经按捺不住了，手都伸向了陶瓮。但是哥哥最终把手伸了回来，他认为应该坚持下去，而弟弟则忍不住掀开了陶瓮，他看到的仅是一汪混浊、发黄的苦水。漫长的等待，第三声鸡啼终于响起，洪亮激昂。哥哥打开陶瓮，眼前是一罐清澈甘甜、沁人心脾的琼浆玉液！

一旦开始，就要坚持到底，不要轻易结束。做事情要有始有终，我们的人生何尝不是如此？剧作家萧伯纳曾说过：“多走一步，就可以缩短一步接近成功的距离。”胜利就在前方，你的任务就是坚持，就是再多走一步。

一件事如果不能坚持下去的话，那就等于一文不值。商人沃纳梅克说过，成功的要素有三：“第一是坚持，第二是坚持，第三还是坚持。”他用这种夸张的方式无非是想告诉我们，必须拿出毅力，坚持到底。因为有太多的人有很多好想法、好开始，却没能在关键的时候坚持下来，结果前功尽弃，以失败告终。

人们都说，歌德之所以能成为一个伟大的作家，和他父亲有很大的关系。歌德的父亲从小教育他：“无论什么事情，一旦开始，就希望你把它做完，无论需要付出什么样的代价。”着手做一件事并不难，难的是永不言弃，一直坚持下去。

其实成功与失败仅有一步之遥，很多时候我们迈不到最后一步，往往是因为前面的困难已经使我们疲惫不堪，这时候的心智是最脆弱的，因此最容易放弃。但只要咬紧牙关坚持下去，胜利就在眼前了。

有个年轻人到微软公司应聘，而那时公司并没打算招人。于是年轻人用蹩脚的英语简单介绍了自己，并告诉经理自己一直想来这里工作，所以来试一下。经理觉得小伙子很有趣，便让他试一试。可年轻人连初试都没有通过，面试的结果不是一般的糟糕，他对经理说："我可能有些紧张了！"经理认为这只是借口，便随口应付道："那等你准备好了再来吧！"

半个月后，年轻人果然又来到微软公司，经理没想到他还会回来，于是又给了他一次机会。结果，年轻人还是没有成功，但相比第一次，他的表现明显有进步，经理最后给他的回答依然是："你准备好了再来！"

就这样，这个年轻人先后5次踏进微软的大门，他的坚持最终有了回报，他被公司录取，而且后来成了公司的重点培养对象。

我们是否也和这个年轻人一样，有自己的梦想，便开始努力去追？但太多人稍微遇到一点挫折便放弃了，于是始终在路上行走，却难以到达终点。而例子中的年轻人，虽然被拒绝了4次，但他依然坚持不懈。像这样，对自己的梦想能够执着地坚持下来的人，一定能够到达成功的彼岸。

事业成功的奥秘就在于此，不轻言放弃，不随意气馁。就如作家塞缪尔·约翰逊所说："成大事不在于力量的大小，而在于能坚持多久。"四大名著里的《西游记》，就体现了"坚持"二字。唐三藏为弘扬佛法去西天取经，虽磨难重重、诱惑多多，但在唐三藏义无反顾的坚持下，最终取回真经，为万民造福。

有太多的年轻人有理想，充满勇气和激情，但是最后却不一定都成功。因为成功不仅需要往前冲的勇气，更需要有坚持到底的信念。对此，塞缪尔·约翰逊就曾经说过："伟大的作品不是靠力量，而是靠坚持来完成的。"

人生之路不可能总是平坦的，路上总会有各种各样的荆棘和阻碍。但每一位成功到达终点的人都知道，要想成功，就要有坚持不懈、不达目的誓不罢休的精神。只要能坚持下去，路上的荆棘、阻碍，将通通为我们让道。

❹ 性格修炼：面对竞争，要敢于亮剑争锋

恐惧、怀疑和摇摆不定是人生幸福和事业成功的最大敌人。事实上，大多数人在某种程度上都是害怕失败和被拒绝的。人们对很多事情都怀有恐惧心理。英雄和懦夫的区别就在于，面对同样的强者，普通人会绕路走开；而勇敢的人会直面竞争，勇于亮剑争锋，强迫自己去迎战恐惧，而这一份敢于和强者过招的勇气就是他们成功的保证。面对强者敢于亮剑，敢于殊死一搏，正是你走向成功的一条捷径。

懦弱是人生的大敌，一个人如果懦弱，那么他应该有所改变，必须培养和树立信心，才有可能勇敢地去做自己想做的事，否则会畏首畏尾、瑟瑟缩缩，永远走不出黑暗。不论遇到什么问题，哪怕是面临失败，我们都不应该灰心丧气，要勇敢地正视它，以积极的态度寻找解决的办法。一旦问题解决了，我们的自信心也会为之大增。

一个人不管做什么，都要勇于挑战自我，只要有亮剑争锋的勇气，才能坚强地克服种种困难，发挥自己的聪明才智，并在事业上取得成功。拿破仑说："不想当元帅的士兵，就不是好士兵。"这一名言激励了一代又一代有志青年。而拿破仑本人也是这一名言的实践者。作为一个矮小的科西嘉人，他小时候常受人欺负，在别人眼里是与将军、元帅无缘的，然而他偏偏渴望着统率千军万马。面对强者无所畏惧、勇于挑战自我的精神，使他成为人类历史上少有的枭雄和伟大的军事家。

在邱继宝16岁的时候，他便开始以补鞋来贴补家用，后来又做过泥水工、搬运工、学徒工等。

几年后，邱继宝租了5间平房，办了一家小缝纫机厂，这就是飞跃集

团最初的样子。但是这个时候市场已经被国内国外的产品瓜分殆尽，飞跃集团刚起步就受挫。

之后，连高中都没有读完的邱继宝来到广交会上，但因为是乡镇小厂而被拒绝。虽屡屡受挫，邱继宝却没有因此妥协。随后，他在深圳花了500元请一个香港老太太代买了一本香港的黄页电话簿。通过这本电话簿，他找到香港国际经销商的地址，并寄信询问需求。得到结果是，他们认为“飞跃”的产品在中南美洲一些不发达国家可能有市场。于是，邱继宝又带着借来的一位翻译，踏上了去拉美各国的推销之路。结果没多久，“飞跃”在这些地区的销售额便达到了2万美元。如今，“飞跃”的年出口创汇6 500万美元，是全国缝纫机行业的排头兵。

“亮剑”精神是一种敢于战斗、永不服输的精神，有了这种精神，我们就敢于面对困难和挑战。一个人想要成功，就一定要有敢于亮剑的拼搏精神。唯有这种不断拼搏的精神，才能让一个人迎着困难走向成功。邱继宝的成功，就在于他敢于亮剑拼搏，不低头，不认输。若他一遇挫折便放弃不敢向前，便不会有今天的“飞跃”，不会有今日的成功。

面对竞争，亮剑争锋的态度，是一个人成功的前提。毫不畏惧的人，在一切社会环境和自然环境当中，有着按自己的意志行事的强大生命力。他们可以无所顾忌地向着奋斗目标英勇前进；他们由强烈的自信产生出不惧生死和失败，大胆猛进的勇气，具有勇于挑战自我的气魄；他们不断改造社会、改造自己，并力图寻找对手和敌人，以此来激发斗志，发挥潜能。

徐传化年仅25岁的儿子徐冠巨，患了一种叫溶血性贫血的血液病，这个病的治愈希望非常渺茫。为此，徐传化花光了家里的积蓄，而且债台高筑。为改善这种情况，他一直思考着找一条出路。

在一次与朋友聊天中，徐传化得知一种叫液体皂的新产品在市场上非常受欢迎。尽管对此一无所知，但为筹药费、为还债务，徐传化决定自己生产这种皂。

后来，徐传化凑了几千块钱去化工原料仓库买原料，人家告诉他，这些钱还不够买一小桶。徐传化在仓库门口徘徊了三四个小时，最后只好买了一些边角料回去。可是，最终生产出来的洗涤剂像水一样，一点都不稠。在咨询朋友后，徐传化知道自己少加了一样东西，但具体是什么，朋友也不知道。在走访许多学校和一些企业后，徐传化找到了专业人士，但是这位专业人士对他说："老徐，这件事可以告诉你，但你要请客，还要支付几千块技术咨询费。"最后对方告诉他，只要再加点盐就行了。

这件事让徐传化感到自己知识的贫乏，于是他不断学习、积累，好尽快赶上其他竞争对手。最后，他创办了传化集团，营业收入突破200亿。而此时，儿子徐冠巨的病也已痊愈。

"亮剑"精神，就是一种坚毅果断、锲而不舍的精神，有了这种精神，便能够充分调动积极性，发挥自己的潜力。在我们面临强大的敌人和困难时，只有敢于亮剑争锋才能树立自信，坚定信念，战胜敌人和困难。在遇到危难时，只要有坚定的信念、勇于拼搏，才能振作精神，提高斗志，战胜危难。

实际上，每个人生来的能力都差不多，别人能做成的事，你也能做成。一切艰难和困苦，都要由自己承担，不要推卸责任。要鼓起勇气，下定决心，与一切懦弱的思想作斗争。只有这样，你才能激发进取的勇气，才能感受生活的快乐，才能最大限度地挖掘自身的潜能。一个进取的人，必须具备英勇无畏的品格和超人的创造力。在人类历史上，只有那些相信自己、英勇无畏而又富有创造力的人，才能成就伟大的事业。

5 能力修炼：做人要有眼光，眼光决定成败

眼光是指视野、眼界，也指目力所及的空间范围，更是指一种观察事物的方法能力与胆识谋略，它是一个优秀的商人素质能力的综合体现。是

否有眼光，往往就决定着一个人生意能够做多大，以及会达到什么样的人生高度和广度。

李嘉诚曾说："眼睛仅盯着自己小口袋的是小商人，眼光放在世界大市场的是大商人。"同样是商人，眼光不同，境界不同，结果也不同。同理，同样一件东西，人的聪明才智不同，用法不同，效果就会有天壤之别。其差别不在于东西本身，而在于怎么去用，这就是一个人的眼光问题了。一个总是步他人后尘的人，是成不了大器的。成功只属于那些有前瞻性的人，没有眼光，只会跟在别人后面的人，得到的只是残羹剩饭。

看看身边的有钱人，并不是所有人都是高学历、高智商，那为什么他们也能成功？有一点那就是他们同样有眼光，他们选择对了市场的趋势，把握准了机遇，所以他们成功并不稀奇。这些所谓的成功人士不会随大流，且眼光独到，他们在他人还在"沉睡"的时候就已经开始行动了。就是因为这点眼光，让他们要比别人快一点，而快一点就有可能比别人创造出更多的财富。因此，想要成功就必须要有眼光，懂得适时出手、及时出手，抢占市场和先机。

比尔·盖茨和一个叫科莱特的青年同一年考入了哈佛大学，他们常坐在一起听课，关系还不错。那一年，他们都是18岁。

到了大学二年级那年，比尔·盖茨便坐不住了，他和科莱特商议，说要不要一起退学，去开发32Bit财务软件。科莱特平时是个不可多得的好学生，成绩优秀、很少缺课，听到这话他感到非常惊讶，他心想自己是来这里求学的，不是来瞎闹着玩的。因此，他委婉地拒绝了比尔·盖茨的邀请，一个人留在了学校继续念书。

10年后，科莱特理所当然地考取了哈佛大学计算机博士研究生，成了人人羡慕的高材生。可也就是在这一年，比尔·盖茨进入了美国《福布斯》杂志的亿万富豪排行榜。

之后，当科莱特认为自己已具备了足够的学识和知识，可以研究和开发32Bit财务软件时，这些东西已经没有了市场。因为比尔·盖茨新开发出来的Eip财务软件，比Bit快1500倍，并且在两周内迅速占领了全球市场。而比尔·盖茨的名字，也因此响遍了世界的每个角落。

同样是聪明的两个人，为什么最后的结果却有天壤之别呢？这就是因为两个人的眼光不同，科莱特看到了自己精深的专业知识，而没有看到市场的需求；而比尔·盖茨则认清了当前的形势，察觉到了市场的变动，并在创造过程中不断补充完善，最后取得了巨大的成功。

商场就是战场，在这场战役中，当以发展的眼光看世界。因为，眼光有多远，世界就有多大。大凡成功人士，都有着长远的眼光，懂得预先筹划，果断决策，并及时采取行动。机会的显露常常是朦胧而模糊的，唯有那些目光敏锐、眼光独到之人，才能透过现象看到本质。

盛大网络公司的陈天桥凭借65%的公司股份坐拥88亿人民币的财富，而且只用了5年的时间就登上了2004年胡润IT富豪榜的榜首。他的成功，除了智慧、勇气、机遇外，还有他超前的眼光。与其说是网络游戏成就了陈天桥，倒不如说是陈天桥带活了网络游戏，因为如果陈天桥没有穿透性的眼光，便不会有今天的成就，今天的盛大。

亿万富豪霍英东7岁丧父，当过渡轮加煤工、机场苦力、修车学徒、铆工等。他的传奇故事有很多，改变他命运的还是他独到的眼光和非凡的判断力。

1978年，我国刚实行对外开放，有很多外商都看中了我国潜在的商机，却因开放政策不明确而不敢贸然投资。霍英东应邀来到内地考察，刚下飞机便注意到有一群人围在一幅壁画面前议论纷纷，只见旁边的人说道：“这幅画名叫《泼水节——生命的赞歌》，展现的是少数民族节庆场面，但是因为里面有光身少女，一些支持者说这幅画纯朴开放，但也有一些反对者批评这幅画有些伤风败俗。”后来，据悉当时全国有数万人参与了这幅画的争论。

之后，霍英东每次来北京，都会特别留意这幅壁画，看它是否已遭破坏或被清除。直到年末，他见壁画仍完好如初，于是立马作出决定，在广州建立起国内首家五星级合资酒店。此后又大量投资，在内地的生意越做越大。

当人们惊叹于霍英东的勇气时，霍英东却回应说：“当时我就想，如果中国政府能不为所扰地悬挂一幅充满争议的画，那么我又有什么理由怀疑它将义无反顾执行好既定的开放政策呢?”这时人们这才知道，原来霍英东并非盲目投资，而是从壁画看出了中国政策的方向，他的勇气还源于他独到的眼光。

霍英东还说：“做人一定要有眼光，要善于看到别人所看不到的，还要善于从别人都看到的背后看清它所潜藏的。”

有些时候，时间因素对于事业的成功至关重要，可能一个时间段就决定着一件事的成败，由此可以看出眼光有多么重要。所谓的“机不可失，时不再来”，就是说一定要抓住眼下的机遇，并果断出手，才能获得成功。通常一个有长远眼光的人，常常能够不拘泥于现状，对事物发展能够作出大胆的预测，并具有冒险精神。

所以说，有眼光是首要条件，其次还要有果断出手的魄力，不能凭空去放远自己的眼光，还要懂得如何去实现目标。一个真正有远见的人，不仅自身能不断发展，也会带动他人，甚至整个社会不断前进。

❻ 心态修炼：凡事要淡定，别跟自己过不去

有太多的人悲叹生命的有限和生活的艰辛，只有极少数的人能在有限的生命中活出真正快乐的自己。一个人快乐、幸福与否，主要取决于一种心态，那就是：凡事要淡定，别跟自己过不去。一个人做事最忌心浮气躁，人一旦急躁则必然心浮，无法认清事物的本质，差错自然就多。

所以心浮气躁是我们性格上的最大敌人，是思想的腐蚀剂和成功的障碍，它甚至渗透到了我们每天的工作生活中，让人变得烦躁、不安乃至事业无成。

因此，当遇到无法改变的事情和不幸时，就要学会接受它、适应它。在遇到不愉快的时候任何人都难免情绪上受到影响，这时我们能做的就是把消极的心态转换为积极的心态。社会不断变革，生活节奏也逐渐加快，人一直处于高强度、快节奏的生活当中。如果处理不好心态的问题，对一个人来说是很危险的。

下大雨了，大家都争相往前跑，唯有一人不急不慢，在雨中漫步。有一人不解，便停下来问："你干吗不跑啊？下这么大的雨。"这人不紧不慢地回答："急什么，前面不也正下着雨嘛！"

这则小笑话看似是在嘲笑那人的愚笨，实则是在突出这个人的心态。所以每当人们烦躁不安时便喝一口"淡定"的去火茶，就像这位在雨中漫步的"傻瓜"一样，当聪明人都在朝前奔跑的时候，还能淡定、从容不迫地在雨中散步，享受生活带来的恩赐。

在现代都市竞争的大环境中，能够修炼成从容淡定的心态是一种福气。社会的繁杂让我们很难再拥有这样一颗从容淡定的心，大多数时候我们都在责备自己。抱怨自己不够好，羡慕别人比自己幸福。其实有什么不能淡定的呢？为什么非得跟自己过不去？像同事的打击、事业的失败、人际的纠纷、别人的漠视，都是令人忧心忡忡的事，但如果放在一个人漫长的一生中，这些都算不了什么。

人生在世，不如意事十有八九。很多人烦恼的来源不是拥有的太少，而是想要得到的更多。但一个人的能力是有限的，当想有所作为，而又不能马上成功时；或者本以为能把事情办好，但是却又未能如常所愿，一时又无法处理时，于是便生出急躁之心，跟自己较劲，过不去。所以凡事要淡定，把心态放平，不管遇到什么事都要轻松对待，不要急躁而为。

在一次领导的欢送会上，有一个男的出于诚恳，便坦率地说了该领导的几点不足。回到家以后，妻子便责怪他：“你怎么能当着这么多人的面，说领导缺点，让他难堪呢？”听到妻子的话后，他便后悔不已。第二天到单位去，他感觉总是隐约听见，有同事说他像“大嘴巴”，这使他更加坐立不安，因而一直处于一种自我折磨的状态：“我为什么这么笨呀？乱说这些话！”“不知道还有没有机会去澄清？”

其实该领导早已走了，同事也没把这位下属的话当回事。就因为他的想法不够坦然，便使自己陷入了痛苦的漩涡当中。若他能以坦然的心态去面对，便不会再跟自己过不去了。

在这个复杂的社会中，常常会有很多突如其来的事情，让人措手不及。因此，学会用理智控制情绪，保持一个平和的心态很重要。这种坦然对待生活的心态，是生活的哲理、做人的学问。所以无论在任何时候，遇到任何事情，都要摆正自己的心态，切莫跟自己过不去。有太多的事情，你越想做好就越难做好。这时就需要淡定一些，缓解一下紧张的情绪，别操之过急，绞尽脑汁折磨自己。只要头脑一冷静下来，自然就容易理出头绪。遇事若过于急躁，只会让头脑更不清晰，结果适得其反。

小方与小傅开车时，两车不小心发生了刮擦事故，其实其中一人只是擦破了点皮，并无大碍。但小方和小傅并没有为未造成更大伤害和损失而庆幸，反而在谁对谁错的问题上产生了矛盾，最后引发了激烈的争吵。在冲突中，二人动起手来，造成小方脸颊受伤，而小傅则手腕骨折，最后二人都被送到医院治疗。

一个善于控制自己情绪的人，才能真正掌握自己的命运。莫像故事中的小方和小傅，为争一口气弄得两败俱伤。其实到头来，二人什么也没得到，这实在是在跟自己过不去。如果二人能够淡定一些，心平气和地谈一谈，事情或许就圆满解决了，也不至于恶化。

所以，我们绝不能让自己沦为不良心态的奴隶，不能让那些不好的心境左右我们的生活。当一个人拥有从容淡定的生活态度时，也就不会只凭自己的好恶来判断一个人或一件事了，视野也将会变得越来越宽阔，心胸也会越来越博大，生活也会越来越稳妥。当然，成功也会越来越近。

因此，我们在大多数时候都应该保持舒畅的好心情，要好好修炼自己“谦虚谨慎”、“从容淡定”的好心态。这样也就意味着自己还有更高的境界、更大的作为。这就需要我们时常反省自己，让内心保存一份淡然和平静。或者多看一些美丽的自然景色，多观察一些美好的事物，这都能调剂从容淡定的心情。如此，我们便不会有闲情跟自己过不去，也不会再责备和怨恨自己了。

❼ 才智修炼：有勇无谋为莽夫，做生意还需大智慧

聪明和谋略是人们解决问题的最好工具。因为有了聪明才智，人们才能更有效地工作和学习。有句话说：“有勇无谋为莽夫。”要想在激烈的商业竞争中成为胜者，有勇还不行，还要懂谋略，有做生意的大智慧。

在两千多年前，《易经》中就总结了中国人的智慧谋略。其中有一句话叫：“君子以作事谋始。”就是说，不论一个民族、一个国家、一个部落群体，还是一个单独的个人，在做任何一件事情时，都要以谋划、策划、计划作为开始。这被西方哲人称为理性智慧，被看作是文明产生的标志。

在生意场上，用到的一些手段和心思并非见不得人的阴谋诡计，而是人们为达到成功而采取的正当方法，是做生意的一种技巧，也可以说是一种智慧。对于商人来说，智慧就是战略、谋略、商业模式。做生意只有冲劲还不够，如果没有过人的智慧，那么他事业的前景必将黯淡无光。“智”，是需要我们正确地把知识运用到商业之中，而商人需要的就是用自己的智慧合理地管理自己的团队，充分利用已有资源，使之发挥最大的作用。

阿宾是一家企业的烹调器推销员，公司推出的这款产品价格是每套3200元。一天，阿宾到一个小城镇去推销产品，他敲开了一户人家的门，一边说，一边示范这套烹调器，强调它能节省燃料费用，并把烹调好的食品送给主人品尝。

主人一边吃，一边说："你的产品再好我也不会买，你也知道，我是不会花三千多块钱买一套锅的。"

阿宾看了一下主人，微笑着从身上掏出10块钱，把它撕毁后扔掉，并问顾客："你心疼吗？"主人先是吃惊，而后无奈地说："我当然不心疼，你撕的是你自己的钱，你要是喜欢撕，就尽管撕吧！"

阿宾说："我撕的不是我的钱，而是你的钱。"

主人更是疑惑，问道："什么意思？你撕的怎么会是我的钱呢？"

阿宾说："你结婚已经10年了吧？"

主人回答："是的。"

"你自己算算，10年，按一年360天算，你若使用我们的烹调器烧煮食物，每天可节省1块钱，360天就能节省360块。也就是说，在过去的10年内，你没有使用烹调器，就浪费了3600块，这不就等于白白撕掉了3600块吗？"

接着，阿宾又一本正经地说："在今后的10年，难道你还要继续再撕掉3600块吗？"

主人愣了愣，最后终于掏钱买了烹调器。

由此可见，做生意还是需要智慧的，光靠蛮力不靠技巧是行不通的。

勇气是助你越过路途上的重重障碍的利器，智慧才是你前行路上指引你免入歧途的明灯。在关键的时候给你足够的信心和力量，从而使你能更快、更有效地迈向成功。做生意时需要的大智慧，是在历经坎坷和失败之后，对市场、对事业的一种全新的考虑和把握。从理性上重新梳理成功的经验，并对自己的经历有了全新的认识，以此来指导自己，投入到新一轮的竞争当中去，所以说尽人之力远不如尽人之智。由此可见，做生意需要有拼搏的勇气，更要有无穷的智慧。

当今社会每天都在变化，市场的机遇每天也都在改变，在面临新情况、新挑战的时候，也正是考验一个商人的决断力和智慧的时候。智慧做事，说到底就是要能够洞察本质，知己识人。

《孙子兵法》的作者孙武，把智慧放在首位，因为战场上要勇气更要有谋略。谋略可以说是人类的智慧之花结出的果实，在人类漫长的历史长河中，无论统军作战还是治国兴邦，或者是进行企业经营，无处不闪烁着谋略的光芒。商场就如同战场，生意之间的竞争就是智慧的较量。一个拥有大智慧的人往往能够正确地判断情况，想出克敌制胜的招数，并能随情况变化而灵活变通。所以说，真正的成功人士，不仅仅停留于成功的表层，还能够深入到成功的内核，在实践中丰富和完善自己。

有两家鞋业制造公司分别派出了两个业务员去开拓市场，一个叫阿杰，一个叫阿伟。

先是阿杰到了南太平洋的一个岛国，在到达当日，他惊奇地发现，当地人全都赤足，没有一个人穿鞋。当晚，阿杰便向国内总部老板发了一封邮件："天呐，这里的人竟然都不穿鞋，又有谁还会买鞋子呢？我明天就回去吧！"

之后，阿伟也来到这个地方，他见到此情况后兴奋地向国内公司总部也发了一封邮件："真是好消息，这里的人都不穿鞋子，这个市场可够大的，又没人和我竞争。我决定把家搬过来，长期在这儿驻扎下去！"

两年后，阿杰还是个普通的业务员，而阿伟已经成了一个大老板，而且南太平洋岛国上的人都穿上了鞋子。

我们生活中有许多事，只要自己肯去做就一定能做得到。有时候克服一些困难和阻力，并不需要钢铁般的意志，而只需要一些小技巧或小谋略就能成功，这就是做生意的大智慧。

任何一个人，在事业的前期都是青涩的，实力弱小，且经验匮乏。有大智慧的人不仅智商高，更在于他们能够在一次次的失败之后，不断吸取教训，总结经验，并将这些经验教训升华为理性的认识和指导。这样，他们就能够在竞争中不断成熟，最终成为人群中的佼佼者。这就是他们成功的智慧。

❽ 体能修炼：健康是一切事业成功的前提

在现在这个商业社会，金钱的重要性是不能完全被忽视的。但金钱并非万能，它既买不来时间，更买不到健康。当我们没有钱时，还可以向朋友去借，向银行去贷款，也可以通过自己的努力来获得。但是健康却是万万不能透支的，一旦失去了健康，就再没有偿还的可能。人生最宝贵的可以说就是健康了，健康虽不能代表一切，但是失去健康就等于失去了一切。

有句话叫："年轻的时候用健康换取金钱，老了的时候用金钱换取健康。"其实这是很傻的行为，因为你用一分的健康换来的金钱，可能将来要花 10 倍的金钱来换健康，甚至还不能如愿。如今，也有很多人认识到了身体健康的重要性，因为在这方面别人的一些惨痛教训发人深省。就比如说创业奇才冯两努，他把事业从国内做到国外，但是因为积劳成疾，他的生命却永远定格在了 55 岁。健康的透支使他为"成功"支付了太高的生命成本，所以生命有时候是需要节能的，要时刻提醒自己好好休息，享受生活。

我们常说："身体是革命的本钱，健康是无形的资产。"但是很少有人能够彻底明白健康与事业之间的关系到底是怎样的密切。人的每一种能力，每一个精神机能的充分发挥，与人的健康体力有着莫大的关系。健康与否，休力的旺盛与否，可以决定一个人的勇气与自信心，如果连健康都没有，又拿什么去拼、去跟人争？

追求事业无可厚非，但必须以健康的身体为前提。如果我们的忙碌只是为了赚取更多的钱，有更好的物质生活，但失去了健康，我们又拿什么去享受呢？

所以说，身体就是革命的本钱。没了健康，一切都等于零。很多人忙忙碌碌，就为了在自己的银行卡上多加几个零，但是无论多忙，也别忘了给健康这张卡多添几位数。

安迪是一个犹太人，他凭着自己的努力，终于成了一家公司的大老板。一天，一位大客户来访，安迪先生的秘书抱歉地告诉他："很抱歉，先生，我们经理请了5天假，去荷兰度假了，要不您过几天再来吧！"

"什么！5天？他竟然扔下这么大的生意，要去荷兰度假这么久？"客户瞪着大大的眼睛，仿佛不相信安迪秘书所说的话。

"那我给他打电话可以吗？"

秘书摇摇头说："对不起先生，老板每个月都会留几天时间出去旅游，而且走之前都会跟我交代，在他度假期间不能用公事打扰他！"

客户紧接道："哦，我不谈公事！"

秘书犹豫着帮客户接通了电话，刚一接通，客户就开门见山地说道："安迪，你怎么回事啊？你工作一个小时可以挣50美元，你一下子就请了5天假去玩，一天8个小时，这个月你就少挣2000美元，一年你就少了20000多美元啊，老兄，你想过吗？都说犹太人会挣钱，你这明摆着是让自己亏啊！"

安迪笑着回答："我的算法和你不一样，我一个月多工作5天，一天8个小时，我能多挣2000美元，可是我的寿命将减少3年，3年的损失就是36个2000美元，到底哪种损失更大呢？"

犹太人是大家公认的商业奇才，但他们不是只会赚钱，更会享受生活。就像故事中的安迪一样，当工作和健康有了冲突时，他毅然选择了健康，享受生活的乐趣。即使再忙碌也会留有清闲时间，既懂得珍惜时间创造财富，也懂得享受健康生活。所以作为商人就应该有安迪的这种经商态度，在赚钱的同时也要享受生活、保持健康，因为健康是事业成功的前提。

有句话叫：会休息才会工作。这个道理大家都明白，可有很多人还是不愿意“浪费”时间放在休息上。其实，硬撑不仅会降低工作效率，还会损害健康，让人身心疲劳，所以用工作代替生活是件愚蠢的事，用金钱来换健康同样不理智。

如果为了工作把自己的健康搭了进去，生活就没了意义。因为我们不仅只是为自己而活，还包括家庭、父母、儿女、朋友等等。而这些责任必须用健康的体魄来支撑，否则一切都只是空谈。健康可以说是生命的根本，是一切事情的基石，没有健康就谈不上未来。曾有一个成功的商人，靠自己的努力从一无所有成为一家企业的董事长，风光无限。但他已经躺在病床上两年多了，因为多年的拼搏使他积劳成疾。所以当有一些年轻的崇拜者来拜访他时，他总是摇摇头说：“我宁愿现在一无所有，也不愿像现在这样躺在病床上。如果能交换，我愿用我的所有家产，来换取一个健康的身体……”

由此可见，身体健康是一个人最大的本钱。从这个意义上来讲，健康就等于“金钱”，甚至比金钱更宝贵。假如一个人没有健康的因子，在身体中便没有精力的储存，于是在人生战斗中一经打击便会失败。一个健康的体魄能增强人体各部分的机能，使工作效率大大增加。从这个意义上讲，人首先就应该有一个健康的身体，有了健康的身体才有生活和奋斗的资本。世间有不少有志于成大事的人，但因没有强壮的体力作为后盾，导致壮志未酬身先死。所以健康是一份多么珍贵的“成功资本”，对于生活中的每个人来说，都应该把健康放在第一位。

有个大型企业的董事长，管理着好几个公司，年仅40岁，可以说是年轻有为。有一天，他突发急性前壁心肌梗死，动脉硬化的程度比70岁的老人还要严重。在病床上的他不解地问主治医生：“上帝怎么对我这么不公平，我年纪轻轻，事业又大，怎么会得这种病呢？”主治医师对他说：“其实你这种情况我见得挺多，在健康面前人人平等，你再有钱有势，也不能让患病的身体恢复到原来的状态，健康和金钱是不能画等号的。”

在追求名利、地位、金钱等身外之物时，有谁想过健康和生命。那些在名利场上厮杀的人，用自己的健康和生命换取了某种物质的成果，到头来，也只是一场空。

健康是事业的前提，没有了健康，一切成绩都是苍白无用的。

我们要保证自己的身体健康，有充沛的精力去应对繁杂的事务。饮食要健康，营养要均衡，不要大鱼大肉、嗜烟好酒。

我们还要有健康的心态。平和的心境对一个人来说很重要，太多的欲望和消极情绪都不利于消除紧张和疲劳，一定要把身体健康和心态平和放在第一位。

钱是永远都赚不完的，只要有健康，才能创造出更大的成绩，才能更好地体验生活的本质。人的生命只有一次，人的一生极其短暂，在有限的生命历程里，要好好把握自己，善待自己、珍惜健康，只有这样才会让自己的生活充满色彩。